SALUD MENTAL Y NIÑEZ EN LA ARGENTINA

SALUD MENTAL Y NIÑEZ EN LA ARGENTINA

Legislaciones, políticas y prácticas

Alejandra Barcala y Leandro Luciani Conde
(Compiladores)

teseo

Salud mental y niñez en la Argentina : legislaciones, políticas y prácticas /Alejandra Barcala ... [et.al.] ; coordinado por Leandro Luciani Conde y Alejandra Barcala. – 1a ed. – Ciudad Autónoma de Buenos Aires : Teseo, 2015.

304 p. ; 20×13 cm.

ISBN 978-987-723-043-7

1. Salud Mental. 2. Niñez. 3. Argentina. I. Barcala, Alejandra II. Luciani Conde, Leandro, coord. III. Barcala, Alejandra, coord.

CDD 362.2

Fuente de financiamiento:

El presente trabajo fue realizado con el apoyo de la Secretaría de Ciencia y Técnica de la Universidad de Buenos Aires a través de un subsidio correspondiente a la programación científica 2011-2014, con sede en el Instituto de Investigaciones de la Facultad de Psicología de la Universidad de Buenos Aires.

Compaginado desde TeseoPress (www.teseopress.com)

Índice

Agradecimientos

Agradecemos a la Secretaría de Ciencia y Técnica de la Universidad de Buenos Aires por el apoyo financiero para la realización de este proyecto y a las autoridades del Instituto de Investigaciones de la Facultad de Psicología por su respaldo para presentar el mismo en la programación 2011-2014.

A la Sra. Decana de la Facultad de Psicología, Nélida Cervone, quien desde hace varios años, a partir de su desempeño como Secretaria de Investigaciones y hasta la actualidad, valoró y estimuló el desarrollo de esta línea de investigación en el campo de la niñez.

A los docentes, investigadores y trabajadores de la salud de las provincias de Jujuy, Tierra del Fuego, Santa Fe, Neuquén, Río Negro, Córdoba y de la Ciudad de Buenos Aires por compartir generosamente sus conocimientos y prácticas.

A María Fernanda Muhamed y a Elsa Chalela por el acompañamiento técnico-administrativo brindado a lo largo de los años, el cual facilitó el desarrollo de los proyectos de investigación en el marco de las diferentes programaciones UBACyT.

Finalmente, al Dr. Emiliano Galende por su generosidad al prologar este libro.

Acerca de los compiladores

Alejandra Barcala

Licenciada en Psicología (UBA). Magister en Salud Pública (UBA). Doctora de la Universidad de Buenos Aires. Coordinadora del Doctorado Internacional en Salud Mental Comunitaria de la Universidad Nacional de Lanús (UNLa). Docente e Investigadora de la Universidad de Buenos Aires y la Universidad Nacional de Lanús. Directora del Proyecto de Investigación UBACyT 2011-2014: "Los procesos de atención en Salud Mental en la niñez desde la perspectiva de derechos: estudio de las jurisdicciones Ciudad de Buenos Aires, provincia de Tierra del Fuego, y provincia de Jujuy".

Leandro Luciani Conde

Licenciado en Psicología (UBA). Magister en Salud Pública (UBA). Doctorando en Ciencias Sociales (UBA). Docente-investigador de la Cátedra II de Salud Pública y Salud Mental, Facultad de Psicología (UBA). Docente-investigador del Departamento de Salud Comunitaria (UNLa). Docente del Departamento de Ciencias de la Salud (UNLaM). Integrante del Equipo Técnico del Órgano de Revisión Nacional de la Ley 26.657. Co-Director del Proyecto de Investigación UBACyT 2011-2014: "Los procesos de atención en Salud Mental en la niñez desde la perspectiva de derechos: estudio de las jurisdicciones Ciudad de Buenos Aires, provincia de Tierra del Fuego, y provincia de Jujuy".

Acerca de las autoras y autores

Moira Ale

Psicóloga por la Universidad Nacional del Comahue. Especialización de Niños y de Adolescentes en la UCES, en curso. Integrante del Proyecto de Investigación "Dispositivos de Atención en Salud Mental Orientados a Niños y Niñas", estudio descriptivo en los Sistemas Públicos de Salud de Río Negro y Neuquén 2014-2015.

María Teresa del Pilar Amiot Gaspio

Licenciada en Psicología por la Universidad de Flores, sede Comahue. Psicóloga pasante del Servicio de Neonatología y Obstetricia, Maternidad San Lucas, Neuquén. Becaria de investigación y docente de la Universidad de Flores, sede Comahue.

Claudia Baffo

Licenciada en Psicología (UBA). Magister en Epidemiología, Gestión y Políticas de Salud de la Universidad Nacional de Lanús (UNLa). Jefa del Servicio de Salud Mental del Hospital Ingeniero Huergo, Río Negro.

Alejandra Barcala

Licenciada en Psicología (UBA). Magister en Salud Pública. Doctora de la Universidad de Buenos Aires. Coordinadora del Doctorado Internacional en Salud Mental Comunitaria de la Universidad Nacional de Lanús (UNLa).

María Micaela Bazzano

Licenciada en Sociología (UBA), Magister en Metodología de la Investigación Social (UNTREF – Universidad de Bologna). Doctoranda en Ciencias Sociales (UBA). Maestría en Género y Políticas Públicas (FLACSO) en curso. Docente e investigadora en la Universidad de Buenos Aires y la Universidad de La Plata.

Eugenia Bianchi

Licenciada en Sociología. Doctora en Ciencias Sociales. Magister en Investigación en Ciencias Sociales, por la Universidad Nacional de Buenos Aires. Docente de grado y posgrado de la Facultad de Ciencias Sociales (UBA). Becaria Posdoctoral CONICET-II.GG.

Silvina Czerniecki

Psicóloga (UBA). Magister en Salud Mental Comunitaria de la Universidad Nacional de Lanús (UNLa). Doctoranda en Salud Mental Comunitaria (UNLa). Docente e investigadora en la Universidad Nacional de Luján y en la UBA.

María Gabriela De Gregorio

Licenciada en Psicopedagogía. Magister en Administración Pública con Especialización en Políticas de Salud (UN Córdoba). Actualmente trabaja en el Hospital de General Roca, Río Negro.

Silvia Faraone

Licenciada en Trabajo Social, Doctora en Ciencias Sociales de la Universidad de Buenos Aires. Magister en Salud Pública. Docente de grado y posgrado de la Facultad de Ciencias Sociales (UBA) e investigadora del Instituto de Investigaciones Gino Germani. Ex subsecretaria de posgrado de la

Facultad de Ciencias Sociales de la UBA. Coordinadora del Posgrado en Determinantes de la Salud Mental en Ciencias Sociales. Directora de Proyectos de Investigación de la Secretaria de Ciencia y Técnica (UBACYT) en la temática de Salud Mental y Derechos Humanos

Ana Laura Flores

Licenciada en Psicología de la Universidad Nacional de Córdoba (UNC). Diplomada en Salud Mental. Escuela de Salud Pública de la Facultad de Ciencias Médicas (UNC). Maestría en Salud Mental (UNC), en curso. Psicóloga del Equipo de Salud Interdisciplinario del Centro Integral Infanto Juvenil (Hospital Preventivo San Roque), de la Dirección de Salud Mental del Ministerio de Salud de la Provincia de Córdoba.

Lorena María Gallosi

Licenciada en Psicología. Especialista en Educación Infantil (UBA). Investigadora y Docente regular de la asignatura Psicología del Niño (UNComahue). Actualmente directora del Proyecto de Extensión UNCO 2015-2017 "Jugar para crecer, fortalecimiento institucional a partir del proceso de crianza".

Yael Geller

Psicóloga, actualmente desarrolla sus tareas en la Colonia Psiquiátrica de Oliveros. Miembro de los equipos interdisciplinarios en la "Experiencia Oliveros de sustitución de lógicas manicomiales" (años 1997-2003). Miembro del colectivo interdisciplinario de dirección, de la Dirección Provincial de Salud Mental de la provincia de Santa Fe (2003-2011). Participante de la Mesa Coordinadora del

Movimiento Social de Lucha Antimanicomial y Transformación Institucional. Colaboradora permanente de la Asociación Madres de Plaza de Mayo.

María Marcela Herrera

Psicóloga, posgrado en Psicología Clínica, Institucional y Comunitaria. Integrante del equipo interdisciplinario del Servicio de Pediatría del Hospital Provincial de Rosario. Co-formadora de la Cátedra "Trabajo de Campo Área Salud" de la Facultad de Psicología de la UNR (2012-2014). Coordinadora del Área Infancia y Adolescencia e Integrante del Equipo de Dirección de la Dirección Provincial de Salud Mental del Ministerio de Salud de la Provincia de Santa Fe (2004-2011).

Cecilia Laino

Psicóloga (UBA), Docente-investigadora de la Cátedra II de Salud Pública/Salud Mental de la Facultad de Psicología (UBA). Maestría en Problemáticas Sociales Infanto-Juveniles de la Facultad de Derecho (UBA), en curso. Integrante de equipo técnico interdisciplinario en el Consejo de Derechos de Niñas, Niños y Adolescentes, CABA. Integrante del equipo psicosocial en la Dirección de Tutorías y Curadurías Públicas. Ministerio Público de la Defensa.

Virginia Lopez Casariego

Médica, especialista en clínica pediátrica. Miembro titular de la Sociedad Argentina de Pediatría (SAP). Integrante del Comité Nacional de Pediatría Social y Derechos del Niño de la SAP. Docente de la carrera de Medicina de la Universidad de la Matanza y docente de Posgrado en la Facultad de Psicología (UBA). Asesora el "Área Salud sin Discriminación" del Instituto Nacional contra la Discriminación, la Xenofobia y el Racismo (Inadi) y de la Comisión de Acción Social y Salud Pública de la Cámara de Diputados de la Nación.

Celeste Lorenzini

Licenciada en Psicología. Especialista en Salud Social y Comunitaria. Docente e Investigadora. Integrante Equipo Técnico de Coordinación provincial de Salud Mental del Ministerio de Salud de la provincia de Jujuy. Integrante del Equipo de Acompañamiento a Víctimas, Testigos y Querellantes de crímenes de Lesa Humanidad, de la Secretaría de DDHH, provincia de Jujuy.

Leandro Luciani Conde

Licenciado en Psicología (UBA). Magister en Salud Pública (UBA). Doctorando en Ciencias Sociales (UBA). Docente-investigador de la Cátedra II de Salud Pública/Salud Mental de la Facultad de Psicología (UBA). Docente-investigador del Departamento de Salud Comunitaria (UNLa). Docente del Departamento de Ciencias de la Salud (UNLaM). Integrante del Equipo Técnico del Órgano de Revisión Nacional de la Ley 26.657.

María Paula Menossi

Abogada. Universidad Torcuato Di Tella. Integrante de la "Unidad de Personas Menores de Edad art. 22 Ley 26.657" del Ministerio Público de la Defensa.

Ximena Novellino

Licenciada en Psicología de la Universidad Nacional de Córdoba. Psicóloga en el Centro Educativo Terapéutico Público de la Ciudad de Neuquén, que trabaja con niños con severos trastornos de la personalidad. Investigadora y Docente de la Universidad Nacional de Comahue en la cátedra de Psicología Social y Psicología del Niño.

Juan Pablo Olmo

Abogado y Especialista en Derecho de Familia (UBA). Coordinador a cargo de la "Unidad de Letrados de Personas Menores de Edad art. 22 Ley 26.657" del Ministerio Público de la Defensa). Autor de los libros "Salud mental y discapacidad" (Dunken, 2014) y "Salud mental y discapacidad. Análisis del Código Civil y Comercial de la Nación – Ley 26.994" (Dunken, 2015).

Marcela Alejandra Parra

Doctora en Psicología Social (UAB Barcelona). Candidata a Especialista en Psicoanálisis de Niños (UCES). Diploma de Estudios Avanzados en Psicología Social (UAB). Magister en Ciencias Sociales (FLACSO, México). Posgraduada en Metodología de la Investigación aplicada a la Salud Social y Comunitaria (UNComahue), en Salud Social y Comunitaria (UNCo) y en Psicología Comunitaria (UNC Córdoba). Licenciada y Profesora en Psicología (UNC). Egresada y ex-Jefa de la Residencia en Salud Mental Comunitaria de la Provincia de Río Negro. Investigadora y Docente Regular de la Universidad Nacional del Comahue. Codirectora del Proyecto de Investigación "Dispositivos de Atención en Salud Mental Orientados a Niños y Niñas", estudio descriptivo en los Sistemas Públicos de Salud de Río Negro y Neuquén 2014-2015. Psicóloga del Centro de Atención Primaria de la Salud Parque Industrial (Zona Sanitaria Metropolitana, Neuquén).

Mariana Paulín Devallis

Licenciada en Trabajo Social. Magister en Salud Mental Comunitaria de la Universidad Nacional de Lanús (UNLa).

Marina Fernanda Pambukdjian

Licenciada en Psicología (UBA). Docente-investigadora de la Facultad de Psicología (UBA). Jefe de Trabajos Prácticos de la Cátedra II de Salud Pública y Salud Mental de la Facultad de Psicología (UBA). Docente y Directora de Cursos de Posgrado del Departamento de Docencia e Investigación del Hospital de Salud Mental J T Borda. Dirección de Capacitación – GCABA. Doctoranda en Salud Mental Comunitaria (UNLA). Psicóloga del Servicio de Psicología Clínica del Hospital de Salud Mental J T Borda.

Laura D. Poverene

Licenciada en Psicología (UBA). Becaria de Investigación UBACyT (2013-2015). Magistranda en Problemáticas Sociales Infanto-Juveniles de la Facultad de Derecho (UBA). Docente de la Facultad de Psicología (UBA). Psicóloga en Equipo de Niños en el Hospital General de Agudos T. Álvarez.

Ana Valero

Licenciada en Antropología de la Facultad de Ciencias Naturales y Museo, Universidad Nacional de La Plata. Doctoranda en Ciencias Sociales de la Facultad de Ciencias Sociales (UBA). Profesora Adjunta de la carrera de Antropología de la Universidad Nacional de La Plata. Profesora en carreras de posgrado dedicadas a la salud, Salud Mental.

Prólogo

Emiliano Galende

Este libro es expresión clara del surgimiento de una nueva época en la investigación sobre el sufrimiento mental, su comprensión y las nuevas formas de atenderlo. Se trata de comprender el sufrimiento mental, ya no desde una perspectiva médica de "enfermedad", sino de avanzar hacia el entendimiento de las condiciones sociales, económicas y culturales que actúan en la existencia real del sujeto que lo padece, hacer visible el orden jurídico, legal y político en el cual el Estado ha encuadrado y define a los sujetos que demandan cuidado y atención, y finalmente comprender que el sistema de atención, tanto los Servicios como las prácticas que realizan los profesionales, forman parte determinante de la evolución del trastorno y de las posibilidades de cura y rehabilitación de estos pacientes.

Señalo "nueva época" porque venimos de una historia en la cual la investigación, escasa y metodológicamente parcial, desarrollada por la psiquiatría, se ha basado en una epidemiología dirigida a establecer prevalencia de enfermedades mentales, en general basada en la demanda que llegaba a los Servicios (prevalencia asistida), para demostrar una medida o tasas de formas de trastornos diagnosticados y clasificados por la psiquiatría siguiendo las nosografías aceptadas por la O.M.S. (CIE 10) y en algunos países por clasificaciones más arbitrarias. Suelo denominar estos procedimientos con la sigla DCI (Diagnóstico, Clasificación, Internación), dejando siempre la duda sobre la utilidad de estos datos para los objetivos de la atención y curación de los pacientes. En los últimos años se han realizado estudios de prevalencia en población general, especialmente sobre depresión y esquizofrenia, que igualmente se basan en establecer tasas de prevalencia, pero que, basadas en criterios estadísticos, dejan afuera del conocimiento las condiciones reales de la existencia de los sujetos que muestran sufrimiento mental e ignoran no sólo el papel que juega la sociedad y la cultura en estos trastornos, sino también la incidencia de los sistemas de atención en la evolución del mismo. Curiosamente queda afuera de estos estudios aquello que es esencial al conocimiento del sufrimiento mental, la singularidad de la existencia de los sujetos afectados, sus modos de vida, el imaginario social que desde siempre acompaña a los sufrimientos mentales, la contribución que la disciplina médica mental y los dispositivos de internación manicomial han hecho a este imaginario estigmatizante. Nada de esto puede quedar reflejado en los datos estadísticos, así como siempre es dudoso el diagnóstico y su clasificación ya que, como creo todos sabemos, difiere en los criterios nosográficos de cada especialista, su adhesión a determinada escuela psiquiátrica, con frecuencia la referencia a un autor preferido. Lo cierto es que esta epidemiologia de orientación positivista deja afuera del conocimiento al sujeto en su existencia real y singular, ignorando el trastorno como parte de las condiciones de su existencia. A su vez también quedaban fuera de la investigación la enorme incidencia que el orden jurídico especial de carácter represivo y estigmatizante del Estado, a través de la privación de libertad que implica la internación compulsiva, la atribución de peligrosidad como fundamento para estas internaciones, como los tratamientos sin consentimiento del paciente, en general represivos o dirigidos al control de su voluntad y su conducta. La investigación de las neurociencias en los últimos años, especialmente la neurobiología, dirigida en gran parte al desarrollo de moléculas químicas con capacidad de alterar los procesos neuronales de trasmisión, llevados al terreno de la psiquiatría no hicieron más que reforzar el enfoque biológico de los sufrimientos tratándolos como enfermedades y se continuó aplicando el DCI. Este enfoque resulta falso respecto al trastorno mental, porque si para los mecanismos biológicos, incluido el cerebro, toda causalidad es de carácter universal (ya que el funcionamiento biológico de los órganos, incluyendo el cerebro, es la igualdad o similitud), el comportamiento humano, la existencia y la vida psíquica se caracterizan por la diferencia, son siempre de carácter singular, histórico, dependen de la sociedad y la cultura que habita el paciente.

Son justamente estas tres exclusiones que menciono (las condiciones singulares de la existencia, culturales y sociales; el papel del orden jurídico, las leyes del Estado y la política dirigida a esta población; y la determinación que el mismo tipo de servicios y práctica manicomial hace sobre la evolución del trastorno) las que guían las investigaciones relatadas en este libro. Las diferentes investigaciones toman como objeto de estudio la situación de niños y adolescentes en diferentes jurisdicciones del país, lo cual permite visualizar entre ellas diferencias de tipo cultural y social, respondiendo a la vez a un mismo marco legal y una misma política de carácter global. Tres ejes organizan los trabajos de los autores: en primer lugar la comprensión del niño y adolescente de hoy, hecho visible desde un marco jurídico, nacional e internacional, que han fijado perspectivas de prevención y protección en el marco de la inclusión de los niños y adolescentes en los principios y políticas de derechos humanos. Desde estos principios estudian la estructura de los servicios destinados a la atención y las prácticas de los profesionales. En nuestro país, y en general en los países de América Latina, no ha habido hasta hace poco investigaciones dirigidas a la evaluación del sistema de Salud Mental, y menos aún, referidas a la atención de niños y adolescentes. Gran parte de los estudios que aquí se presentan tienen carácter evaluativo, aun cuando no se planteen una metodología restringida a esto. Más allá del carácter exploratorio y descriptivo con que los autores designan al estudio, además del análisis de la legislación internacional y local, la investigación se dirige y avanza sobre el carácter de la estructura de servicios destinados a la atención de niños, indaga sobre los procesos de atención, suma entrevistas que hacen visibles los juicios y prejuicios de los profesionales, todo lo cual permite evaluar tanto la pertinencia como la funcionalidad de los servicios a la legislación y a la política explicitada, lo cual es esencial para conocer de qué manera y en qué medida este nuevo marco normativo y político impacta y se expresa en las prácticas de los servicios. Aun cuando lógicamente resulta prematuro avanzar hacia una evaluación de resultados de la atención, a partir de los datos de estas investigaciones es posible percibir niveles de eficacia y eficiencia de este reordenamiento de la comprensión del niño y el funcionamiento del sistema de atención.

Algunos comentarios más. Luciani Conde se pregunta al comienzo del libro si se ha acabado la infancia propia de la modernidad, aquella de la familia, la escuela, los ritos del ingreso a la adolescencia y finalmente un ciudadano integrado a la sociedad. Este niño moderno sin duda fue la construcción que hicimos los adultos, imponiendo una evolución que llevara al niño de la inocencia a la educación y a la moral de la sociedad que debía habitar. También las políticas actuales están propuestas por el mundo de los adultos, no ha habido una revolución de los niños, pero sí los niños son ahora incluidos en la revolución de los adultos por los derechos humanos y el respeto de la dignidad personal. En términos de Luciani Conde se trata del pasaje de la subjetividad moderna a un instituyente social más complejo, un nuevo imaginario sobre el niño marcado por lo que Bauman ha considerado como el pasaje del estado sólido moderno al estado líquido de lo posmoderno. Lo cierto es que el niño de hoy está más que nunca en otra época de la modernidad presente y con derechos en el mundo del adulto (pero no todos los niños, como observan varios de los autores del libro: hay excluidos). Esta integración al mundo a través del reconocimiento de derechos humanos y exigencia de protección se corresponde con el pasaje de los Estados nacionales modernos a una era donde domina la política global. El niño de hoy está también globalizado, es un niño cosmopolita. El nuevo marco jurídico instala un compromiso de los Estados con los niños, pero a la vez se trata de visualizar de qué manera, en qué proporción, con qué calidad, este sistema estatal de protección llega a los servicios de Salud Mental para niños y adolescentes, a las prácticas de los profesionales, que son los agentes del Estado comprometidos en su aplicación. Luciani Conde señala muy bien que este cambio apunta a construir un niño nuevo, reconociéndolo como sujeto de derechos e instalando nuevas reglas morales respecto al trato y la relación del adulto con ellos. Este trabajo no ignora que al tomar el niño este estatuto de sujeto con derechos el mercado también reacciona, lo visualiza y trata de avanzar sobre él para construirlo a la vez en sujeto del consumo: está a la vista cómo se ha abierto toda una producción de nuevos objetos, algunos con mucha sofisticación tecnológica, dirigida a conformar este nuevo mercado. El consumo, los que acceden a él y los excluidos, se fue instalando como un nuevo eje de la desigualdad social entre los niños y más aún entre los adolescentes.

Esta cuestión es central en el trabajo de Alejandra Barcala. En este marco se produce la medicalización de la niñez, justamente en relación a uno de los más poderosos actores del mercado: la industria farmacéutica. Las niñas y niños han ingresado en poco tiempo al mercado de medicamentos, especialmente psicotrópicos. Ya no se trata de patologías tradicionales: para este mercado cualquier malestar social que irrumpa entre el niño y la familia, entre el niño y la escuela, abre brechas para que los síntomas del malestar se conviertan en trastornos pasibles de medicar. Barcala se pregunta: *"¿qué es hoy un niño integrado socialmente?"* Aquella familia nuclear que fue el nido en que crecer (papá, mamá, hermanos, abuelos, tíos, etc.) ya no responde por el desarrollo del niño hasta su vuelo al mundo adulto. El niño es arrojado tempranamente a una sociedad, especialmente en la vida urbana, donde se debaten identidades sexuales polimorfas, familias llamadas ensambladas, donde ya no coinciden los parentescos biológicos, sino los elegidos (por los adultos, no por los niños), donde impactan las imágenes de la violencia en la calle y en el hogar, desamparos tempranos que llevan a muchos niños a buscar sustento económico, cuando son llevados a renunciar al sustento afectivo y emocional. Carencias trágicas en los niños pobres, pero también dolorosas y con consecuencias en los niños ricos. Es probable que el niño que habita hoy las grandes ciudades, especialmente los de sus márgenes, esté más sólo que nunca, el nido ya no se sostiene en el tiempo, obliga a volar rápido: hacia la calle los pobres, en una sociedad que no los espera ni los quiere; al shopping y consumo los más ricos, donde sí son esperados y anhelados. Es aquí donde Barcala nos habla de una mayor vulnerabilidad psicosocial, por pobreza fundamentalmente, pero también por desamparo familiar en sectores económicamente más acomodados. La legislación está, los derechos existen para la ley, pero Barcala se pregunta ¿puede el Estado garantizar el desarrollo seguro del niño? , la ley habla de protección de derechos pero también están las necesidades emocionales y afectivas que brinda la familia. Por esto hay que hacer visible en qué consisten los dispositivos institucionales que reciben a los niños y adolescentes, qué necesidades protegen y atienden, en qué medida son capaces de sustituir las funciones tradicionales de la familia.

Uno de los ejes de este trabajo consiste en señalar que también en este aspecto institucional los niños están presentes en el mundo de los adultos desamparados: institutos de menores, hospitales psiquiátricos y cárceles comparten una misma población de pobres, desamparados sociales, a veces con síntomas mentales patológicos que expresan los daños de esa existencia. El niño de hoy, el pobre pero no sólo el pobre, tiene el riesgo de ser capturado en estos dispositivos de exclusión: violento, impulsivo, rebelde, desconforme, consumidor de paco u otras drogas, como también el que retira la palabra, no habla, se aísla, se niega a compartir la vida con otros, abandona familia y escuela, es diagnosticado. Los síntomas de una existencia densa y sin horizonte son tomados como patologías psíquicas graves, seguramente se le ofrecerá primero medicamentos, si esto no aplaca sus síntomas puede luego ser conducido, como antes lo fueron otros desconformes o negados a la vida en común, a alguna de estas instituciones de encierro. Barcala hace visible las nuevas condiciones de vida, de construcción y desarrollo de la subjetividad del niño de hoy, del mundo social y cultural de su vida, a través de las cuales instala las preguntas esenciales, especialmente aquellas que no están resueltas en la legislación ni en las políticas estatales de protección. La misma tendencia que se observa para adultos: los malestares de la existencia en las condiciones actuales de la vida social y la cultura en procesos de cambio de alta velocidad son primero convertidos en enfermedad y luego atacados sus síntomas con los psicofármacos.

Al responder las investigaciones a diferentes jurisdicciones, que van desde Tierra del Fuego hasta Jujuy, pasando por la Capital, Córdoba y Santa Fe, brindan un panorama amplio de la situación y avance sobre la problemática de la niñez, y las respuestas del sistema de atención en relación al nuevo marco legal de protección y derechos de los niños. Es interesante cómo al replicar en cada estudio las condiciones sociales, desarrollo económico y particularidades culturales de cada región permiten inferir de qué manera y magnitud estas particularidades sociales y culturales se reflejan en los modos de recepción de la nueva legislación. Es decir, si el marco normativo y aun la planificación responden a criterios globales, se trata de señalar cómo se articulan con los rasgos culturales locales, las condiciones económicas y la organización social. Es de interés observar esta relación porque si bien la política, la legislación y los planes tienen carácter nacional, los procesos de atención y los servicios son locales, y deben por su parte ser sensibles y responder a estas diferencias socioculturales. No olvidamos que frente a la atención del sufrimiento mental siempre se trata de la singularidad de cada caso, es decir de cada vida. Obviamente no es igual ser pobre y marginal en la Ciudad de Buenos Aires que en un área rural de Jujuy. Si bien los trabajos no se plantean una investigación comparativa, dejan elementos interesantes para avanzar sobre un estudio de estas características. Por mi parte observo en la lectura de los trabajos cierta tensión, en cada jurisdicción, entre la política de derechos y protección que son globales y las particularidades locales, posiblemente entre el sistema de salud de carácter universal y la comunidad local que, obviamente, es siempre singular. Estos estudios nos dejan un cierto desafío, que seguramente será asumido por algunos de los investigadores de este libro, como el de indagar sobre cuáles son las maneras de articulación entre lo global de los derechos (ligados al concepto de ciudadanía) con lo propio de la cultura local, de manera de comprender, los modos de sentir y pensar de los sujetos frente a la intención de contar con parámetros universales sobre el sufrimiento mental. Se trata del valor que posee una comunidad de elaborar con sus modos propios (míticos, mágicos o científicos) los malestares de la existencia o sus síntomas de sufrimiento, lo cual obliga a los servicios de Salud Mental a aceptar estos modos locales para la participación de la comunidad en los procesos de atención, y para no generar la exclusión de lo propio de la vida en común.

Hacemos notar que por ejemplo uno de los estudios es sobre la provincia Tierra del Fuego, en la cual con una población de 130.000 habitantes, más de 40.000 son menores de 16 años. Población en su mayoría de migrantes internos y uno de los niveles de pobreza de los más bajos del país. Seguramente existen relaciones importantes entre padres migrantes, formados en otros lugares del país, y la necesidad de los jóvenes de desarrollar rasgos culturales locales (la generación de normas que regulen los intercambios sociales es una necesidad imperiosa de cualquier grupo humano de convivencia) para sus intercambios (especialmente respecto a la sexualidad y a la agresión). Sabemos que en estos procesos de adaptación y creación de nuevas reglas culturales los sujetos incrementan tanto la agresividad como el consumo de psicotrópicos. De hecho el estudio muestra cómo el sistema de salud incorporó el tema del consumo de drogas a los cuidados integrales de salud. Sería interesante comparar estas situaciones entre Tierra del Fuego, con estas características y las de Jujuy, con cultura más tradicional y arraigada (tradición de música, coplas, artesanía, mitos, etc.) desde las perspectivas de los servicios y las prácticas profesionales.

Esta inquietud por el problema de la cultura y su valoración por los servicios está presente en el trabajo de Laura Poverene, dirigido a niños inmigrantes, o hijos de inmigrantes bolivianos que viven en la Capital de Buenos Aires. El trabajo muestra cómo, además de la dominancia del hecho migratorio (la tensión entre la cultura de origen y las exigencias de la adaptación a la existencia actual), se confrontan con la estigmatización doble de migración y pobreza. Bajo estas condiciones las observaciones que surgen de la investigación muestran la densidad de la existencia dominada por la tensión entre lo propio de la historia del migrante y la exigencia de la integración social. Este dato no es menor: todos sabemos el desafío que representa para la Salud Mental en el mundo la existencia de más de 700 millones de personas que migran y viven en países lejanos a aquel en que nacieron, en su mayor parte migraciones forzadas. Esta población es, especialmente en EEUU y en Europa, quien más demanda de cuidados y atención por síntomas de sufrimiento mental. Es necesario conocer qué lugar y qué recepción pueden tener los servicios y los profesionales para atender la particularidad del sufrimiento de estas personas. A su situación se suma habitualmente que no tienen, o tienen restringido, el acceso al sistema de salud y Salud Mental. Un logro de esta investigación, a nivel metodológico, es el de conocer a través de los niños mismos y las familias de inmigrantes las vicisitudes de sus malestares, no entrevistando solamente, como es frecuente, a profesionales y cuidadores.

La investigación referida a la provincia de Santa Fe es un ejemplo significativo del proceso que se señala como de transición entre los modos tradicionales de atender la población de niños y adolescentes bajo los criterios jurídicos de tutela y lo nuevo de la perspectiva de los derechos de niños y adolescentes. Describe y analiza rigurosamente la experiencia del PARAMI, un dispositivo que se creó primero en Rosario y luego se replicó en la Ciudad de Santa Fe, respondiendo a los criterios de los "paradores", utilizados para el alojamiento y control, temporario o prolongado, de adolescentes en situaciones de marginalidad social. Los jueces han hecho frecuentemente uso de este sistema para derivar allí a adolescentes en conflictos menores con la ley, o desamparados. Este programa fue un intento de un grupo profesional muy comprometido con la reforma del sistema de atención, abrieron espacios de consulta, cuidado y acompañamiento, dispositivos de hospital de día y hospital de noche, intervenciones con la comunidad e integración de las familias cuando fue posible. El giro fue pasar de la tutela y el encierro hacia alojamiento y cuidado, respetuoso de la dignidad personal de los adolescentes. El análisis de las investigadoras muestra los obstáculos, especialmente por parte de la justicia, para abandonar la abolida ley de patronato, y, en algunos casos, recurrir a la vieja idea de asociar trastorno mental con peligrosidad. Finalmente el programa se suspendió y los paradores se cerraron, vale citar a Gramsci cuando señalaba estos procesos como lo viejo que no termina de morir y lo nuevo que no termina de nacer. Me parece de mucho interés lo que la investigación muestra como las dificultades de avanzar hacia una política de derechos y protección, como hoy marca la ley y la política, queriendo reformar las tradicionales instituciones de encierro.

El estudio sobre las provincias de Río Negro y Neuquén, con sentido comparativo en sus sistemas de atención y en relación a uno de los ejes de la reforma, entre los que se destacan el cierre de los hospitales psiquiátricos, la atención de tipo asilar y el desarrollo de la alternativa de los cuidados de Salud Mental en los servicios de atención primaria. Sabemos que en el caso de Río Negro, pionera en la reforma en Argentina, este giro fue de algún modo radical, con una firme voluntad y racionalidad de desplazar hacia la comunidad y con la participación de la misma en todos los procesos de atención. Sabemos también que Neuquén fue hace años ejemplo de un sistema de salud racional y amplio que organizó los cuidados de salud en los territorios de vida de los pacientes. Su programa de medicina rural ha sido un ejemplo frecuentemente citado. Sin duda esa experiencia ha influido en la organización de la atención de la Salud Mental. El estudio sobre Neuquén se centra en una experiencia conocida y ejemplar por la continuidad de la misma, tal como el dispositivo "Espacio Arco Iris". Como muestra la investigación, este dispositivo da cuenta de la posibilidad real de pasar de lo puramente asistencial hacia el principio de cuidados, en prevención y protección de derechos, con participación de las familias y la comunidad. La investigación observa y nos muestra cómo han sido en muchos casos los profesionales quienes resisten abandonar la mirada asistencialista, en la cual se ha asentado (digámoslo porque está sugerido en la investigación), refugiarse en la autoridad y el poder profesional. Ambas provincias han mostrado que, ya con años de continuidad y venciendo diferentes obstáculos, es posible trasladar toda la atención y la rehabilitación al primer nivel de atención, así como la eficacia de los cuidados cuando se logra la participación de la comunidad. Este estudio ayuda a pensar las estrategias posibles para asumir el desafío que se presenta frente a los dos objetivos centrales de los procesos de reforma de la atención: la desinstitucionalización y el cierre de los hospitales psiquiátricos de carácter manicomial; simultáneamente, construir la alternativa de trasladar toda la atención y los cuidados a los servicios del primer nivel de atención y hospitales generales. Estas experiencias que muestra el estudio señalan claramente que el futuro de la reforma depende de que seamos capaces de responder a la demanda de atención del sufrimiento mental de la población, con métodos racionales y humanos, respetuosos de la dignidad y los derechos de las personas, en los servicios de atención primaria y hospitales generales, la efectividad y la eficacia de esta atención es condición básica para lograr el cierre definitivo de la internación manicomial.

Vale señalar al lector que está frente a un libro que lo llevará a recorrer, mediante una exploración metodológicamente rigurosa e intelectualmente lucida en sus conclusiones, la situación del sistema de atención del sufrimiento mental, focalizado en la atención de niños y adolescentes, de diferentes territorios del país, a la vez que percibirá las distintas estaciones en que los obstáculos detectados por los investigadores seguramente lo ayudarán y ayudarán a todos los que hemos comprometido nuestra voluntad con llevar dignidad a las personas con sufrimiento mental, a reconocerlas como sujetos de pleno derecho y ayudarlas a que puedan ejercerlo, bajándonos de la autoridad y el poder de nuestras profesiones, abriendo las puertas a esta nueva experiencia social y cultural del sufrimiento mental, que se propone retornar al terreno de lo humano lo que la política manicomial había excluido.

Mayo de 2015

Presentación

ALEJANDRA BARCALA Y LEANDRO LUCIANI CONDE

Pensar la Salud Mental en la niñez en el marco de la protección integral de derechos constituye un desafío, en tanto diversas tensiones modelan este campo de conocimiento y de prácticas. Entre ellas se destacan: la articulación entre la lógica de atención de servicios de salud y la lógica de efectivización de derechos; la necesidad de avanzar en la sustitución de un modelo tutelar y asilar hacia otro de carácter sociocomunitario, interdisciplinario e intersectorial; la deconstrucción de la tendencia hacia la medicalización y patologización del malestar en la niñez y la generación de praxis que ubiquen a las niñas y los niños como sujetos efectivos de derechos.

El libro asume este importante desafío en el contexto de un proceso de transformación que tiene lugar en nuestro país, ligado a la sanción de un marco legislativo que ha cambiado el escenario de la Salud Mental y la niñez en la Argentina.

La Ley Nacional de Salud Mental (n° 26.657), sancionada en el año 2010, y su Decreto Reglamentario 603/2013, en armonía con la Ley Nacional de Protección Integral de los Derechos de Niñas, Niños y Adolescentes (n° 26.061), de 2005, adecúa el ordenamiento jurídico interno a los estándares internacionales de derechos humanos, define una ruptura con el paradigma tutelar y apunta a consolidar un cambio de los principios vigentes en el campo de la Salud Mental en la niñez.

La mencionada Ley establece la responsabilidad indelegable del Estado de garantizar el derecho a la atención en Salud Mental, y constituye un instrumento de orientación para la planificación de políticas públicas. Para ello vehiculiza una nueva institucionalidad, ya que delega al Ministerio de Salud de la Nación la función de autoridad de aplicación de la Ley y faculta para este mandato a la Dirección Nacional de Salud Mental y Adicciones. Asimismo, a partir de su Decreto Reglamentario 603/2013, se puso en funcionamiento, en el ámbito de la Jefatura de Gabinete de Ministros, la Comisión Nacional Interministerial en Políticas de Salud Mental y Adicciones (CONISMA). Este organismo responde a la necesidad de construcción de políticas integrales que se articulen entre los distintos sectores para desarrollar acciones que favorezcan la inclusión social, laboral y educativa de las personas con sufrimiento mental. Con el objetivo de ampliar el proceso participativo, en octubre de 2014 se gestó el Consejo Consultivo Honorario en Salud Mental, conformado por 30 instituciones de todo el país, cuyo propósito es realizar propuestas no vinculantes en materia de Salud Mental y adicciones, contemplar las problemáticas y particularidades de los distintos sectores a los que representan y realizar las observaciones que crean pertinentes acerca de las políticas implementadas.

Este proceso de cambio impulsa la transformación de las prácticas y los modelos de atención y organización de los servicios destinados al cuidado de la Salud Mental. Por ende, requiere ser estudiado, dados sus alcances y consecuencias en la efectivización del derecho a la Salud Mental y la atención adecuada, en especial en la niñez.

Los problemas de Salud Mental en la infancia y adolescencia comenzaron a adquirir visibilidad en la agenda de las políticas públicas en octubre de 2013, cuando se aprobó el Plan Nacional de Salud Mental, en el cual se afirma que la oferta asistencial de la red de servicios no contempla la especificidad de la problemática en niñas, niños y adolescentes. Este plan especifica entre sus objetivos: aumentar la accesibilidad a la atención, promover la conformación de equipos infanto-juveniles, generar dispositivos y programas de detección temprana y fortalecer la articulación entre sectores y los abordajes integrales.

Un año más tarde, enfatizando en la importancia de esta problemática, la Dirección Nacional de Salud Mental organizó el Primer Foro Nacional Infanto-juvenil "Fortaleciendo infancias, desarrollando redes". Este acontecimiento propició el debate a nivel nacional destacando la perspectiva territorial y las experiencias en redes como ejes de los abordajes en la infancia y adolescencia. Asimismo, planteó como problemas relevantes la situación de los niños y las niñas con consumo problemático y trastornos mentales severos.

A fines del 2014, la vulnerabilidad y el sufrimiento psíquico de numerosas niñas y niños, y la existencia de instituciones que vulneraban sus derechos era señalada por el Órgano de Revisión. Este organismo de control de aplicación de la Ley, creado en el ámbito del Ministerio Público de la Defensa con el objetivo de proteger los derechos humanos de los usuarios de los servicios de Salud Mental, constató una creciente disposición de internaciones y medicalización de niños pequeños.

A partir de este escenario, y en el marco de desarrollo progresivo de los derechos humanos, quedó en evidencia que transformar el sistema para garantizar la protección en Salud Mental en la niñez es una necesidad imperiosa, y que para ello las respuestas institucionales deberían tender hacia un profundo proceso de reformulación y reacomodación.

El estudio de sus alcances y efectos nos llevó a emprender una investigación que permitió analizar el grado de articulación y adecuación de las prácticas de Salud Mental y el Sistema de Protección Integral de Derechos de Niñas, niños y Adolescentes, es decir, en qué medida aquellos procesos de atención se ajustan a la protección integral de derechos y a los estándares internacionales.

En este sentido, el presente libro expone parte del trabajo de investigación realizado en el marco del Proyecto UBACyT denominado "Los procesos de atención en Salud Mental en la niñez desde la perspectiva de derechos: estudio de las jurisdicciones Ciudad de Buenos Aires, provincia de Tierra del Fuego y provincia de Jujuy". Para su desarrollo se contó con el apoyo de la Secretaría de Ciencia y Técnica de la Universidad de Buenos Aires a través de un subsidio correspondiente a la programación científica (2011-2014).

Esta tarea estuvo a cargo de un equipo interdisciplinario con sede en la Facultad de Psicología, cuyo objetivo fue analizar los avances y desafíos actuales en la implementación de la Ley Nacional de Salud Mental en relación a los problemas de Salud Mental en la infancia y adolescencia. Dicho proyecto se incluye en una línea de investigación que desde el año 2007 desarrolla el mencionado equipo sobre la temática de derechos de la niñez, políticas públicas y derecho a la salud en el contexto de la protección integral.

Inicialmente, nos abocamos al estudio en la Ciudad Autónoma de Buenos Aires, sin embargo, dado que la determinación de las políticas sanitarias se encuentra a cargo de cada gobierno provincial y adquiere características específicas, nos propusimos ampliar el campo de investigación e incorporar en el estudio diferentes jurisdicciones. De este modo, abordamos los diversos contextos en los que viven los niños, las niñas y adolescentes en nuestro país, así como también las narrativas de los actores que participan en el proceso de atención en Salud Mental, quienes generosamente compartieron sus experiencias vitales en relación a sus prácticas.

En este trayecto, entablamos un fecundo diálogo con investigadores de diferentes provincias comprometidos en la construcción de conocimientos y prácticas referidas a la Salud Mental infantil. Con ellos compartimos e intercambiamos marcos conceptuales, metodologías y resultados del análisis de las políticas y prácticas así como de la evaluación de las fortalezas, dificultades, obstáculos y tensiones en los abordajes de cuidados de Salud Mental en la niñez.

La complejidad del problema abordado, y su necesidad de comprensión, determinó el enfoque interdisciplinario y la participación de docentes e investigadores de diversos campos disciplinares –Psicología, Medicina, Sociología, Trabajo Social, Derecho–, que integraron diversas miradas y saberes disciplinarios indispensables para la construcción de conocimientos en este campo.

A partir de estas consideraciones, organizamos el texto en tres líneas temáticas: 1. Debates conceptuales: subjetividad, medicalización y políticas públicas; 2. Procesos de atención en Salud Mental en la niñez desde la perspectiva de derechos: estudio en tres jurisdicciones; 3. Sistemas de protección integral de derechos y procesos de investigación en Salud Mental y niñez.

En la primera nos propusimos reconstruir una red conceptual para comprender y describir la problemática a través de tres capítulos que forman parte de nuestras tesis de doctorado, la segunda se refiere al trabajo de investigación realizado en el marco del proyecto UBACyT ya descrito, y la tercera complementa y enriquece lo anterior con investigaciones de colegas pertenecientes a unidades académicas e instituciones estatales de las provincias de Neuquén, Río Negro, Santa Fe y Córdoba. Además, incluimos un capítulo referido a un nuevo dispositivo creado bajo la órbita de la Defensoría General de la Nación a partir de la sanción de la Ley de Salud Mental, cuya función es asegurar la defensa y acceso a la justicia de los niños, las niñas y los adolescentes que atraviesan internaciones por Salud Mental y adicciones en el ámbito de la Ciudad de Buenos Aires.

A poco más de cuatro años de la sanción de la Ley, compartir la tarea de investigación realizada en siete provincias del país tiene como intención que los resultados puedan constituir un punto de partida para nuevas investigaciones que analicen el progreso y grado de efectivización de los postulados de esta norma.

Consideramos que los diferentes capítulos ponen de manifiesto que la complejidad de las problemáticas infanto-juveniles nos confronta con un dilema. Nuevos modos de sufrimiento psicosocial en la niñez requieren ser alojados, y aún no logramos consolidar prácticas que se adecuen a las circunstancias actuales, las que requieren de un compromiso ético que posibiliten mejores condiciones de producción de la subjetividad.

El surgimiento de marcos explicativos más abarcativos y comprensivos de los procesos actuales nos permite visualizar nuevos horizontes de significación. En este sentido, el desarrollo de análisis conceptuales respecto a la comprensión de las transformaciones operadas, y la producción y difusión de informaciones que puedan facilitar la toma de decisiones y mejorar los procesos de planificación, diseño, gestión y monitoreo de los servicios de Salud Mental, contribuirá a mejorar la calidad de las intervenciones en la niñez. Implementar políticas y prácticas innovadoras que se adecuen a los postulados de la *Convención Internacional de los Derechos del Niño,* que incorporen los principios de Salud Mental comunitaria y que recuperen como eje la subjetividad y las voces de los niños y las niñas, constituye un desafío aún por cumplir.

Esperamos que este libro aporte a la comprensión de este complejo proceso, y que los interrogantes, críticas, aportes y reflexiones que surjan de su lectura favorezcan la construcción de un proceso más justo e igualitario en el ámbito de la protección integral de los derechos de las niñas, los niños y adolescentes.

Debates conceptuales sobre Salud Mental y niñez: subjetividad, medicalización y políticas públicas

La desinfantilización de la niñez en la segunda modernidad

Subjetividad y posderechos en las transformaciones actuales de la sociedad y la política

Leandro Luciani Conde

La niñez en la segunda modernidad

Sí, se acabó la infancia. Acordamos con el desarrollo que realizan Cristina Corea e Ignacio Lewkowicz hasta alcanzar la tesis central sobre el agotamiento de la infancia moderna (Corea y Lewkowicz, 1999). Como tal, la infancia es una producción nacida a la luz de la lógica del Estado moderno, de las políticas sociales por él generadas, y de las instituciones que operaron como piezas clave en dicho momento histórico, la familia y la escuela principalmente[1].

El sentido moderno de la infancia fue forjado en torno de tres mitologías fundamentales que marcaron las *significaciones imaginarias sociales* con las cuales la modernidad operó sobre los sujetos infantiles y los instituyó como tales. Nos referimos a los mitos pedagógico, antropológico y filosófico, tal como los plantea Walter Kohan (2007) al descri-

---

[1] El presente capítulo se realizó en base al artículo publicado en la *Revista Latinoamericana de Ciencias Sociales, Niñez y Juventud* (Luciani Conde, 2010). Trabajo desarrollado en el marco de la tesis doctoral en Ciencias Sociales "La cuestión de la niñez en la política social actual: la construcción de un sistema de protección integral de derechos de niñas, niños y adolescentes en el Municipio de Lanús, Argentina", Facultad de Ciencias Sociales, Universidad de Buenos Aires.

bir aquella "tierra patria" de la cual partimos para pensar la infancia; es decir, la lógica cronológica y evolutiva que marca las etapas de la vida y su secuencia esperable a partir de una supuesta inocencia, fragilidad, docilidad inicial, en la cual el sujeto niño no existe como presente, sino como mera potencia futura.

El mito pedagógico establece una estrategia educativa para el que llega al mundo, en términos de un adulto que sabe de antemano las respuestas y los dispositivos de enseñanza, discurso educativo que clasifica y nombra al niño subjetivándolo y disciplinándolo (Carli, 2012). El mito antropológico segmenta la vida en sucesivas etapas cronológicas con un sentido ideal según el cual se progresa hacia un mañana mejor, tiempo cultural construido por los adultos que asigna sentidos delimitados según los diferentes períodos del ciclo vital (Urcola, 2010). Y el mito filosófico está basado en la negatividad y ausencia (infancia como el terreno de la no adultez y, por ende, de lo imperfecto), sentido de tradición aristotélico según la cual la comunidad política estaba integrada por ciudadanos plenos, con posibilidades de participación en la vida política, y aquellos que estaban excluidos de ella, entre los que se encontraban los esclavos, las mujeres, los extranjeros y los niños (Vilas, 2013).

Este último sentido contribuyó a significar la infancia según su acepción etimológica, y construyó una representación de la misma en términos de aquel que no tiene la capacidad del adulto para saber, pensar y vivir[2].

El *imaginario social instituyente* de la modernidad produjo de esta manera el nacimiento de una infancia que, lejos de poder ser explicada en términos naturales, biológicos o lógicos, fue animada por significaciones imaginarias asociadas a los mitos y sentidos recién mencionados.

---

2 La palabra infancia viene del latín *infans*, que significa "el que no habla", basado en el verbo *for* (hablar, decir). Así, *infantía* equivalía a "incapacidad de hablar". Para un análisis más detallado ver Kohan (2007).

Tomamos la noción de *imaginario* tal como la plantea Cornelius Castoriadis, según la cual existe un poder creador en las colectividades humanas (el "imaginario social instituyente") que crea la *forma* institución (institución en general) y las instituciones particulares (Castoriadis, 2001: 93). Esta *forma* moderna de la infancia (esta creación ontológica "densa y masiva" que pertenece al ser sociohistórico) así como las instituciones por ella generadas, se ha solidificado en aquel *imaginario social instituido* al que hoy hacemos referencia como la *infancia dominante* de la modernidad.

Hablamos de infancia (en singular) y no de infancias (en plural) dejando al margen por el momento el análisis de la escisión original constitutiva del campo de esta *infancia dominante*, determinante de la producción de una infancia *normalizada* en contraposición a una infancia de la *minoridad*. Distinción fundante de la diferencia entre ser *un infante* y ser *un menor*, que si bien constituye un aspecto clave para el análisis de las políticas sociales en este campo, no es el eje del planteo que desarrollaremos inicialmente.

Ahora bien, no podríamos afirmar que la modernidad con la que adjetivamos a la infancia, que hemos caracterizado como dominante, es la misma que transitamos desde hace ya varias décadas.

Para ser precisos con la afirmación inicial del texto, deberíamos agregar que se acabó la infancia, y que también se acabó la modernidad que la produjo. Es decir, los pesados "sólidos" (Bauman, 2002: 12) que caracterizaron al período moderno –tales como el capitalismo, el Estado, la democracia, la política, la familia, la escuela o el trabajo, por mencionar algunos de los más importantes– se debilitaron. Desde mediados de la década de 1970 a esta parte se han ido erosionando hasta reconfigurarse a través de nuevas significaciones.

El agotamiento de esta primera modernidad se ha visto acompañado por transformaciones que dan cuenta del pasaje operado desde un tipo particular de sociedad (la sociedad moderna occidental) a otra, que ha sido denominada de diversos modos: "segunda modernidad", "sobremodernidad", "modernidad reflexiva", "modernidad cosmopolita" o "modernidad líquida", entre otros.

Pensar la niñez en este momento, las significaciones
imaginarias sociales que crean su *forma actual,* las instituciones que emergen de este *imaginario social instituyente*, los
marcos legales, las políticas sociales y las respuestas prácticas implementadas al respecto, será posible en la medida en que comprendamos algunas de las transformaciones
operadas.

Para ello partimos de algunos supuestos de trabajo que
nos permitirán analizar este campo particular[3]. Esto quiere
decir que las consideraciones aquí realizadas son planteadas
para pensar el campo de la niñez específicamente.

Nuestro primer supuesto es que las condiciones de
vida en la infancia han configurado uno de los problemas
a través de los cuales se particularizó y expresó la cuestión
social a lo largo del siglo XIX y hasta mediados del XX. Es
decir, el problema de la pobreza infantil fue una cuestión
socialmente problematizada[4] y ha sido objeto de diferentes
políticas público-sociales (estatales y de la sociedad civil)
que le fueron dando forma al campo y determinaron las
respuestas institucionales al respecto.

En segundo lugar, sostenemos que desde mediados del
siglo XX se evidencia un desplazamiento del problema de
las condiciones de vida de la infancia al problema de sus
condiciones de derechos. Este cambio en la problemática,
a través de la cual se particulariza la cuestión social de la

---

3   Tomamos la definición de *campo de la infancia* como aquel que "[...] está
    compuesto por enfoques, análisis, estudios y conceptos, por las prácticas
    que incluyen un conjunto de acciones, programas y políticas y, finalmente,
    por una amplia gama de actores participantes. También comprende la producción de discursos destinados a conformar las subjetividades intervinientes en él. Por ello, aun siendo un campo que se podría presumir definido, es
    propenso a ambigüedades que ocultan relaciones sociales de dominación, lo
    que conduce a imprecisiones que se podría afirmar que no son inocentes"
    (Bustelo, 2007: 23).

4   Sobre la utilización de este concepto ver Grassi (2003), entre otros.

niñez en nuestra época, puede ser analizado a la luz de las transformaciones que dieron lugar a la segunda modernidad. En particular, este movimiento puede ser estudiado a partir del proceso (lento, contradictorio e inconcluso) de sustitución del denominado "sistema de protección tutelar" por el "sistema de protección integral de derechos".

El propósito de instalar un sistema de protección integral pone de manifiesto, sin lugar a dudas, que en el sector de políticas sociales ha habido avances en la forma social de ser pensado, a contramano del carácter regresivo que han tenido las intervenciones en otros sectores.

Entendemos que se trata de una situación histórica paradójica que merece ser estudiada y reconstruida para intentar entender cómo fue posible la consagración de un paradigma más progresista en términos de su capacidad de garantizar derechos, en un momento histórico en el cual la perspectiva de derechos sociales de ciudadanía se encontraba en franco retroceso.

Nos referimos al denominado "ciclo neoliberal del Estado" (Vilas, 2011) durante el cual en la Argentina, por ejemplo, a la vez que se precarizaban las condiciones de vida para amplias franjas poblacionales mediante políticas de privatización, flexibilidad laboral y desestatización de la economía, se adhería a pactos internacionales sobre los derechos del niño y se los incorporaba a su Constitución Nacional.

Las condiciones que posibilitaron la conversión de la cuestión socialmente problematizada respecto de la niñez constituyen el interrogante que profundizaremos en este capítulo. Es decir, intentaremos comprender algunas de las razones sociopolíticas que permitieron que se establezcan estas condiciones, situando como eje de análisis los cambios que fueron dando lugar al surgimiento de una "segunda modernidad".

De la era del Estado nacional moderno a la era de la política global

Ubicamos conceptualmente un primer plano de análisis de esta transición en el movimiento que va de la *era del Estado moderno* hacia otra era, caracterizada por la emergencia de una *política global* (Held y Grez, 2003).

La configuración internacional de una sociedad de Estados nación descansaba en ciertos principios centrales que daban coherencia y legitimidad al primer orden internacional moderno. Entre ellos se destacaban la soberanía territorial, la igualdad formal entre Estados y el consentimiento estatal del acuerdo legal internacional; estos aspectos dieron lugar a la instalación de las democracias representativas o liberales.

Este proceso organizativo de la sociedad internacional de los Estados, que tiene como antecedente histórico a la Paz de Westfalia, de 1648, y que se va reforzando con ciertos pilares básicos propios de los Estados modernos (como la soberanía y la autonomía), encuentra en la progresiva instalación de la *política global* uno de los determinantes claves para la transformación de la vida política contemporánea a la que asistimos, desafiando a las tradicionales polaridades sobre las cuales se asentaban los Estados nacionales: nacional/internacional, territorial/no territorial, dentro/fuera (Held y Grez, 2003).

Estos Estados eran capaces de garantizar las protecciones necesarias para el mantenimiento de la cohesión social en un marco geográfico y simbólico delimitado, significado como *una nación*, en la medida en que controlaban la economía (Castel, 2004).

Si la defensa de la soberanía y el resguardo de la autonomía eran los aspectos centrales del Estado nación moderno, el contexto global de la política avanza hacia condiciones de gobernanza mundializados, regionales y con pluriniveles de determinación que reducen la capacidad de gobierno de los Estados actuales.

Emerge un nuevo realismo que define al *Estado cosmopolita* como aquel característico de la segunda modernidad, tirando por tierra las ideas económicas, sociales y políticas de los Estados (de bienestar) nacionales y ofreciéndose como *la nueva gran idea* luego del nacionalismo, el comunismo, el socialismo y el neoliberalismo.

Acordamos con Fernando Vallespín (2000) cuando sostiene que el término "globalización", con todo lo que de impreciso y borroso nos presenta, se ofrece como un *concepto refugio* que nos permite aproximar una comprensión a las formas actuales de la política y la sociedad.

De cualquier manera, no hay duda de que transitamos un momento en el cual la ocurrencia de una situación en el extremo de una relación distanciada puede producir acontecimientos distintos y opuestos en el otro extremo (Robertson, 2000), mundialización de las relaciones sociales que problematiza la tradicional idea de sociedad (hacia la idea de *aldea global* o *sociedad mundial*) a través de la intensificación y extensión de flujos e interconexiones generadores de modos de acción social globalizados.

Con la globalización cambian las reglas del juego, los actores y su poder de acción; por su parte, la política se deslimita y se desestataliza. El pasaje de un *realismo nacional* a uno *cosmopolita* formulado por Ulrich Beck (2004) opera como una clave para pensar a esta segunda modernidad, que se caracteriza esencialmente por su *cosmopolitismo*.

Resulta sumamente pertinente para nuestro análisis la conceptualización del *metacambio* acaecido en las últimas décadas conjuntamente con la instauración de las lógicas del cosmopolitismo.

Para Beck, hablar de "globalización" supone la apertura hacia un nuevo juego en donde las reglas del juego anterior ya no rigen[5]. Se va construyendo un *sentido del juego* en el cual los actores de la política mundial representan un guión que se define en relación a las categorías de poder y dominio en su dimensión *transitoria* por el pasaje a la segunda modernidad.

La introducción de esta *lógica del metajuego* y del *cambio de reglas* aporta conceptos potentes en su capacidad explicativa del momento actual, dado que reubica la interpretación de las instituciones y las organizaciones (elementos centrales de los sistemas de reglas de juego de la política mundial) en un plano analítico nuevo. El fenómeno surge por el agotamiento de las categorías de análisis que resultaban centrales para pensar a la primera modernidad desde una *mirada nacional* (tales como Estadonación, estado de bienestar nacional, interjuego nacional/internacional, política estatal nacional, capital, trabajo, entre otras).

De esta manera asistimos, según el autor mencionado, a un cambio caracterizado por una nueva *legitimidad* que opera transformando las categorías previas en función de una *mirada cosmopolita* y posibilita la emergencia de conceptos tales como *derecho cosmopolita, forma cosmopolita de estatalidad, culturas posnacionales, transnacionales* o *cosmopolitas* que inauguran una nueva teoría crítica con intención cosmopolítica (Beck, 2004). Teoría que, si bien supone avances en la forma social de pensar muchas de las problemáticas que la mirada nacional presentaba como encierros conceptuales, no deja de estar atravesada por contradicciones y paradojas que constituyen nuevos desafíos en la capacidad explicativa de las ciencias políticas y sociales.

---

[5]   Cabe mencionar la herencia que reconoce este planteo en las conceptualizaciones aportadas por Pierre Bourdieu en cuanto a la *reflexividad y pensamiento relacional, la teoría de la práctica, teoría del habitus y del campo*, a través de las cuales también recurre a la metáfora del juego y de las estrategias de los agentes del campo (Bourdieu, 1985 y 2006; Bourdieu y Wacquant, 1995).

Al respecto, observamos que uno de los desafíos conceptuales consiste en incluir el análisis de las transformaciones producidas por una *nueva legitimidad* impulsada a través de experiencias surgidas desde principios del siglo XXI, que dan cuenta de lo que denominamos una "mirada regional", que instala categorías emergentes no contempladas en los desarrollos de los autores europeos mencionados hasta aquí.

Tal es el caso de la situación latinoamericana, en la cual existen diversas experiencias (con mayor o menor grado de intensidad) que muestran formas de estatalidad que se incluyen en el interjuego global/nacional desde una perspectiva regionalista de base *latinoamericanista*.

Los casos de Bolivia, Venezuela, Ecuador, o incluso el de Argentina, constituyen claros ejemplos de regímenes sociopolíticos que impulsan transformaciones inspiradas en algunas de las políticas estatales de mediados de siglo XX, pero que se instalan en el tablero globalizado actual con nuevos actores, escenarios y problemas.

Al decir de Carlos Vilas, en la región se desarrollan procesos "posneoliberales" o posteriores al neoliberalismo que "[…] despliegan intervenciones directas, regulaciones y reorientaciones de los procesos de acumulación y distribución de excedentes", asignan nuevamente un papel estratégico al Estado y estimulan la articulación entre democracia representativa y participativa, con eje en la "[…] disputa del poder político a los grupos dominantes tradicionales" (Vilas, 2011: 13-14).

De hecho, se trata de experiencias regionales que "[…] presentan una especie de parentesco con los regímenes nacional populares de la segunda mitad del siglo XX", que ponen nuevamente en el centro de discusión temas de fondo propios de las agendas de los Estados nacionales de la primera modernidad, tales como "[…] el poder, la democracia, el bienestar, el desarrollo, la soberanía nacional, política y económica".

Otros autores, por su parte, ubican en la re-emergencia del tema del desarrollo el aspecto central del escenario actual en esta región y los caracterizan como un "contexto posneoliberal", definido por la "crisis de hegemonía del neoliberalismo" en la región, en la cual se asiste a una "[…] crisis de dominación que se expresa en la constelación de la sociedad de mercado, globalización competitiva, ciudadanía de consumidores y racionalidad instrumental del mercado como sinónimos de interés general" (García Delgado y Nosetto, 2006: 25).

La noción de desarrollo impulsada por este autor dista de la idea de desarrollo noventista, en la cual el crecimiento tenía que ver con el proceso de individuación en el marco del consumo mercantil, dando lugar a un nuevo modelo de desarrollo productivo, que tiene como horizonte la equidad e inclusión social, a partir de tres dimensiones centrales: desarrollo y cohesión social; desarrollo, democracia y ciudadanía ampliada; y desarrollo en el marco de un nuevo paradigma sociocultural (García Delgado y Nosetto, 2006).

Cabe destacar que esta *lógica crítica con intención latinoamericanista* que mencionamos encuentra en la Constitución Política del Estado Plurinacional de Bolivia, promulgada en 2009, un promisorio avance en su capacidad de incluir la diversidad de naciones posibles en una configuración sociopolítica organizada por el Estado: "Bolivia se constituye en un Estado Unitario Social de Derecho Plurinacional Comunitario, libre, independiente, soberano, democrático, intercultural, descentralizado y con autonomías. Bolivia se funda en la pluralidad y el pluralismo político, económico, jurídico, cultural y lingüístico, dentro del proceso integrador del país" (Asamblea Constituyente de Bolivia, 2009).

Observamos que la categoría de *Estado plurinacional*, abierto a las diversas culturas, identidades y naciones que pueblan un territorio abre un abanico de sentidos y recorridos políticos innovadores para pensar las transformaciones políticas contemporáneas. Parafraseando a Ulrich Beck, afirmamos que surge un nuevo realismo que define al *Estado plurinacional en el contexto regional/global* como emergente en la segunda modernidad que transitamos en Latinoamérica.

Ahora bien, ¿cuán homogeneizante es el proceso de globalización? ¿Hay una globalización hegemónica? ¿Es gobernable la globalización? ¿Qué potencia tiene lo local para imprimir marcas en lo global? ¿Es posible imprimir la marca de la plurinacionalidad en la agenda regional/global? ¿Cuán gobernable puede ser el Estado plurinacional en el contexto de la *patria grande*?

La consolidación de un *marco cosmopolita de derechos para la niñez* y la producción de posderechos

De las múltiples vertientes de análisis que disparan los interrogantes planteados, nos centraremos en lo que sigue en uno de los efectos que consideramos esenciales para la comprensión de nuestro tema. Nos referimos a la emergencia de un *régimen global* de derechos humanos y, particularmente, de derechos integrales de la niñez.

La tensión entre la emergencia de esta nueva *política global* y la autonomía necesaria para garantizar la capacidad de gobierno de los Estados constituye uno de los desafíos clave en la actualidad en términos de acumulación de recursos de soberanía y legitimidad, en un contexto caracterizado por la necesaria observancia de regulaciones internacionales que cada vez tienen mayor injerencia, dando lugar a la primacía de una lógica del derecho internacional o de un *marco emergente de derecho cosmopolita* (Held y Grez, 2003).

Las regulaciones internacionales configuran un sistema legal cosmopolita supranacional que es progresivamente aceptado mundialmente a través de su incorporación en los órdenes legales nacionales vigentes en los Estados democráticos (Mouffe, 2007). Aclaremos que se trata de regulaciones aceptadas pero no siempre observadas y cumplidas.

Movimiento internacionalista que en el caso de los derechos humanos se organizó definitivamente a partir de 1948 con la aprobación en el marco de la Organización de las Naciones Unidas (ONU) de la *Declaración Universal de los Derechos Humanos,* y en el campo particular de los derechos en la niñez se afianzó en 1989 con la aprobación también por la ONU de la *Convención Internacional sobre los Derechos del Niño*[6].

En el orden legal nacional argentino, la *Convención sobre los Derechos del Niño* fue ratificada por el Congreso de la Nación en 1990, mediante la Ley Nacional n° 23.849, y en 1994 se incorporó a la nueva Constitución Nacional. En 2005, se sancionó la Ley Nacional n° 26.061 de Protección Integral de los Derechos de Niñas, Niños y Adolescentes, que derogó definitivamente (casi un siglo después) la Ley del Patronato (n° 10.903) y postuló la conformación de un "Sistema de protección integral".

Ejemplo de cómo se configura una agenda *global,* los derechos de las niñas y los niños en este caso, se imprime así una legitimidad extra democrática y extra estatal, que limita el principio de soberanía política de los Estados nacionales, dando respuestas globales a problemas locales (Tejerina, 2002).

---

6   Si bien la aprobación de la *Convención Internacional sobre los Derechos del Niño* marcó un hito histórico que operó como bisagra en la instauración de un régimen global respecto de los derechos en la niñez, la preocupación internacional por los derechos del niño se remonta a 1924 con la *Declaración de Ginebra*, proclamada por la Sociedad de las Naciones (organismo internacional precedente de la ONU). En 1959 la ONU proclamó la *Declaración Universal de los Derechos del Niño*, la cual junto con otras resoluciones y documentos conformaban la *Doctrina de las Naciones Unidas sobre la Protección Integral de la Infancia:* el sistema legal internacional de protección de la niñez que fue consolidado definitivamente con la *Convención Internacional.*

Sin embargo, "[...] no puede darse lo cosmopolita sin lo local [...]" (Robertson, 2000: 220), lo cual nos lleva a la dialéctica *global-local,* dado que más que de opuestos y/o excluyentes se trata de aspectos co-constitutivos. Si "[...] *lo global es local y lo local es global* [...]" (Vallespín, 2000: 50), la noción de *glocalización* permite dar cuenta de las determinaciones en juego (procesos de hibridación) entre lo universal y lo particular, entre lo nacional y lo internacional, lo heterogéneo y lo homogéneo, lo local, lo regional y lo cosmopolita.

A la luz de estas consideraciones, podemos volver atrás y analizar la *importación definitiva* de la *Doctrina Internacional de Derechos del Niño,* que tuvo lugar en Argentina con la sanción de la Ley n° 26.061 antes mencionada, dado que nos permite introducir uno de los aspectos problemáticos o paradójicos de los procesos que intentamos comprender.

La incorporación de criterios progresivos, coherentes con paradigmas actuales que se ajustan a la garantía de derechos globales para la niñez, no ha sido suficiente para detener los procesos sociales de vulneración existentes.

Cabe mencionar la tensión generada desde la perspectiva de las políticas público-sociales entre el avance que implicó disponer del marco legal de protección de derechos de la niñez mencionado y el proceso de precarización de las condiciones de vida de una gran franja poblacional de niños y adolescentes en la Argentina, para esa misma década de 1990 e inicios del actual siglo; franja que si bien actualmente ha disminuido continúa siendo un importante problema a resolver para las políticas públicas.

Cabe mencionar que existen voces contradictorias respecto de las cifras actuales de pobreza en la Argentina, en particular en lo que hace a la niñez, en el marco de los distintos cuestionamientos que ha tenido el Instituto Nacional de Estadísticas y Censos (INDEC) en los últimos años. No obstante, hay acuerdo en que existe una considerable disminución de la pobreza en la Argentina en la última década. Según datos del Centro de Estudios Económicos y

Sociales Scalabrini Ortiz (CESO), que realiza una línea de tiempo desde el 2003 al 2013 con datos propios que ajustan la información del INDEC con datos de distintos institutos de estadísticas provinciales, el porcentaje de población pobre descendió del 45,8% en el segundo semestre de 2003, al 13,2% en el segundo semestre de 2013. Por su parte, el porcentaje de población indigente (aquellos que no acceden a una alimentación mínima), era del 19% en 2003 y del 4% en 2013 (CESO, 2015).

En lo que hace a la situación de la niñez en la Argentina, no se encuentra disponible información oficial actualizada sobre condiciones de pobreza; sin embargo, consideramos que se han implementado en los últimos años políticas de alto impacto que han contribuido con un proceso progresivo de mejoramiento de las condiciones de vida para la niñez en el país; nos referimos específicamente a la implementación en el país de la Asignación Universal por Hijo para la Protección Social (AUH) (Decreto del Poder Ejecutivo Nacional 1602/2009).

Según algunas instituciones destinadas al estudio de la situación de los derechos de la niñez en la Argentina, si se toma el indicador de necesidades básicas insatisfechas (NBI) se observa una mejoría interanual sostenida en el período analizado, que va del 27,6% de la población de 0 a 17 años con NBI (Necesidades Básicas Insatisfechas) en 2010, a un 25,6% en 2012 (Tuñón, 2013: 64). Si bien expresan una tendencia alentadora, estos datos no dejan de visibilizar que aún existe un importante porcentaje de niños en condiciones de pobreza. Sobre todo si se analizan las franjas más desfavorecidas, según lo cual teniendo en cuenta el estrato social más bajo (cuartil inferior), en 2012 los niños de 0 a 17 años con NBI alcanzaba el 50,9 % (Tuñón, 2013: 65).

Esta situación no difiere demasiado de la informada por organismos internacionales como Unicef, según el cual para el año 2010 la población de 0 a17 años en condiciones de pobreza en la Argentina era del 28,7% (ONU-CEPAL-Unicef, 2010: 7).

Si bien no es posible tomar la situación de pobreza como único indicador del grado de cumplimiento de los derechos de la niñez, los datos presentados sirven para ejemplificar que seguimos transitando una situación paradójica, que muestra que es posible para algunos sectores sociales estar en condiciones de gozar de derechos globales y al mismo tiempo ver vulnerados sus derechos de ciudadanía en el orden local.

¿Es posible garantizar derechos humanos universales mientras se vulneran otros derechos sociales en el orden nacional?

Este desenganche de los derechos humanos cosmopolitas respecto del estatuto de ciudadanía existente en ciertos contextos nacionales es un punto crítico para analizar, puesto que constituye una vía explicativa de lo paradójico que presenta el campo de la niñez en este momento sociohistórico.

Se trata de una tensión entre la precarización de derechos sociales para la niñez y la garantía de derechos internacionales, que nos remite directamente al interjuego local-global que señalamos anteriormente y abre algunos interrogantes. ¿Cómo se localizan los derechos globales de la niñez? ¿Es posible *glocalizar* los derechos en la niñez?

Resulta pertinente, para abordar esta contradicción, la utilización que hace Colin Crouch (2004) de la imagen de una parábola para graficar procesos histórico-sociales.

Si se dibujara el recorrido de una parábola, el lápiz cruzaría dos veces una de las coordenadas: una parábola histórica se basa en considerar al prefijo "pos" en asociación a un movimiento. Así, se refiere a "pos X" de manera abstracta y llama "pre X" al período 1 caracterizado por una serie de rasgos determinados por la ausencia de "X". El período 2 será aquel que registre el período álgido de "X", que influirá sobre la transformación de diversos aspectos desde su estado original en el período 1. El período 3, por su parte, será aquel denominado "pos X", en el cual emergen nuevos factores que reducen la importancia de "X". En este momento las cosas serán distintas a los momentos 1 y 2, pero sin embargo se seguirá registrando la influencia de "X" indicando que sigue estando presente. La decadencia de "X" hará visible la reaparición de aspectos ligados al período 1, de ahí la complejidad de los períodos "pos" (Crouch, 2004).

Tomando esta imagen e importándola a nuestro campo de interés, argumentamos que el concepto de "posderechos" nos permite describir aquellas situaciones en las cuales no podemos afirmar la ausencia de derechos ("pre X"), pero a la vez, tampoco podemos afirmar la existencia y garantía plena de los mismos ("X") (por lo menos para algunos sectores). Se trata más bien de la presencia de los aspectos formales de los derechos, pero erosionados por procesos que debilitan su efectivización ("pos X") (Bauman, 2002).

El esquema que sigue permite graficar esta idea, en donde el "Período 1 (Pre X)" se caracteriza por la ausencia de derechos integrales de la niñez; el "Período 2 (X)" por el surgimiento de la *Doctrina Internacional de los Derechos del Niño*; y el "Período 3 (Pos X)" por la emergencia de nuevos factores que reducen la importancia de X (Gráfico 1).

Gráfico 1. ¿Hacia los posderechos de la niñez?

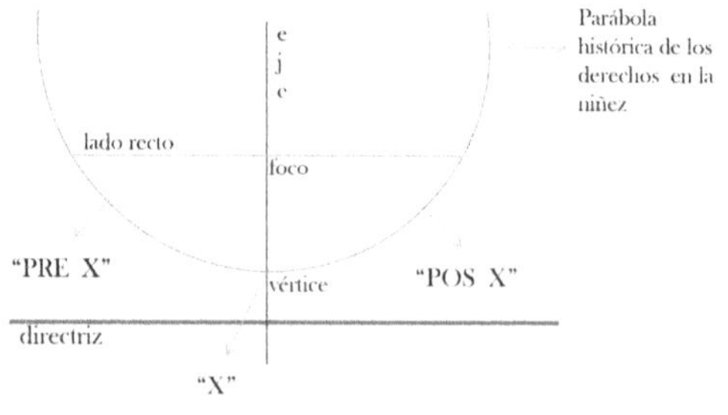

Fuente: elaboración propia.

Pluralismo moderno y nuevas formas de producción de subjetividad e intersubjetividad

Otra explicación potente para pensar la transformación actual hace referencia a las crisis estructurales de sentido a las que asistimos desde las últimas décadas, las cuales se originan en el *pluralismo moderno* que caracteriza al momento contemporáneo (Berger y Luckmann, 1997).

Si el pluralismo es definido en función de la coexistencia de sistemas de valores diversos en una misma sociedad, conjuntamente con comunidades de sentido también diferentes, el pluralismo moderno se instaura al transformarse el pluralismo, tal como recién se lo definió, en un valor supraordinal.

El aporte conceptual de esta formulación consiste en que el pluralismo moderno genera las condiciones de posibilidad para la emergencia de crisis de sentido subjetivas e intersubjetivas.

Así, la segunda modernidad no consiste en una configuración que se explica solamente a través de procesos macrosociopolíticos, sino que también es explicada por las formas de producción de subjetividad que acompañan dichos procesos. Es decir, los modos de producción de subjetividad de época permiten caracterizar los procesos de cambio; y en el momento histórico particular que analizamos dichos procesos de subjetividad e intersubjetividad dan cuenta de la existencia de distintas *crisis de sentido*.

Tensionando aún más estas consideraciones, sostenemos que la segunda modernidad dio lugar a la emergencia de modos de subjetividad e intersubjetividad que reflejan las crisis experimentadas por muchos de los valores basales de la primera modernidad.

El crecimiento demográfico, los movimientos migratorios, la pluralización de sentidos, la economía de mercado, la industrialización, la presencia del derecho cosmopolita y de las pos democracias, el fortalecimiento de los *mass media*, la pluralidad de modos de vida y de pensamiento, el *estiramiento de la política* y la instantaneidad de las consecuencias locales para fenómenos globales, la existencia de una *cultura individualista*, el *globalismo* y la justicia *trasnacional*, todos estos son aspectos que contribuyen a forjar el pluralismo moderno contemporáneo. Situaciones que contribuyeron a socavar las *significaciones imaginarias sociales instituidas,* es decir, los conocimientos dados por supuestos y las tradiciones.

El sujeto de la segunda modernidad transita por múltiples modos de vida posibles, enfrentando el debilitamiento de las narraciones (y de las instituciones) que actuaban como mecanismos de protección para evitar la disolución del sentido colectivo que orientaba su vida.

El niño de la segunda modernidad. ¿Subjetividad globalizada de la niñez?

El resquebrajamiento de estas narrativas de sentido pueden ser entendidas a la luz del proceso de *individualización* al que asistimos, que parte de la consideración del *individuo institucionalizado* (Beck, 2002), pero que atraviesa a toda la sociedad modificando las condiciones de vida de los distintos colectivos sociales.

Cultura de la individualización que impulsa a cada uno a convertirse en el mejor *empresario de sí mismo*, cambiando los modos de vida concretos de las personas y haciendo que "[…] el modo en que uno vive se vuelva una solución biográfica a contradicciones sistémicas" (Bauman, 2002: 39-40).

Este movimiento hacia la individualización es uno de los efectos sobresalientes del proceso de *destradicionalización* que atraviesa nuestra sociedad, en la cual lo que antes se presentaba como impuesto de antemano, o como *lo tradicional*, ahora es objeto de una decisión o elección individual. Aspecto que, tomando a Anthony Giddens, Fernando Vallespín desarrolla como propio de una "modernidad reflexiva" que legitima que lo que antes se le presentaba al sujeto como una externalidad condicionante de su accionar, ahora es el resultado de una reapropiación reflexiva fruto de elecciones individuales.

¿Qué producción de subjetividad tiene lugar en el seno de estas transformaciones?

Desde un primer momento, el análisis del pasaje hacia la *segunda modernidad* tuvo como objetivo servirnos para comprender mejor algunas de las condiciones que hacen al *niño de hoy*, y a la producción de subjetividad que acompaña estos procesos[7].

Los desarrollos conceptuales hasta aquí realizados hacen menos enigmática nuestra afirmación inicial sobre el agotamiento de la infancia.

Completando la argumentación, sostenemos que hoy se acabó la infancia sobre la cual pesaban las sólidas tradiciones de la primera modernidad. El imaginario social contemporáneo produce otra forma, coherente con el debilitamiento de las significaciones imaginarias sociales producidas por los mitos de la infancia dominante de la modernidad.

Si el infante de la primera modernidad era construido a la luz de una lógica que lo definía por sus potencias futuras, privándolo de su palabra (*infans*) y criándolo al compás de sus faltas y su supuesta fragilidad e inocencia; el niño de la segunda modernidad ha sido desinfantilizado.

---

7 Tomamos en este punto a Silvia Bleichmar, que sostiene que "Si la producción de subjetividad es un componente fuerte de la socialización, evidentemente ha sido regulada, a lo largo de la historia de la humanidad, por los centros de poder que definen el tipo de individuo necesario para conservar al sistema y conservarse a sí mismo. Sin embargo, en sus contradicciones, en sus huecos, en sus filtraciones, anida la posibilidad de nuevas subjetividades" (Bleichmar, 2005: 84).

Convertido en sujeto de derechos, deja de ser mera promesa futura y pasa a ser un sujeto niño en acto, en presente, capaz de gozar de derechos integrales. Correspondería abandonar el término "infancia", por no resultar ya apropiado en el sentido estricto que desarrollamos.

Más allá del indudable avance en la forma social de ser significada y construida, la niñez enfrenta hoy otros desafíos en el marco de nuevas contradicciones sociales. La instauración de la *cuestión de los derechos* como *la* nueva cuestión social para pensar la forma de la niñez (proceso paulatino que, según nuestro supuesto de trabajo, se viene configurando desde finales del siglo pasado), se da en un escenario caracterizado por la globalización y mundialización de las relaciones sociales determinantes de los diversos campos de problemáticas.

Los mitos dominantes de la infancia de la primera modernidad tenían sentido a la luz de las construcciones discursivas (políticas e instituciones) destinadas al *infans* del presente y al *niño del mañana*.

Así, sobre el niño del *capitalismo pesado* se depositaban las sólidas tradiciones y significaciones que forjaban el mañana sobre la base de una subjetividad infantil *protegida* por las instituciones modernas. El Estado nación garante de protección, el trabajo asalariado, la familia y la escuela eran los sólidos que le daban sentido a la idea de una infancia dócil y frágil que debía ser resguardada en pos del mañana. Y así se producían y reproducían los procesos de construcción de subjetividad e intersubjetividad infantil.

Aún sobre las infancias de la minoridad (niños expósitos, abandonados y pobres), definidas por su carácter de alteridad respecto las *infancias conservadoras* esperables en el marco del Estado liberal, recaían las pesadas tradiciones de la primera modernidad bajo la forma del sistema de protección tutelar.

Es decir, si bien se trataba de infancias que quedaban excluidas del cuidado de las formas institucionales *normativizadas* por la modernidad, tales como la familia o la escuela, también eran objeto de prácticas institucionales sostenidas por los mismos mitos.

Lejos de equiparar acríticamente las realidades y subjetividades de las infancias de la primera modernidad, ya se tratara de un *infante* o de un *menor*; existían significaciones imaginarias sociales que sostenían una y otra infancia de la misma manera. Había valores que organizaban ambas infancias desde los mismos mitos dominantes.

Por supuesto que no se trata de naturalizar formas de desigualdad social que de hecho existían, sino de hacer visible que, en los términos del análisis que aquí realizamos (y exclusivamente en estos términos), podríamos decir que no sólo el régimen de la minoridad producía *objeto de tutela y protección*, sino que la infancia de la primera modernidad producía a este niño-objeto. Que sería objeto de diversas formas y trayectorias institucionales determinantes de diferentes modos de constitución subjetiva, sí, pero todos objetos al fin de la misma infancia dominante.

Si esta *significación imaginaria social* a la que nos referimos como los mitos dominantes eran la *tierra-patria* de la infancia de la primera modernidad, podríamos decir que hoy el *nuevo mito* (¿mito sociológico?) de la *niñez global*, es que nació sin *patria*. Así, la niñez de hoy no tiene límites fronterizos, es extra estatal y extra nacional.

El niño de la segunda modernidad es el *niño global,* y a la luz de este nuevo mito (*imaginario social instituyente*) se producen las nuevas formas institucionales y prácticas sociales.

Si el capitalismo de la primera modernidad producía un *infante-objeto* que tenía sentido en la medida en que existía un Estado nación erigido en el *orden supremo* protector (de *infantes normalizados* o bien de *infantes tutelados*), el capitalismo liviano de la segunda modernidad produce un *niño-global*, sujeto de derechos cosmopolitas de protección integral sobre el cual se han debilitado las instituciones y prácticas sociales tradicionales a él destinadas.

¿Qué consecuencias tiene para la niñez que la noción de protección integral de derechos se enmarque en una construcción de sentido cosmopolita-global inserta en fuertes procesos de destradicionalización y crisis de sentidos? ¿El niño-global está más o mejor protegido?

Así como argumentamos que la primera modernidad produjo al niño infantil, y sobre este valor basó sus formas de práctica social, la sobremodernidad produce, en consonancia con los procesos señalados, al niño-individuo. Se trata de un sujeto (presente y no promesa) que goza formalmente de derechos globales, pero que no sabe bien ni quién ni donde se los garantizarán.

Erosionado el Estado nación, debilitada la significación social del trabajo, la familia y la escuela como formas de protección social colectivas; el niño-global es un sujeto-individuo que (al igual que el sujeto liviano de la segunda modernidad) está obligado a *ser libre* (Castel, 2004), que puede romper con la tradición que lo ubicaba en formas institucionales preestablecidas que lo anudaban a formas colectivas de protección.

En el capitalismo liviano, "[…] las autoridades ya no mandan […]", frente a la pluralidad de autoridades en juego ninguna prima sobre las otras, tienden a anularse entre sí dándole a quien queda en posición de elegir entre ellas, la capacidad de autoridad efectiva (Bauman, 2002).

El niño-individuo global del capitalismo actual es un niño que goza de posderechos, es decir, formalmente está en condiciones de acceder a ellos, pero potencial o concretamente está en riesgo permanente de desengancharse de los mismos y transitar modos de vida que reproducen condiciones del momento previo a la instauración de sus derechos.

Coincidimos con Eduardo Bustelo (2007) en que la emergencia de la *Doctrina Internacional de los Derechos del Niño* y, específicamente, la ratificación de la *Convención Internacional sobre los Derechos del Niño*, se entiende a la luz del capitalismo neoliberal de esos años; y que lejos de entrar en antagonismos, se muestra bastante coherente y tolerante con el mismo.

Así, el niño sujeto de derechos producido por la *Convención* es el *niño capitalista* al que un Estado debilitado debe garantizarles sus derechos, que de esta manera son reconocidos en su condición de existencia pero desconocidos en su condición de ejercicio.

Se trata de una *manera neoliberal de plantear los derechos humanos* instaurada a partir de la década de 1990, que privilegió básicamente el reconocimiento de los derechos individuales, civiles y políticos por sobre los derechos económicos, sociales y culturales (Bustelo, 2007).

Con la individualización institucionalizada como significación imaginaria social emergente de lo que es un niño, por una parte, y en el marco del debilitamiento de la protección social en su sentido más amplio como movimiento hegemónico de la política social, es relevante alertar sobre el peligro de estar marchando hacia una *heteronomía*[8] de los derechos humanos en la niñez, si es que naturalizamos como *pensamiento único* esta forma neoliberal de los derechos del niño.

---

8   Tomamos aquí a Cornelius Castoriadis, que define a la heteronomía como "el hecho de pensar y actuar como lo exigen la institución y el medio social" (Castoriadis, 2001: 108).

Protección social, colectivos sociales y colecciones de individuos: de la cohesión social a los márgenes de la integración

Si hasta acá hicimos un esfuerzo conceptual por homogeneizar el análisis del campo de la niñez en el contexto de los cambios descriptos hacia la modernidad de hoy, en lo que sigue profundizaremos aquello que tiene la niñez de heterogéneo, tal como se nos presenta desde la realidad social, es decir, desde algunas de las condiciones de desigualdad que nos presenta[9]. Tomamos para esto el desarrollo propuesto por Robert Castel (2004) respecto de la *cuestión de las protecciones* y el proceso de descolectivización social de las mismas, operado en la modernidad actual.

Como ya consideramos en el segundo apartado de este trabajo, la inclusión de los individuos en un sistema de organización colectiva fue la respuesta que el Estado nacional-social dio frente al peligro de disociación social al cual lo enfrentaba el capitalismo liberal. Esta respuesta generó la emergencia de derechos sociales en el seno de un progresivo *capitalismo de regulación estatal,* que han sido conceptualizados como derechos sociales de *desmercantilización* (Esping-Andersen, 1993) en la medida en que proveían de una serie de servicios-prestaciones en calidad de derecho a los mismos.

Ya vimos que de 1970 a inicios de este siglo, los Estados se debilitaron en su capacidad de pilotear autónomamente la economía y de mantener la cohesión social. Este proceso fue paulatinamente erosionando los dos *diques* de conten-

---

[9] Las consideraciones realizadas en este apartado se basan en el trabajo de campo realizado en una ranchada del barrio de Palermo, de la Ciudad de Buenos Aires, en el marco del Proyecto UBACyT 029, titulado "Avances y desafíos en la construcción de un sistema de protección integral de los derechos de las niñas, los niños y adolescentes: el derecho a la salud de la niñez en situación de vulnerabilidad social en la Ciudad de Buenos Aires", director Leandro Luciani Conde, codirectora Alejandra Barcala (Programación científica 2008-2010).

ción de los que se disponía para limitar el avance del mercado: el Estado y las organizaciones sociales representativas (las grandes categorías profesionales homogéneas).

La profunda *movilidad generalizada* de los procesos laborales se vio acompañada por dinámicas de descolectivización y re-individualización, de fragilización de las trayectorias profesionales, y de responsabilización de los agentes, en un contexto de crisis de los sistemas de regulación colectiva.

El proceso de degradación de las protecciones colectivas que desarrolla Robert Castel, "[...] para aquellos que no disponen de otros capitales –no solamente económicos, sino también culturales y sociales– las protecciones son colectivas o no son", explica uno de los efectos sociopolíticos claves para pensar nuestro tema: la desocialización de los individuos. Definidos sobre una base negativa, los *excluidos* no son colectivos sociales sino *colecciones de individuos* que sólo tienen como rasgo común el hecho de compartir la misma carencia. Han sido descolectivizados y pasaron a ser definidos por su común condición de estar degradados y desprotegidos.

Esta diferenciación entre *colectivo social* y *excluidos sociales* nos abre el debate sobre los modos de conceptualizar a las niñas y niños que viven en una ranchada. Usualmente nos referíamos a ellos como "niños en situación de calle", que presentaban además la característica de reagruparse en espacios territoriales que denominamos "ranchadas".

¿Podemos hablar de niños en situación de calle en sentido estricto?

No, porque si están en la calle no podemos afirmar que se trata de niños conceptualizados en tanto sujetos de derechos construidos como tales en los términos que venimos sosteniendo (niño que goza hoy –en presente– de sus derechos como tal).

¿Volvemos a hablar de infantes?

No, porque hemos argumentado que las instituciones que producían (para bien o para mal) a la infancia, como tales ya no existen; están, pero ya son otra cosa.

¿Podemos hablar entonces de un colectivo social de individuos-niños que están en la calle?

Sí, se trata de individuos en la medida en que han operado sobre ellos los procesos de desocialización, de responsabilización individual del conflicto social, de degradación subjetiva; pero no podríamos afirmar que se trata de un colectivo social. Lo único que tienen en común es el hecho de estar desprotegidos.

Pareciera que hablamos de individuos que se encuentran en un espacio que existiría por afuera de lo social (aquellos *electrones libres desocializados*). Pero no, como plantea Castel, no existe tal espacio por fuera de lo social, ni siquiera *el excluido*; en este sentido, la descolectivización es una situación colectiva.

Desde la perspectiva sociológica podemos conceptualizar a la ranchada como una *colección de individuos-niños* en los términos antes planteados. Se trata de algunos de los nuevos perdedores en el seno de las fuerzas productivas emergentes del *juego global*.

Si una clase social se define en torno a su capacidad de organización para la defensa de sus intereses, la situación de exclusión social es vivenciada como un destino personal, individual, y no como una situación colectiva (Dahrendorf, 2005).

Resulta pertinente introducir aquí el desarrollo sobre la *condición de excluido* en tanto ausencia de ley aplicable a él; este aspecto acerca la noción de excluido social a la categoría de *homo sacer* desarrollada por Giorgio Agamben, en tanto vida desprovista de valor, despojada de significación humana. *Homo sacer* como principal categoría de *residuo humano* producida por la modernidad contemporánea (Bauman, 2005).

También tomando a Giorgio Agamben, Eduardo Bustelo alerta sobre la producción actual de un *niño sacer*, eliminable y/o desechable sin que su muerte entrañe consecuencia jurídica alguna[10].

La ranchada es una forma local de referirnos por un lado a esta *nueva clase peligrosa,* que sintetiza en un grupo particular, situado en los márgenes de la integración social, todas las amenazas y riesgos que supone la sociedad (Castel, 2004); pero, por otra parte, es una realidad concreta que permite visualizar algunos de los dispositivos de la *biopolítica de la infancia* (producción de *niños sacer*, producción de niños sobrevivientes) (Bustelo, 2007).

Llegados a este punto nos preguntamos ¿la protección integral protege colectivos sociales de ciudadanos niños o individuos niños globalizados?

Reflexiones finales

Partimos del logro que ha implicado para el campo de la niñez la implementación progresiva de un sistema de protección integral de derechos, para presentar posteriormente algunas consideraciones generales desde la perspectiva de la teoría social destinadas a la comprensión del campo de la niñez en la actualidad.

Contextuamos los avances generados en este campo particular a la luz de algunas de las transformaciones contemporáneas, con eje en el movimiento social hacia una nueva forma de modernidad que hoy transitamos. No se trata, queda claro, de minimizar la importancia que estos

---

10 "Agamben habla del *homo sacer*, que es precisamente aquel a quien cualquiera puede matar sin cometer homicidio [...]. En el presente, la forma suprema del *homo sacer* es el *niño sacer*, a quien se asesina o apenas sobrevive en la vida desnuda. Los llamados pobres, indigentes y `desechables´ entran en esta categoría ya que su muerte no tiene casi ninguna consecuencia jurídica", (Bustelo, 2007: 26).

avances han implicado desde la perspectiva de las políticas sociales, sino más bien de problematizar algunos de los aspectos que presenta.

Como hemos afirmado, en términos generales la niñez de hoy se enfrenta a nuevas contradicciones sociales. Garantizados universalmente sus derechos a la protección integral, nos preguntamos sobre el sentido que asume hoy esta protección y sobre la significación social imaginaria que se construye en torno a ella. En particular, aquellas formas de protección destinadas a través de los sistemas de protección social a niñas y niños en condiciones de vulnerabilidad psicosocial.

Esta modernidad (segunda, líquida, reflexiva o como la denominemos) se forja sobre una matriz caracterizada por algunos movimientos y tensiones que hemos desarrollado: del Estado social-nacional al Estado cosmopolita, de la autonomía y soberanía estatal a la política global, de lo nacional al interjuego local/global/*glocal*, de las matrices de sentidos de la primera modernidad (sólidos de la modernidad) a la crisis de sentido de la sobremodernidad, del estatuto de ciudadanía en el contexto nacional al derecho legal cosmopolita, del niño-infante al niño-global.

Enriqueciendo el análisis de este "realismo cosmopolita" formulado por autores europeos, incluimos procesos visibles en algunas regiones, como es el caso de varios países latinoamericanos que retoman postulados de fortalecimiento de los Estados nacionales a través de políticas de re-estatización y de desarrollo social y productivo, que definen un nuevo momento que caracterizamos por el debilitamiento del neoliberalismo y la presencia de políticas, que reinstalan en la agenda el tema de los derechos sociales, económicos y culturales como ampliación de la ciudadanía. Instalándose, incluso, sentidos instituyentes que aparecen con el surgimiento y convalidación constitucional boliviana de la idea de Estados plurinacionales, que plantean grandes avances en la forma social de pensar la integración cultural, social y económica de estos pueblos.

Las dimensiones de lo global, lo regional y lo local operan hibridando los procesos históricos actuales generando un *realismo regional* emergente en Latinoamérica.

Se trata de un campo de investigación que encuadramos en lo que Ulrich Beck denomina "nueva teoría crítica" (Beck, 2004: 50), en el sentido en que debemos tener en cuenta, por un lado, el pasaje de una mirada nacional para pensar el problema a una mirada regional/cosmopolita. Pero por otro, la doble perspectiva de análisis según se trate del realizado desde los jugadores del campo, o bien desde la perspectiva científica del observador.

Así, queda como cuestión a profundizar cuáles son las perspectivas de investigación/ acción que abre en el campo de los derechos en la niñez el *cosmopolitismo regional metodológico*; dado que sigue siendo necesario un análisis desde los actores involucrados en el campo referido a las políticas sociales actuales y sus efectos en las condiciones de derechos de los niños (mirada nacional), pero a la vez es imposible dejar de lado los procesos generados en el orden regional y transnacional (mirada regional cosmopolita).

Partiendo del supuesto según el cual asistimos en este campo a la producción social de una paradoja histórica, entendemos que el análisis de las transformaciones descriptas nos permitió comprender mejor el porqué de esta paradoja, es decir, en el pasaje a la segunda modernidad encontramos algunas vías explicativas de la misma.

Nos queda ahora preguntarnos qué hacer.

Si bien es cierto el quiebre producido en la segunda modernidad en la *armonía social/ científica*, estamos obligados a imaginar procesos que mitiguen el avance en el deterioro de las condiciones de derecho en las cuales aún se encuentran amplias franjas de niñas y niños.

Si el momento actual se caracteriza por una crisis de sentido que pone en jaque algunas de las identidades colectivas socavando sus narraciones, tanto las políticas sociales como culturales (es decir los esfuerzos del Estado) deberían apuntar a potenciar formas de producción significante que favorezcan el fortalecimiento de las instituciones intermedias (en tanto productoras de sentidos compartidos).

¿Las instituciones creadas a la luz del paradigma de la *protección integral de derechos de la niñez* pueden considerarse intermedias en el sentido de ser instituciones que operan como barreras de protección frente a las crisis de sentido? ¿Tienen la capacidad de constituirse en significaciones imaginarias instituyentes o están destinadas a reproducir los procesos de debilitamiento que caracterizan a la segunda modernidad?

Generar marcos de explicaciones más abarcativos y comprensivos de los procesos actuales que organizan la sociedad nos permite visualizar nuevos horizontes de significación imaginaria para nuestro trabajo.

Entendemos que los distintos capítulos incluidos en este libro constituyen un avance en esta dirección.

Bibliografía

Asamblea Constituyente de Bolivia (2009). *Constitución Política del Estado Plurinacional de Bolivia*, Cap. Primero, Modelo de Estado. Disponible en http://goo.gl/6V8sn7.

Bauman, Z. (2002). *Modernidad líquida*. Buenos Aires: Fondo de Cultura Económica.

Bauman, Z. (2005). *Vidas desperdiciadas. La modernidad y sus parias*. Buenos Aires: Paidós.

Beck, U. (2002). *Libertad o capitalismo*. Barcelona: Paidós.

Beck, U. (2004). *Poder y contrapoder en la era global. La nueva economía política mundial*. Barcelona: Paidós.

Berger, P. y T. Luckmann (1997). *Modernidad, pluralismo y crisis de sentido*. Barcelona: Paidós.

Bleichmar, S. (2005). *La subjetividad en riesgo*. Buenos Aires: Topia.

Bourdieu, P. (1985). *Cosas dichas*. Barcelona: Gedisa.

Bourdieu, P. (2006). "Estrategias de reproducción y modos de dominación", en *Campo del poder y reproducción social, elementos para un análisis de la dinámica de las clases*. Córdoba: Ferreyra.

Bourdieu, P. y L. Wacquant (1995). *Respuestas por una antropología reflexiva*. México: Grijalbo.

Bustelo, E. (2007). *El recreo de la infancia. Argumentos para otro comienzo*. Buenos Aires: Siglo XXI.

Carli, S. (2012). *Niñez, pedagogía y política. Transformaciones de los discursos acerca de la infancia en la historia de la educación argentina 1880 - 1955*. Buenos Aires: Miño y Dávila.

Castoriadis, C. (2001). *Figuras de lo pensable*. Buenos Aires: Fondo de Cultura Económica.

Castel, R. (2004). *La inseguridad social. ¿Qué es estar protegido?* Buenos Aires: Manantial.

CESO (2014). *Pobreza e indigencia en Argentina*. Disponible en http://goo.gl/BK0yiK.

Corea, C. e I. Lewkowicz (1999). *¿Se acabó la infancia? Ensayo sobre la destitución de la niñez*. Buenos Aires: Lumen-Hvmanitas.

Crouch, C. (2004). *Posdemocracia*. Madrid: Taurus.

Dahrendorf, R. (2005). *En busca de un nuevo orden. Una política de la libertad para el siglo XXI*. Barcelona: Paidós.

Esping-Andersen, G. (1993). *Los tres mundos del Estado de bienestar*. Valencia, Alfons el Magnánim-IVEL.

García Delgado, D. y L. Nosetto (comps.) (2006). *El desarrollo en un contexto neoliberal. Hacia una sociedad para todos*. Buenos Aires: Ciccus.

Grassi, E. (2003). *Políticas y problemas sociales en la sociedad neoliberal: la otra década infame (I)*. Buenos Aires: Espacio.

Held, D. y A. Mc Grez (2003). *Globalización/antiglobalización. Sobre la reconstrucción del orden mundial*. Barcelona: Paidós.

Kohan, W. (2007). *Infancia, política y pensamiento. Ensayos de filosofía y educación*. Buenos Aires: Del Estante.

Luciani Conde, L. (2010). "Desafíos de la protección social en el contexto global: niñez, subjetividad y pos derechos en la segunda modernidad", en *Revista Latinoamericana de Ciencias Sociales, Niñez y Juventud*, vol. 8, n° 2. Universidad de Manizales, Colombia.

Mouffe, C. (2007). *En torno a lo político*. Buenos Aires: Fondo de Cultura Económica.

ONU-CEPAL-Unicef (2010). *La pobreza infantil: un desafío prioritario*, n° 10, mayo.

Robertson, R. (2000). "Glocalización: tiempo-espacio y homogeneidad-heterogeneidad", en *Zona Abierta*, n° 92/93.

Tejerina, B. (2002). "Movimientos sociales y producción de identidades colectivas en el contexto de la globalización", en J. M. Robles Morales, *El reto de la participación*. Madrid: Machado.

Tuñón, I. (2013). *Hacia el pleno ejercicio de derechos en la niñez y adolescencia: propensiones, retos y desigualdades en la Argentina urbana: 2010-2012*. Observatorio de la deuda social argentina, Barómetro de la deuda social de la infancia, Serie del Bicentenario (2010-2016). Buenos Aires: Educa.

Urcola, M. A. (2010). *Hay un niño en la calle. Estrategias de vida y representaciones sociales de la población infantil en situación de calle*. Buenos Aires: Ciccus.

Vallespín, F. (2000). *El futuro de la política*. Madrid: Taurus.

Vilas, C. M. (2013). *El poder y la política. El contrapunto entre razones y pasiones*. 1° Buenos Aires: Biblos.

Vilas, C. M. (2011). *Después del neoliberalismo: Estado y procesos políticos en América Latina*. Remedios de Escalada: Universidad Nacional de Lanús.

La medicalización de la niñez: prácticas en Salud Mental y subjetividad de niñas, niños y adolescentes con sufrimiento psicosocial

ALEJANDRA BARCALA

Introducción

En los últimos años y en el marco de la complejidad de la época, han surgido en la Ciudad de Buenos Aires nuevos modos de padecimiento psíquico en la niñez y nuevas demandas en Salud Mental. Todos los servicios de Salud Mental del distrito comenzaron a recibir niñas, niños y adolescentes que consultaban ya no por la presencia de cuadros psicopatológicos clásicos, sino porque se encontraban inmersos en situaciones familiares y sociales complejas que traían aparejadas nuevas formas de sufrimiento.

Las respuestas institucionales clásicas resultaron inapropiadas para atender a estos nuevos problemas. Sin embargo, la tendencia predominante fue repetir prácticas históricamente establecidas, en lugar de repensar las nuevas circunstancias sociales, económicas y culturales y sus consecuencias en la subjetividad infantil.

El nuevo escenario ponía al descubierto claramente la necesidad de un abordaje en el campo de la Salud Mental que incluyera la comprensión de los problemas del sufrimiento mental conjuntamente con las dinámicas de integración-exclusión social (Galende, 1997); esto requería transformaciones en los modos de abordar los problemas y, por lo tanto, en los diseños institucionales que dieran respuestas a las exigencias de la época.

En las últimas décadas, distintos documentos internacionales, regionales y nacionales han formulado y explicitado reiteradas y adecuadas recomendaciones tendientes a lograr una articulación más racional entre el marco de los principios jurídicos, las políticas, planes y programas, y las acciones de los sujetos implicados en el área, de manera tal que pudieran desarrollarse prácticas acordes a las nuevas problemáticas.

Sin embargo, esto no ha alcanzado para que sean cumplidas y, como consecuencia de ello, el lugar de la protección en la niñez en el campo de la Salud Mental ha sido descuidado. Múltiples y complejos factores han interferido en la aplicación de estas recomendaciones que intentaban resolver la contradicción entre las proposiciones que debían guiar los modos de intervención del Estado para garantizar los derechos de las niñas y los niños, y la falta de respuestas institucionales que los efectivizaran.

El objetivo de este trabajo es analizar cuáles fueron los modos de abordar estos problemas y qué respuestas se produjeron en el sector salud frente a esta nueva complejidad en el período temporal considerado entre 1990 y 2010[1]; este estudio aportará conocimientos que permitan, a partir de investigaciones posteriores, comparar los avances logrados con la Ley Nacional de Salud Mental (n° 26.657), sancionada en 2010.

La dimensión *inclusión/exclusión social* es considerada central para abordar el campo de la Salud Mental en la niñez, por lo que la investigación se focaliza en las prácticas vinculadas con las niñas y niños que exhiben mayor vul-

---

[1] Este texto es una versión revisada del artículo "Los Dispositivos de Atención de Niños, Niñas y Adolescentes con padecimiento en su salud mental en la Ciudad Autónoma de Buenos Aires" publicado en 2011 por el Ministerio Público Tutelar de la Ciudad de Buenos Aires-Eudeba. Expone parte de los resultados de la tesis de doctorado en Psicología "Estado, infancia y salud mental: impacto de las legislaciones en las políticas y en las prácticas de los actores sociales estatales en la década de los 90 en la Ciudad de Buenos Aires", Universidad de Buenos Aires.

nerabilidad psicosocial, aquellos que son excluidos del sistema de salud y cuyos derechos se encuentran vulnerados. En este sentido, se intenta aportar una mirada orientada a alcanzar la comprensión de algunos aspectos concernientes a este problema.

Asimismo, a partir de lo expuesto, la propuesta es extraer significaciones que permitan abrir algunas nuevas perspectivas sobre la problemática que sean, a la vez, un punto de partida para profundizar, cuestionar y discutir acerca de la protección de la Salud Mental en la niñez en el marco de la protección integral en la Ciudad de Buenos Aires.

La medicalización del sufrimiento en la niñez: un proceso emergente de la época

Las transformaciones socioeconómicas, junto con los cambios culturales y la fragilización de las instituciones propias de la modernidad, en especial la familia, generaron cada vez más niñas y niños en situación de vulnerabilidad social y fragilidad psíquica, al mismo tiempo que sus conductas y padecimientos fueron medicalizados por el conjunto social.

Los servicios de salud contribuyeron al proceso de medicalización al definir y tratar problemas no médicos como problemas médicos, generalmente en términos de enfermedades o desórdenes, utilizando un lenguaje médico para describirlo, adoptando un marco médico para entenderlo y/o utilizando la intervención médica para "tratarlo" (Conrad, 1982; Conrad y Schneider, 1992). Este proceso fue descripto y profundizado por Foucault (1996), quien analiza a la medicina como una estrategia biopolítica.

En la Ciudad de Buenos Aires el discurso médico, en tanto productor de normalidad y disciplinamiento, participó en la génesis y producción de este complejo proceso de medicalización de las manifestaciones del sufrimiento de niñas y niños, y le dio características específicas. Así, la gran mayoría de niñas y niños con padecimientos y traumatismos severos fueron apropiados por este discurso a través de prácticas tecnocráticas-objetalizantes que diluían la dimensión de la subjetividad.

A consecuencia de este tipo de intervenciones, en numerosas oportunidades, luego de ser diagnosticados los niños y las niñas fueron expulsados de los servicios, medicados como única prescripción o, como última intervención, internados en el hospital neuropsiquiátrico infantojuvenil.

La diversidad de formas de habitar la niñez causada por la vulnerabilidad de la situación social o personal era redefinida como enfermedad, y estas interpretaciones medicalizantes de la desviación social constituyeron formas de control social. Los discursos del campo *psi* constituyeron en muchas ocasiones un agente que cooperó en este proceso al que fueron convocados a participar en los últimos tiempos como actores principales.

Hace ya unos años, Alicia Stolkiner (2009) alertaba acerca de que difícilmente la psicopatología sola pudiera dar cuenta de la complejidad de los problemas que atraviesan las infancias y adolescencias actuales, y que su utilidad como herramienta para la clínica se desvanecía cuando se le requería ser la explicación única y, más aún, cuando sucumbía a la lógica de la medicalización. Esta investigadora planteaba el riesgo de que la tutela del patronato, que se deslegitimó frente al paradigma de la protección integral de derechos, retornara en la actualidad bajo el disfraz de la atención psiquiátrico-psicológica.

En efecto, contrariamente a lo esperado, a partir de la inclusión de la noción de los niños y las niñas como sujetos de derechos instalada por la *Convención Internacional sobre los Derechos del Niño* (CIDN) y de la promulgación en 2005 de la Ley Nacional de Protección Integral de los Derechos de Niñas, Niños y Adolescentes (n° 26.061)[2], en lo que respecta al campo de las políticas de Salud Mental infanto-juveniles, los niños y las niñas que padecen importantes sufrimientos psicosociales son considerados seres portadores de alguna enfermedad, y sobre los que los profesionales del sector salud deben intervenir[3].

Frente a la ausencia de políticas claras y lineamientos y propuestas específicos, a la escasa autoridad de la Dirección de Salud Mental del Gobierno de la Ciudad de Buenos Aires (GCBA) para transformar el sistema asistencial, así como debido a representaciones sociales fuertemente arraigadas, la dinámica propia del sistema sanitario sigue reproduciendo prácticas tutelares que consideran al niño como objeto de intervenciones, más allá de las intenciones subjetivantes por parte de la mayoría de los profesionales de los servicios de Salud Mental del sector público-estatal.

Los cuestionamientos a cierta objetalización de los niños y las niñas desde los discursos de muchos profesionales no impidieron la implementación de prácticas que los anulaban en su singularidad, en especial tratándose de niñas y niños con trastornos mentales severos.

Durante las últimas décadas los servicios de Salud Mental no fueron pensados desde una perspectiva de derechos. Las políticas de salud, enmarcadas dentro de una poderosa ideología neoliberal constructora de subjetividades, colaboraron en la deconstrucción de la condición de ciudadano como sujeto de derecho para convertirla en otra, la de consumidor/cliente, y el acceso a los cuidados de la

---

2 Con esta legislación culminó el proceso de adecuación de la normativa nacional a la *Convención Internacional sobre los Derechos del Niño* (CIDN), ya que derogó la Ley del Patronato, que durante décadas guió los modos de intervención sobre la niñez.

3 A este marco jurídico se suman en la Ciudad de Buenos Aires la Ley de Protección Integral (n° 114) y la Ley de Salud Mental (n° 448), que en la misma dirección deben transformar el paradigma existente.

salud pasó de ser un derecho adquirido a ser una mercancía, posible de comprar según el poder adquisitivo de cada hogar.

Profundizando este proceso, a partir de la década de 1990 se comenzaron a medicalizar ciertos comportamientos de niñas y niños. El circuito que contribuyó a esto desde el sector salud comprendió prácticas de *estigmatización, exclusión, institucionalización psiquiátrica* y su interrelación (Gráfico 1).

Gráfico 1. La medicalización del sufrimiento de la niñez.

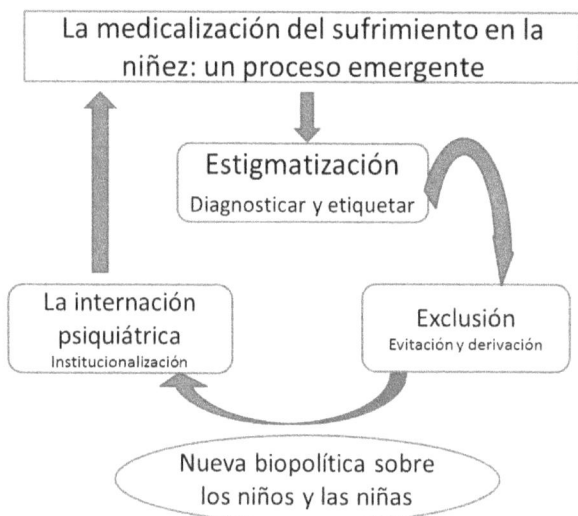

La medicalización del sufrimiento en la niñez: un proceso emergente

Estigmatización
Diagnosticar y etiquetar

La internación psiquiátrica
Institucionalización

Exclusión
Evitación y derivación

Nueva biopolítica sobre los niños y las niñas

Estigmatización de niñas y niños: las clasificaciones psiquiátricas

La reducción de las complejas problemáticas a categorías psicopatológicas fue un poderoso instrumento de desubjetivación y constituyó una causa de estigmatización.

Inscriptos en los pliegues del cuerpo, los traumatismos vividos por las niñas y los niños se manifestaban a través de crisis de excitación psicomotriz, desorganizaciones psíquicas o intentos de suicidio, que constituían actos de desesperanza frente a la imposibilidad de tolerar sufrimientos intensos. Así, eran convertidos/sustancializados en "diagnósticos", especialmente en *psicóticos, psicópatas, trastornos disociales,* rótulos comunes a niñas y niños con alto nivel de vulnerabilidad y desamparo.

A estas clasificaciones médicas aplicadas al comportamiento *desviante* de niñas y niños se les adjudicaba una base científica; es decir que aunque constituyen juicios sociales relacionados con el orden moral de la sociedad actual, no eran considerados como tales, sino como condiciones racionales, neutras y científicamente verificables (Conrad y Schneider, 1992).

Desde mediados de la década de 1990 empezó a generalizarse entre los profesionales del sector estatal la aplicación de la cuarta edición del *Manual Diagnóstico y Estadístico de los Trastornos Mentales de la Asociación Psiquiátrica* de los Estados Unidos (DSM IV por su nombre en inglés) para clasificar enfermedades. Este uso creaba la ilusión en quienes adjudicaban y recibían los *diagnósticos,* tanto en el sector educativo como en el ámbito judicial, de saber de qué se trataba y, más peligrosamente, qué había que hacer. Sin embargo, las niñas y los niños eran formateados en clasificaciones y perdían su singularidad al ser incluidos en cuadros clínicos estandarizados que expresaban poco de ellos, de sus deseos, sus miedos, sus angustias, sus lazos, sus pérdidas, sus sufrimientos, sus posibilidades, sus limitaciones, etc.

El análisis ya referenciado de las prácticas discursivas de los actores del sector salud en la Ciudad puso en evidencia que en la construcción del problema del sufrimiento psíquico de niñas y niños se establecían fronteras entre lo que se debía considerar como problemática y lo que no debía ser tomado como tal. Se instituía entonces una oposición entre *lo normal* y *lo patológico.*

Se observaron dos modos de concebir a las niñas y los niños, que se correspondían con dos diversas modalidades de prácticas de atención. Dos infancias diferentes eran destinatarias de diversas intervenciones estatales respecto a la Salud Mental. Esta diferencia era entendida en términos de oposición y definía dos grupos cuya atención en Salud Mental quedaba espacializada en el ámbito sanitario de la Ciudad de la siguiente manera (Barcala y otros, 2007): en un grupo se encontraban niñas y niños que eran atendidos en efectores del subsistema de salud estatal[4]; en el otro, niñas y niños que, salvo excepciones, no eran admitidos en esos servicios y en algunos casos eran derivados al Hospital Neuropsiquiátrico Tobar García o, en menor medida, al Hospital de Día Infantil *La Cigarra,* que funcionaba en el Centro de Salud Mental N° 1. A estos últimos se los denominaba "los graves", y formaban un colectivo de niñas y niños con una importante vulnerabilidad psíquica y/o social.

Esta categorización ontológica de niñas y niños era el carácter distintivo que tenía como implicaciones determinadas acciones de salud. La taxonomía mencionada estaba acompañada por una naturalización de la forma organizacional de los servicios y sus criterios de exclusión y de una familiarización con este hecho, como si fuera una realidad aceptada por todos y considerada natural.

De este modo, los servicios de Salud Mental de la Ciudad se polarizaban respecto a sus perfiles institucionales de atención. Por un lado se encontraban las niñas y los niños que respondían a las representaciones hegemónicas y a la identificación con los propios valores considerados como universales por los profesionales respecto a quienes debían atender (lo normal era tomado como lo esperable

---

4   Este subsistema está conformado por 33 hospitales –13 hospitales generales de agudos, 2 pediátricos, 4 de Salud Mental, 10 de otras especializaciones, 3 odontológicos, 2 centros de Salud Mental– y un primer nivel de atención conformado por 41 Centros de Salud y Acción Comunitaria (CESAC). Todos los hospitales cuentan con servicios de Salud Mental y con equipos de atención específica para la población infanto-juvenil.

para poder ser atendido), y por otro los niños y las niñas que desplegaban *una existencia otra* que no se podía o no se dejaba normalizar. Es decir, dejaban de ser pensados como niñas y niños y en consecuencia no eran atendidos.

De acuerdo con esta *existencia otra*, los niños y las niñas *graves* eran etiquetados como *oposicionistas, violentos, actuadores, disconformes, impulsivos, inquietos, agresivos* o, en el otro extremo, *chicos que no hablan, que no se conectan, débiles mentales, con trastornos mentales severos*; el movimiento o la falta de él (por exceso o carencia) era el eje en las descripciones. Estos niños y estas niñas eran siempre considerados como peligrosos para sí, para otros o para la infraestructura propia del servicio.

El término "grave" tomaba así una pluralidad de acepciones: estos niños y estas niñas eran *graves* en el sentido de que constituían un problema difícil y arduo, *graves* con respecto a la importancia relevante de su padecimiento, y *graves* en referencia a la carencia de herramientas por parte de los profesionales para abordar estas problemáticas y por su impotencia para transformar la complejidad de las problemáticas con las que se confrontaban.

"Grave" era la categorización descriptiva que indicaba la condición o no de la admisión en la mayoría de los servicios y se operacionalizaba a través de diferentes diagnósticos. Es decir, a los niños y las niñas *graves* que no eran admitidos se les adjudicaban diagnósticos psicopatológicos: *trastorno generalizado del desarrollo, Asperger, psicosis infantil, esquizofrenia de inicio temprano, bipolar, esquizofrenia, hebefrenia, autismo, border, manía, trastorno reactivo, retrasos madurativos, trastornos en la constitución de la subjetividad, trastorno mental severo*, entre otros.

Esto constituía un modo de desubjetivar a las niñas y los niños, quienes llegaban a ser tan extranjeros, tan ajenos, que hasta se dudaba en reconocer la pertenencia común a una misma especie. Al deshumanizarlos a través del diagnóstico quedaban excluidos de la categoría de semejante y eran significados como niñas y niños con los que "no se podía hacer mucho", lo que implicaba que eran impropios para ser alojados en los servicios de salud generales, disminuyendo de este modo la angustia de no aceptarlos. La desubjetivación en su forma más extrema, la anulación de la singularidad de estos niños y estas niñas no dejaba de constituir una estrategia de desculpabilización.

La medicación como única respuesta

La construcción de diagnósticos psiquiátricos fue la estrategia que legitimó la posibilidad de que comenzara a implementarse la medicación como estrategia única y aislada para la resolución de problemas. Suplantó a un modelo de comprensión de la subjetividad y del cuidado integral de la salud.

Este fenómeno no sólo ocurrió en nuestro país, sino que tuvo carácter internacional y, en consonancia con las políticas de Salud Pública, colaboró en la ampliación de la potencia de la industria farmacológica, "[…] de un gran mercado de la ilusión terapéutica en el que los vendedores de píldoras milagrosas o de remedios rejuvenecedores rivalizaban en proponer recetas con el fin de tomar a su cargo toda la miseria de una sociedad enferma por el progreso y entregada a la desesperación identitaria inherente a la mercantilización del mundo (Roudinesco, 2005: 13).

A mediados de 2000, en la Argentina, la medicación como respuesta a *niñas y niños inquietos* y el alto porcentaje de niños medicados fueron considerados como un tipo específico de violencia motorizado para tapar los trastornos y no interrogarse acerca del funcionamiento familiar y social, y de los movimientos de deshumanización, de descualificación, de no reconocimiento que estos desarrollaban (Janin, 2007; Faraone y otros, 2009).

Posteriormente se sumó a esto la generalización de la estrategia de la medicación psiquiátrica en niñas y niños cuyo sufrimiento y desorganización psíquica era producto de traumatismos y determinantes sociales. Se acentuaba, de este modo, el circuito de medicación de los problemas sociales, en especial de excesos en las prescripciones farmacológicos de niñas y niños institucionalizados en hogares, quienes se convirtieron masivamente en objeto de medicación. La intervención farmacológica como única respuesta aparecía como una poderosa estrategia de control social.

En síntesis, al ser diagnosticados, patologizados y sobremedicados, muchas niñas y muchos niños perdían la categoría de pertenencia a la niñez y eran despojados de su singularidad. De este modo, en lugar de constituir una herramienta terapéutica, el diagnóstico se convertía en una metáfora de muerte social y asumía un carácter destructivo para la subjetividad.

Muchos de los servicios de Salud Mental fueron constructores de estigmas, y la estigmatización como una variable de exclusión conllevó a la pérdida de inclusión social o a mantener una exclusión estructural, ya que fue un poderoso motivo para que las instituciones no atendieran, no alojaran e incluso discriminaran, a muchas niñas y muchos niños.

La exclusión resultante de la estigmatización

El rol de la estigmatización, como barrera de acceso a los servicios y causa de exclusión en salud fue decisivo. Constituyó un enérgico medio de intervención social aplicado por medio de la marginalización y ejercicio del poder sobre niñas y niños con un alto nivel de sufrimiento psíquico y social.

Clasificar y etiquetar fueron operaciones con las que se inició el circuito que dio lugar a comportamientos de evitación y exclusión que se instituyeron como una práctica frecuente en los servicios de salud. Una vez clasificados con las categorías mencionadas –agrupadas en *trastornos mentales severos*–, los niños, las niñas y sus familias eran derivados por el servicio actuante y comenzaban un recorrido por diversas instituciones. Esta *deriva institucional*, generada por las múltiples derivaciones/expulsiones institucionales a través de las cuales las familias transitaban sin rumbo de un lugar a otro, los dejaba generalmente en un mismo lugar simbólico, es decir, sin ningún lugar que alojara su sufrimiento (Barcala, Torricelli y Álvarez Zunino, 2008).

La práctica de la derivación mostraba la tensión de las contradicciones de los profesionales: la necesidad de conciliar el deseo de asistir a las niñas y los niños y el rechazo a atenderlos en el servicio. Se trataba de una solución de compromiso que instalaba un espacio intermedio entre el adentro/inclusión y el afuera/exclusión: estrategia de tránsito, sin definición, sin anclaje ni permanencia, que desresponsabilizaba a los actores de la acción de exclusión social de niñas y niños con *trastornos mentales severos*, aun intuyendo que no iban a ser recepcionados por otras instituciones. Todos ellos se encontraban en camino hacia ningún lado.

La exclusión en salud –definida como la falta de acceso de estos a bienes, servicios y oportunidades que mejoraran o preservaran su estado de salud, y que otras niñas, otros niños y grupos de la sociedad disfrutan (Acuña y Bolis, 2005)– fue el modo en que se expresó la privación misma del derecho a la salud.

Privación sostenida en la negación de los modos de existencia misma de estas niñas y estos niños, que ponía de manifiesto el deseo tanático inconsciente que sobre ellos, en tanto *otros diferentes*, tiene la sociedad en general. Según Marotta[5], la práctica de derivación/expulsión de los servicios no sólo se trata de una manifestación del rechazo, sino que también es la expresión del "no encuentro otra forma de hacerlo", frase que se repite en los discursos de los profesionales. En este sentido, el manicomio y en este caso la internación en el hospital neuropsiquiátrico infanto-

---

[5] Conceptos vertidos en la clase dictada el 8 de mayo de 2007 en la materia Psicosis y Autismo Infantil, del Programa de Actualización en Clínica Psicoanalítica con Niños. *Teoría y Práctica, Intersecciones con otras disciplinas*, Facultad de Psicología, Universidad de Buenos Aires (inédito).

juvenil –en tanto respuesta social al problema de la niñez patologizada– *era* el modo instituido para evitar el conflicto y la complejidad que presentaban.

Esta separación/exclusión de una parte existente en la sociedad por considerarla negativa para habitar el espacio social común, extirpándola del tejido social, es una producción histórica y cultural que se evidenció en el sector salud en el hecho de despojar a niñas y niños de subjetividad a través de la estigmatización, la cual estaba sustentada en etiquetamientos psicopatológicos que determinaban en última instancia la institucionalización como única posibilidad de recuperación.

Los equipos profesionales de los diferentes servicios no se sentían obligados a intervenir y derivaban a las niñas y los niños *graves* al servicio de internación del Hospital Tobar García, donde asumían esa función. Este Hospital fue la institución que legitimó los diagnósticos psicopatológicos, es decir, que asumió las normas del orden social y fue portadora del proceso de control social.

Este fenómeno se observó también en el ámbito del Ministerio de Desarrollo Social. A fines de la década de 2010, la complejidad del sufrimiento infantil exigió nuevas respuestas institucionales que fortalecieran la precarización y fragilización familiar creciente, pero en lugar de que ello sucediese, junto con la sobredemanda de internaciones al Hospital Tobar García, se fueron transformando las modalidades de atención que prestaba la Dirección de General de Niñez y Adolescencia (DGNyA) del Gobierno de la Ciudad de Buenos Aires. Así, los hogares convivenciales se reconvirtieron a una modalidad denominada "hogares de atención especializada y de Salud Mental" que, al tiempo que patologizaban el padecimiento infantil, comenzaron a cumplir paulatinamente la función del Hospital Tobar García, es decir la de institucionalización psiquiátrica. Del mismo modo que ocurría en este hospital infanto-juvenil, los períodos de alojamiento de los niños en esas instituciones fueron excesivamente prolongados y las estrategias de fortalecimiento familiar, casi inexistentes[6].

En síntesis, frente a consultas de niñas y niños *graves* (en situación de calle, consumidores de paco, con internaciones en instituciones psiquiátricas, medicados con psicofármacos, institucionalizados en hogares, con discapacidades mentales o trastornos genéticos y muchos otros), los hospitales generales, pediátricos y los Centros de Salud y Acción Comunitaria (CESAC) los derivaban/expulsaban en un circuito que conducía rápidamente hacia la deriva institucional y finalmente a la internación/institucionalización. Es decir, se internaba a niñas y niños por ausencia de otros abordajes posibles, lo que se convertía a largo plazo en un castigo que duplicaba su vulnerabilidad. De este modo, muchas niñas y muchos niños que padecían *trastornos mentales severos* no eran atendidos en servicios de salud universales. El peso de su estigma se veía corroborado en la imposibilidad de acceder a los cuidados necesarios. Aunque muchas de las instituciones hacían esfuerzos reales para no expulsarlos y brindarles asistencia, estas tendencias no se sustentaban en políticas de Salud Mental que favorecieran prácticas inclusivas desde una perspectiva de derechos, sino que se sostenían más bien en el compromiso y las motivaciones personales o de grupos de profesionales.

En síntesis, las instituciones sanitarias de la Ciudad de Buenos Aires participaron del proceso de medicalización de la niñez al definir los problemas en términos psicopatológi-

---

6 Los hogares convivenciales y los hogares de atención especializada son dos de las distintas modalidades de atención tercerizadas en diferentes ONGs, que se diferencian principalmente en función de la definición de su población objetivo. Según la DGNyA, los hogares convivenciales están dirigidos a niñas, niños y adolescentes que presenten una autonomía y maduración psicofísica acorde a su edad y les permita desarrollar una vida cotidiana socialmente integrada. En cambio, los hogares de atención especializada están destinados a niñas, niños y adolescentes que presenten cuadros psicopatológicos que requieran de un abordaje especializado en Salud Mental, y deben incluir de manera obligada un médico psiquiatra (Michalewicz, 2010).

cos lo que estigmatizaba a las niñas y los niños más vulne-rables, al mismo tiempo que se los excluía de las prácticas de intervención de dichas instituciones. La tensión entre las herramientas teóricas destinadas a abordar la subjetividad y la complejidad de las nuevas problemáticas emergentes junto a la precariedad de las condiciones laborales de los profesionales, la escasez de profesionales rentados que los atendieran en los servicios de salud y la ausencia de equipos interdisciplinarios, colaboraron en reproducir los mecanis-mos sociales de exclusión.

Prácticas inclusivas: la tensión existente

No obstante, al tiempo que ocurría este fenómeno, algunas instituciones que venían trabajando desde 1990 diseñaron e implementaron dispositivos innovadores que intentaban resolver, aunque parcialmente (ya que su cobertura era limi-tada), las situaciones planteadas.

Estas instituciones son: el "Programa Cuidar Cuidan-do" en el Zoológico de la Ciudad (1990), el Hospital de Día *La Cigarra* (1990), el "Programa de integración sociolaboral para adolescentes" (Empresas Sociales, 1993), el "Progra-ma de rehabilitación comunicacional" (1997), el Hospital de Día del Tobar García, el equipo de Patologías Tempranas del Centro de Salud Mental n° 3 (1999), el "Programa de atención domiciliaria programada en Salud Mental" (ADO-PI, 2004), el dispositivo de pacientes con trastornos seve-ros del desarrollo (áreas 0-5 y 6-9) del Hospital de Niños Ricardo Gutiérrez y el "Programa de atención comunita-ria a niñas, niños y adolescentes con trastornos mentales severos" (2007), junto con profesionales de otros hospita-les, especialmente el Hospital Elizalde y de los CESAC n° 19 y 24.

Estos dispositivos constituyen abordajes que intentan adecuarse a las necesidades de los niños y las niñas, y evitar la expulsión o negación de las problemáticas. Todos ellos están dirigidos a dar respuesta a la creciente demanda de niñas y niños denominados "graves", que son rechazados por el resto de los servicios.

Fueron organizados como producto de iniciativas personales y/o intereses de profesionales psicólogos que se sensibilizaron frente a la ausencia de respuestas al sufrimiento de niñas y niños y a su exclusión, e intentaron desarrollar prácticas innovadoras y transformadoras. Todos estos dispositivos intentaron superar modalidades tradicionales, en especial la tendencia hospitalocéntrica. Se trató de estrategias que no respondieron a decisiones políticas en el área de la Salud Mental determinadas por la Dirección de Salud Mental (salvo el ADOPI), y están sostenidas en su mayoría por profesionales *ad honórem* (cf. Barcala, 2011: 53-81).

La internación psiquiátrica: lugar de la relegación social

Contrariamente al modelo de Salud Mental comunitaria y a la transformación del modelo hospitalocéntrico que plantea la Ley de Salud Mental del GCBA (n° 448), el hospicio-asilo/depósito-segregación, particularmente en la niñez, cobró relevancia a partir de la década de 1990. El aumento de las internaciones en las últimas décadas fue notable, del mismo modo que se incrementó la cantidad de niñas y niños institucionalizados en hogares pertenecientes a la DGNyA.

Un informe de la Dirección Nacional de Salud Mental y Adicciones revela una importante tendencia decreciente en las internaciones psiquiátricas de adultos en todo el país (Ministerio de Salud de la Nación, 2011). Sin embargo, documenta que en lo referente a niñas y niños se evidencia una tendencia contraria, lo que muestra la gravedad de la situación. Desde 1993 hasta 2005 se habían duplicado las internaciones anuales de niñas y niños en el Hospital Neuropsiquiátrico Infanto-juvenil Tobar García (GCBA, s./f.).

Como se ha descripto, la derivación al Hospital Tobar García se fue constituyendo en el modo paradigmático de exclusión de los *diferentes*, de una infancia no aceptada a través de una segregación espacial que excluye a niñas y niños de los lugares propios de la niñez como son la escuela y los servicios de salud.

Según Bourdieu (1999), el *espacio* es aquel lugar definido en el que existe un agente y que permite mostrar su localización y posición en un rango u orden jerarquizado que expresa distancias sociales. El espacio habitado funciona como una especie de simbolización espontánea del espacio social. A partir de estas consideraciones, la posición del niño o la niña en un espacio social se retraduce en el espacio físico en el que está situado. De este modo, así como los niños y las niñas en situación de calle prácticamente no tienen existencia social, también la existencia de los niños y las niñas excluidos del sistema está en cuestión, ya que el encierro los invisibiliza.

Si la concentración en un mismo lugar de una población homogénea en la desposesión tiene como objeto redoblarla, particularmente en cultura y práctica cultural (Bourdieu, 1999), esto se manifiesta en la precariedad de la integración social y de escolaridad de las niñas y los niños internados, situación que los aleja cada vez más de las exigencias constitutivas de la existencia *normal*.

Sin proponérselo, el Hospital Tobar García se constituyó en un lugar que estigmatiza y ser "para el Tobar", en una definición de identidad denigrada. Esta institución posee una fuerte concentración de rasgos negativos: situado en una de las zonas más desfavorecidas de la Ciudad, contiguo a los grandes y antiguos hospitales psiquiátricos, productor de definiciones de niñas y niños que consultan como *psicóticos, locos, graves, descontrolados, excitados, violentos*, construye de esta manera un tipo específico de infancia.

Un lugar cerrado, sin tiempo, un *no lugar*, un lugar de excepción respecto de toda la legalidad exterior y cuya significación parece ser una existencia por *fuera* del espacio social propio de la niñez. Un lugar en el que la apropiación de niñas y niños a través de la contención de los *cuerpos peligrosos y con exceso de movimiento* resulta el modo de dominación, ejercido mediante una violencia simbólica e incluso en algunos casos física. Lugar de privación de derechos, es decir, de muerte legalizada.

Lugar, también, del que es difícil volver para emprender un recorrido inverso que instale nuevamente a las niñas y niños en su condición de tales. Una vez que son definidos como "psicóticos", esa etiqueta constituye una identidad permanente que determina su destino social.

La inclusión en este espacio que excluye conlleva la pérdida de toda posibilidad de existencia y ciudadanía. Esta supuesta integración en un lugar organizado desde el sector salud como respuesta sanitaria para niñas y niños está dada paradójicamente por la aceptación de la pérdida de la condición de niño y de sus derechos. Una vez que ingresan, se pone en cuestión la posibilidad de pensar procesos de subjetivación que les permitan proyectarse en un futuro por fuera de estas instituciones, un futuro de transformación y de neogénesis[7].

La naturalización de esta práctica de internación/institucionalización es, salvo excepciones, una concepción compartida por la mayoría de los actores del sistema que no cuestionan existencia del hospital psiquiátrico y que no pueden imaginar una concreción de alternativas posibles a corto plazo ni otro destino posible para estas niñas y estos niños. A ello se suma el reconocimiento del aumento de las internaciones aunque naturalizando que el motivo de las mismas está determinado especialmente por la dimensión social de los sufrimientos que presentan, sin ninguna problematización respecto a la necesidad de otro tipo de abordaje.

---

[7]   Para la Dirección de Niñez del GCBA, una vez que un niño alojado en un hogar convivencial era internado en el hospital no podía volver y debía ser incorporado a un *hogar de atención especializada*.

El riesgo como motivo de internación

Los motivos más frecuentes de internación son las expresiones de traumatismos sociales severos que padecen niñas y niños. Definidas estas manifestaciones como *crisis de excitación psicomotriz, conductas de hetero-agresividad, trastorno del control de los impulsos, desorganización de la conducta, alto monto de impulsividad, baja tolerancia a la frustración,* constituyen rótulos que clasifican a niñas y niños que luego son retraducidos en diagnósticos psicopatológicos: *esquizofrenia de tipo indiferenciada, trastorno psicótico breve, trastorno límite de la personalidad,* con la consecuente indicación de internación.

La existencia de fantasías catastróficas de lo que puede suceder si no se los interna muestra el modo en que el miedo, como resorte emocional, origina el sistema de control social. Este miedo refuerza el orden dualista sobre la protección de la integridad y la identidad (Jodelet, 1986).

Un criterio de riesgo que implícitamente lleva a la internación es la *falta de contención familiar,* sumado a una situación socioeconómica desfavorable. Esto no hace sino duplicar el padecimiento psíquico, ya que la respuesta a la deprivación afectiva y económica es el *castigo de una internación.*

La internación/institucionalización debido a problemáticas sociales si bien se contradice con lo referido en la CIDN y las leyes de protección integral de la niñez nacional y de la Ciudad (n° 26.061 y n° 114, respectivamente) presenta cierta tensión contradictoria respecto de la Ley de Salud Mental de la Ciudad de Buenos Aires (n° 448), que incluye como causa de internación *la familia incontinente,* lo que nos obliga a un profundo debate respecto a este concepto en el campo de la Salud Mental.

La internación por falta de dispositivos de atención

El eje en lo asistencial individual y la falta de redes interinstitucionales e intrasectoriales para abordar la complejidad de las problemáticas emergentes tuvieron una importante responsabilidad en la instauración de la internación psiquiátrica como única posibilidad de atención.

El aumento de las consultas en el Hospital Neuropsiquiátrico Infanto-juvenil respondió a la falta de respuestas institucionales y a la inexistencia de recursos en el campo social que pudieran comprender y abordar los nuevos problemas de Salud Mental de niñas y niños.

Aunque era evidente la imposibilidad de abordar la complejidad de estas problemáticas de un modo individual, las políticas en Salud Mental inmersas en un modelo neoliberal propiciaban la implementación de estas respuestas.

Frente a las dificultades que se les presentaban al tener que encarar problemáticas complejas, los diferentes efectores del sistema de salud respondían con la derivación al hospital psiquiátrico. Eso generaba una importante presión sobre el Tobar García que reproducía la lógica del funcionamiento del sistema y ocupaba el lugar de la segregación social. Los hospitales generales y pediátricos colaboraron entonces con esta lógica, al mismo tiempo que el Tobar García también se asumía en este lugar sin cuestionarlo, aunque los profesionales se quejaban de tener que hacerse cargo de todo lo expulsado por el sistema.

Las dos miradas de los servicios de Salud Mental acerca de la niñez

Las prácticas discursivas relevadas en la Ciudad dieron cuenta de una tajante escisión en el campo de la niñez en términos de polarización. La dicotomía estructural del mundo de la niñez se reproducía en la construcción de una nueva categorización: *niños propiamente dichos/niños graves y niños atendidos en los servicios de salud/niños para dispositivos especializados.*

La preocupación histórica por las infancias marginales que dio origen a las políticas de protección y control social, y que dividía la niñez entre niños y menores, se reciclaba en la década de 1990 en los servicios de salud, con lo que se acentuaba la psicopatologización de niñas y niños y la medicalización de los problemas sociales.

Los servicios de Salud Mental reprodujeron la distinción originaria de dos infancias opuestas y recrearon la escisión: infancia propiamente dicha/infancia de la minoridad, que quedó definida como *infancia propiamente dicha/ infancia patologizada.* Aquella primera escisión era la que respondía a lo esperable por los servicios, y los padecimientos y síntomas motivos de consulta eran abordables por las herramientas teórico-técnicas de los profesionales y por las propuestas históricas de los servicios. La otra infancia, la *patologizada*, era aquella considerada inabordable por las instituciones sanitarias típicamente dedicadas a la atención de la niñez.

A diferencia de lo que históricamente constituyó la *infancia de la minoridad,* que el Estado "protegía" y normalizaba, esta infancia ya no era construida como objeto de prácticas tutelares, sino que era considerada legislativamente como *sujeto de derecho* a partir de la adhesión a la CIDN en 1990. Sin embargo, simultánea y paradójicamente era objetalizada en el campo de la Salud Mental y excluida de las instituciones. Además sus derechos eran recurrentemente vulnerados. Era notable y preocupante la brecha entre los avances institucionales en el área de niñez y en el área de salud.

Estas niñas y estos niños medicalizados eran definidos por su carácter de alteridad respecto a la infancia esperable. Construida a través de las formaciones discursivas de los actores sociales, esta infancia era entendida por los efectores de los servicios sanitarios en términos de oposición:

"nosotros y los otros". Los niños con mayor nivel de vulne-rabilidad psíquica y social, portadores de diagnósticos psi-copatológicos, eran considerados *otros,* y en la más extrema de las situaciones eran definidos como seres ajenos, fuera de la categoría de semejante: eran incomprensibles, peligrosos, y sus problemáticas no se podían abordar en los servicios universales de salud.

El encuentro de estos niños con los servicios estaba determinado por la marca de la ambigüedad donde la con-dición del *otro* –la alteridad humana– es revelada y negada a la vez, es decir que se expulsa y se introduce (Todorov, 1991). Así, las instituciones sanitarias reconocían la existen-cia de un tipo de niñas y niños agrupados como *graves,* con los serios sufrimientos psíquicos y traumatismos sociales que ellos padecían, mientras que por otro lado los negaban, al retacearles un lugar de atención en los servicios de Salud Mental y expulsarlos de un espacio social propio a través de la derivación a otras instituciones. Esta derivación remitía a un no lugar o a un lugar de encierro.

Esta alteridad –la de niñas y niños denominados "gra-ves", es decir *la infancia patologizada*– quedaba ubicada del mismo modo en que históricamente fueron estigmatizados los *menores.* Asumían una condición que los ubicaba en una situación de inferioridad y subordinación que el discurso institucional sanitario terminaba de afianzar. De este modo el saber-poder médico-psiquiátrico-psicológico contribuía en su propio ejercicio a esta diferenciación en la que la alte-ridad era entendida en términos de oposición-denigración.

Este discurso era compartido por la mayoría de los ser-vicios –salvo las pocas excepciones mencionadas, en las que estrategias innovadoras intentaban transformar esta mira-da, refiriéndose en su mayoría al marco de la garantía de derechos–, lo que permitía instalar en el interior del siste-ma la reproducción de tendencias incluyentes/excluyentes, aunque con una importante desventaja de las primeras.

De este modo, la ambigüedad se expresaba en el modo de concebir a los niños y las niñas que padecían sufrimiento psíquico *grave*, lo que constituyó una de las características centrales de las intervenciones.

El miedo a estos niños y estas niñas, su hipotética *peligrosidad*, creaba consensos en los equipos de salud, que desarrollaban conductas defensivas. Una tensión entre el orden conseguido y la desorganización/desorden/irrupción de lo nuevo, generaba miedos y resistencia a modificar las respuestas institucionales. El temor al otro hacía demonizarlos y generalmente también a sus familias. Además, producía efectos generalizados de exclusión social resultantes de la discriminación para acceder a tratamientos. Los profesionales, sin tomar conciencia de ello, se convirtieron/nos convertimos así en importantes agentes de exclusión social.

Privados de existencia en las instituciones sanitarias, ajenos al espacio que les debía ser propio, niñas y niños padecieron la ausencia de estrategias en el sector estatal. Los discursos acerca de su peligrosidad favorecieron la consolidación de la medicación en la *niñez patologizada* (que tenía características excepcionales a comienzo de la década de 1990), y contribuyeron a difundir esta práctica especialmente en el sector privado y en las internaciones psiquiátricas del sector público estatal.

Una nueva biopolítica sobre niñas y niños

Las niñas y los niños medicalizados soportan sobre sí la definición de *niñas y niños sin futuro*, sin posibilidad de imaginar un proyecto, sin derecho a desear, reducidos a resolver las condiciones materiales de supervivencia en las que lo autoconservativo prima sobre la capacidad deseante. Hipotecado su futuro desde la temprana infancia, las niñas y los niños *patologizados* se convierten en *seres humanos residuales, excedentes y superfluos,* consecuencia inevitable de la modernización y efecto de la construcción de un orden y progreso económico que asigna a ciertas partes de la población –que incluye a las niñas y niños *graves*– el papel de *fuera de lugar*, e instala el problema de la *eliminación de los residuos humanos* (Bauman, 2007). Para Bauman, ser superfluo significa ser supernumerario, innecesario, desechable, "carente de hogar social"; en el caso de las niñas y los niños *graves*, carentes de instituciones propias de la niñez en las que puedan ser cuidados.

Sin lugar donde alojarlos, sin lugar donde derivarlos, la pregunta de qué hacer con ellos replantea el problema de su destino social. Como se mencionó anteriormente, paradójicamente fueron medicalizados y excluidos de las instituciones del sistema de salud, con excepción del hospital psiquiátrico que se consolidaba como el único lugar posible. Pero éste les bloqueaba, o por lo menos dificultaba, el retorno a los circuitos que les permitirían reintegrarse a espacios propios de la niñez.

Definidos por estar fuera de estos espacios institucionales, estas niñas y estos niños y adolescentes, en especial aquellos privados de cuidados parentales, se confrontaron con crecientes barreras de accesibilidad que circunscribieron un definido afuera y adentro con el solo objeto de garantizar la permanencia de la exclusión.

Como respuesta a la anulación de lo diferente, de lo peligroso, en lugar de un genocidio real se reinstalaron dispositivos de eliminación social, de muertes simbólicas. Lugar de invisibilización que anulaba el alto nivel de sufrimiento y el desamparo vivido por niñas y niños ante la imposibilidad de encontrar ningún otro semejante, de encontrar a alguien en el mundo para quien ser significativo y que pudiera aliviar la angustia sentida. Niñas y niños que se revelaban contra un destino de privaciones económicas, crecientes desigualdades sociales y desamparos familiares. Niños que en este llamado al otro exigían su derecho de ciudadanía.

Sin embargo, mientras que la vida de estas niñas y estos niños se encuentra desprovista de valor y en tanto son considerados miembros del colectivo de *desechos humanos*, es considerada mejor su inexistencia, la legislación vigente respecto a la niñez y a la Salud Mental los ubica como portadores de derechos y los construye como ciudadanos. No están exentos del marco legal, sino por el contrario, incluidos en él. Paradójicamente, esta posesión de derechos que se les reconoce en el discurso legislativo es simultánea a la supresión de esos mismos derechos en la práctica.

Se instaló un nuevo modelo biopolítico. Ya no se trata de normalizar a niñas y niños al modo de la protección de menores a partir del paradigma de situación irregular que se proponía "reeducar", "reformar" para integrar a la sociedad, sino que la institucionalización psiquiátrica pensada como "protección" conlleva a la aniquilación misma de la subjetividad. Se reduce a los carenciados a la autoconservación, desconociendo que lo humano no es reductible a ella, sino del orden de un *plus* que instala una dimensión del deseo (Bleichmar, 2005).

La violencia sobre los cuerpos de las niñas y los niños ejercida por la medicación abusiva, así como por la internación compulsiva, son justificadas en las instituciones psiquiátricas en términos de bien intencionadas estrategias médicas. Esta reclusión en institutos psiquiátricos y hogares terapéuticos ofreció cuidados y contención con fines supuestamente benéficos, que en realidad no constituyeron sino una forma más de control social.

De hecho, una de las situaciones extremas de vulneración de derechos en este proceso es la larga duración de las internaciones de los niños y las niñas en situación de vulnerabilidad social, quienes aun con alta médica no tenían a dónde ir y quedaban internados en el hospital psiquiátrico durante prolongados períodos. De este modo se generaba una importante iatrogenia institucional: mayores crisis, aumento de la medicación, mayor aislamiento social, mayor resistencia de las instituciones para alojarlos.

Conclusiones

Los modos de intervención estatal frente al aumento de las consultas de niñas y niños con importantes sufrimientos psíquicos –producto de la fragilización de los lazos sociales y el declive de las familias y la escuela como instituciones modernas de cuidados– se fueron redefiniendo en los últimos años. Al tiempo que se instauraba una legislación progresista en términos de derechos, se medicalizaba el sufrimiento psíquico y se ampliaban la intervención institucionalizante y la medicación de niñas y niños en términos de control. Los servicios de salud, en tanto instituciones estatales a las cuales podían referir su derecho de atención las niñas y los niños con mayor vulnerabilidad psicosocial, contrariamente a lo esperable, los expulsaban.

La ausencia de políticas, programas y dispositivos adecuados suficientes para solucionar los problemas más complejos de la niñez, no hicieron más que perpetuar las respuestas sanitarias existentes y consolidar instituciones de reclusión como forma de intervención frente a estos problemas, lo cual evidenció un retroceso hacia prácticas de Salud Mental superadas.

La pregnancia de la clínica individual, junto con el encierro y la ausencia de otras modalidades de cuidados, dieron cuenta del modo de concebir a la niñez y de la adhesión a un determinado modelo en Salud Mental por parte de los actores del campo, que se manifestó en las decisiones políticas tomadas. El sistema de interpretación de los servicios de salud ante la consulta de un niño o una niña implicaba intervenciones que sólo tendían a la realización de acciones ajustadas a sus recursos de atención o formación recibida y no a las nuevas necesidades de los consultantes. Si bien la Ley n° 448 privilegiaba terapias que favorecieran la *emergencia de la palabra* y el *rescate de la subjetividad*, existían inercias no conscientes, ubicables tanto en las representaciones ligadas al campo profesional o a la práctica como en la adhesión a ciertas teorías que restringían la plasticidad y estaban destinadas a confirmar la veracidad de sus concepciones, consideradas como realidades universales a las que las niñas y los niños quedaban reducidos.

Las instituciones de salud como tales perdieron credibilidad en sus posibilidades de aliviar el sufrimiento humano y fueron solidarias con el poderoso orden social imperante. De este modo, los dispositivos y los servicios de Salud Mental colaboraron al mecanismo del biopoder. En oposición a los principios de la legislación existente y las recomendaciones con respecto al fortalecimiento familiar, en 2009 se creó en el Hospital Tobar García una sala de internación para niños pequeños, mientras que el Ministerio de Salud tercerizaba la responsabilidad respecto de la salud mental de las niñas, los niños y adolescentes en instituciones privadas. Estas medidas gestadas en ausencia de un plan de Salud Mental marcaron un viraje en términos de modalidades de intervención respecto a la niñez.

En síntesis, el sistema de Salud Mental en la Ciudad de Buenos Aires en su conjunto no cumplía con los criterios generales de buenas prácticas planteados por los consensos internacionales[8] (Barcala, 2011), porque:

- No garantizaba el derecho a la salud en términos de favorecer la disponibilidad, la accesibilidad geográfica, económica y simbólica, y la calidad de los servicios. La dificultad en la accesibilidad simbólica, así como en la aceptabilidad de las niñas y los niños, se manifestó especialmente en el vínculo deficitario que se construyó entre ellos, sus familias y los servicios. Esto

---

8 Criterios de selección de buenas prácticas basados en documentos de la Organización de las Naciones Unidas y en la perspectiva de los derechos humanos, especialmente de la CIDN-Unicef, como marco de identificación (*Foro Mundial sobre planes nacionales de acción para la infancia. Buenas prácticas en el marco de la CIDN*, 2004) y *Criterios de Buenas Prácticas de la Red de Intercambio de Buenas Prácticas en el campo de los Servicios Sociales, de Salud de Base y Salud Mental* de la Agencia de Salud de Trieste (ASS1) –Centro de colaboración de OMS-OPS para la Salud Mental– y la Región Friuli-Venecia Giulia (FVG).

contribuyó a acentuar la distancia para con quienes se sintieron rechazados y expulsados, lo que en todos los casos fomentaba su discriminación y desalentaba la consulta.

- No contribuía a la integralidad e interdependencia de los derechos, es decir a un trabajo efectivo intersectorial y un abordaje interdisciplinario, ni a la articulación operativa entre las instituciones, las organizaciones no gubernamentales y las familias.
- No favorecía las responsabilidades compartidas y el fortalecimiento familiar.
- No promovía la participación de las niñas y los niños en la toma de decisiones y en su derecho a ser escuchados.
- No garantizaba la universalidad, la no discriminación, la sostenibilidad y la incidencia de las acciones desarrolladas.
- No se llevaban a cabo estrategias que apuntaran a la transformación de las instituciones estatales y de los servicios hacia una perspectiva territorial, al protagonismo de las niñas y los niños y sus familias ni a la desinstitucionalización, tres de los criterios centrales en los sistemas de Salud Mental.

El incumplimiento de estos criterios genera importantes inequidades que lesionan el derecho a la salud de niñas y niños, especialmente de aquellos con mayor vulnerabilidad psíquica, cuyas necesidades de salud no se encuentran en la actualidad suficientemente cubiertas.

En este escenario de incumplimiento de los principios de buenas prácticas es necesario desarrollar un pensamiento crítico respecto de nuestra labor: repensar los modos de territorializar las intervenciones para contrarrestar los efectos actuales de la desterritorialización y la desintegración de los precarios lazos sociales; reflexionar acerca de la ausencia de historización que nos confronta en la cotidianeidad con niñas y niños con historias fragmentadas, llenas de agujeros, producto de las desarticulaciones institucionales; reconsiderar los modos de comprensión de la constitución de la singularidad contextualizada de cada niño y niña dentro de un paradigma de complejidad.

Encontrar los modos de incluir toda la niñez desafiliada constituye un desafío para quienes trabajamos desde distintas áreas tratando de efectivizar los derechos de todas las niñas y todos los niños que padecen un profundo desamparo y sufrimiento psicosocial.

En el marco del proceso de cambio normativo que generó la promulgación en 2010 de la Ley Nacional de Salud Mental (n° 26.657), con el consecuente debate y posicionamiento del tema en la agenda estatal, hoy constituye un avance y una exigencia la necesidad pensar los servicios de Salud Mental desde una perspectiva de derechos. Y en términos de exigibilidad de derechos se hace evidente que las problemáticas actuales de la niñez y la adolescencia requieren una transformación del sistema de salud que a partir de un modelo de atención comunitaria en Salud Mental evite la medicalización, estigmatización, exclusión de los espacios sociales y asegure la erradicación de la internación psiquiátrica de los niños y las niñas con mayor nivel de vulnerabilidad psicosocial.

Pero, por sobre todo, el desafío es asumir que la complejidad de los nuevos modos de padecimiento psíquico requiere de una política integrada desde diversos sectores, que generen condiciones de articulación e integración efectiva para responder a las necesidades de las niñas, los niños y sus familias. El objeto de esta política debe ser desarrollar acciones que modifiquen las condiciones adversas de vida y eviten o atenúen el sufrimiento psicosocial de niñas y niños, favoreciendo la construcción de un proceso más justo y equitativo tendiente a garantizar la protección integral de la niñez.

Bibliografía

Acuña, C. y M. Bolis (2005). "La estigmatización y el acceso a la atención de salud en América latina: Amenazas y perspectivas". OPS-OMS. Presentado en el 29° Congreso de la Academia Internacional de Derecho y Salud Mental. París, 4 a 8 de julio.

Barcala, A. (2011). *Dispositivos e intervenciones en Salud Mental infantil en la Ciudad de Buenos Aires*. Premio Facultad de Psicología de la Universidad de Buenos Aires.

Barcala, A., F. Torricelli, C. Brio, N. Vila y J. Marotta (2007). "Características de los Servicios asistenciales para niños/as con trastornos mentales graves en la Ciudad de Buenos Aires, Argentina", en *Revista de Investigaciones en Psicología. Facultad de Psicología de la Universidad de Buenos Aires,* año 12, n° 3, pp. 7-24.

Barcala, A., F. Torricelli y P. Álvarez Zunino (2008). "Programa de atención comunitaria a niños/as y adolescentes con trastornos mentales severos: una construcción que articula la experiencia clínica, la investigación académica y su transferencia al sistema sanitario". Premio Facultad de Psicología de la Universidad de Buenos Aires.

Bauman, Z. (2007). *Vidas desperdiciadas. La modernidad y sus parias*. Buenos Aires: Paidós.

Bleichmar, S. (2005). *La subjetividad en riesgo*. Buenos Aires: Topia.

Bourdieu, P. (1999). *La miseria del mundo*. Buenos Aires: Fondo de Cultura Económica.

Conrad, P. (1982). "Sobre la medicalización de la anormalidad y el control social", en David Ingleby (ed.) *Psiquiatría crítica. La política de la salud mental*, pp.129-154. Barcelona: Crítica-Grijalbo.

Conrad, P. y J. Schneider (1992). *Deviance and medicalization: from badness to sickness*. Philadelphia: Temple University.

Faraone, S., A. Barcala, E. Bianchi y F. Torricelli (2009). "El rol de la industria farmacéutica en los procesos de medicalización/medicamentalización de la infancia", *Margen, Revista de Trabajo Social*, n° 54. Vergara.

Foucault, M. (1996). *La vida de los hombres infames*. Altamira.

Galende, E. (1997). "Situación actual de la salud mental en la Argentina, en *Revista Salud, Problemas y Debate*, pp. 22-31.

GCBA (s./f.). "Banco de datos, Salud, Movimiento hospitalario 1993-2005". Disponible en http://goo.gl/03mQtM.

Janin, B. (2007). "La construcción de la subjetividad y los diagnósticos invalidantes", en *Novedades Educativas*, año 18, n° 196, pp. 5-15.

Jodelet, D. (1986). "Fou et folie dans un milieu rural français. Une approche monographique", en W. Doise y A. Palmonari (eds.), *L' étude des représentations sociales*, pp.171-192. Neuchâtel, Delachaux y Nielstlé.

Ministerio de Salud de la Nación (2011). "Más de mil personas con trastornos mentales severos continúan sus tratamientos fuera del manicomio". Disponible en http://goo.gl/wMuvvC.

Michalewicz, A. (2010). "Accesibilidad a la atención en salud mental de los niños, niñas y adolescentes alojados en hogares convivenciales (ONG) en convenio con la DGNyA de la Ciudad Autónoma de Buenos Aires", en *Investigaciones en Psicología*, Revista del Instituto de Investigaciones de la Facultad de Psicología, año 15, n° 2.

Roudinesco, E. (2005). *El paciente, el terapeuta y el Estado*. Buenos Aires: Siglo XXI.

Stolkiner, A. (2009). "Niños y adolescentes e instituciones de Salud Mental", en S. Calveyra y V. De Gemmis (comps.). *Del invento a la herramienta*. Buenos Aires: Polemos.

Todorov, T. (1991). *La conquista de América. El problema del otro*. México: Siglo XXI.

Salud Mental y niñez en la Ciudad Autónoma de Buenos Aires

Articulaciones y tensiones entre las políticas públicas y la legislación vigente

Alejandra Barcala

Introducción

Este trabajo pretende contribuir a comprender los modos en que en los últimos años las políticas de Salud Mental del Gobierno de la Ciudad de Buenos Aires (GCBA) han tomado posición en relación a la niñez que padece condiciones de alta vulnerabilidad psicosocial. En este sentido, se propone analizar las respuestas institucionales que estos niñas, niños y adolescentes reciben del Estado, en especial aquellas ligadas a la institucionalización psiquiátrica, dado el impacto que tienen en sus vidas. Esto implica conceptualizar las interfaces en un sistema complejo en el que se vinculan elementos de diferente determinación: el Estado, con sus políticas y legislaciones específicas, las instituciones en sus prácticas relacionadas con Salud Mental, y las acciones y discursos de los actores sociales institucionales vinculados con la niñez.

El presente análisis se centra en el período 2010-2014, momento en el que, a partir de la sanción y reglamentación de la Ley Nacional de Salud Mental (n° 26.657), se dio un cambio en los principios vigentes en el campo de la Salud Mental en nuestro país, y se establecieron responsabilidades políticas y sociales que impulsan la transformación de las prácticas y los modelos de intervención destinados al cuidado de la Salud Mental, y promueven el efectivo acceso al ejercicio de los derechos.

Sin embargo, en ese contexto nacional y temporal, en las políticas de Salud Mental de la Ciudad de Buenos Aires se profundizaba un modelo basado en la hegemonía de la psiquiatría positivista y la institucionalización psiquiátrica.

Nuevos padecimientos y ausencia de respuestas apropiadas

El aumento progresivo de las problemáticas psicosociales que sufren las niñas, niños y adolescentes ha situado a este grupo poblacional como uno de los de mayor nivel de vulnerabilidad, por lo que se requiere del desarrollo de iniciativas equitativas y universales para la promoción y atención de la Salud Mental, y para hacer frente al estigma, la discriminación y la exclusión que padecen.

En el último tiempo comenzó a evidenciarse un cambio en el perfil de las consultas y nuevos modos de sufrimiento en niñas, niños y adolescentes, y los servicios se vieron desbordados por nuevas demandas de atención: era innegable la dimensión social de las nuevas problemáticas, que surgieron en el seno de una crisis profunda en la configuración de las actuales relaciones sociales y su impacto en la subjetividad (Galende, 2000).

Pensar la subjetividad en la niñez y comprender los nuevos modos de padecimiento contemporáneo implica analizar las profundas transformaciones de la realidad socioeconómica, que junto con los cambios culturales y el debilitamiento de las instituciones, en especial los dados en las últimas décadas en el ámbito de la familia, generaron cada vez más niñas, niños y adolescentes en situación de vulnerabilidad social y fragilidad psíquica.

Por otra parte, la exclusión de numerosos hogares, por efecto de la creciente pobreza y el desempleo, aumentó en nuestro país la brecha de inequidad y acentuó la desigualdad y la fragmentación social. La economía capitalista de mercado promovió la mercantilización de las relaciones sociales y modeló un nuevo tipo de sociabilidad que debilita los vínculos y disgrega las formas tradicionales de convivencia. La penetración del individualismo, desregulado de todo encuadre colectivo, impactó en la constitución de las subjetividades produciendo constituciones yoicas cada vez más fracturadas y fragmentadas, sin referentes simbólicos de identidad. Al mismo tiempo, la globalización de los mercados y la implementación de reformas neoliberales estuvo acompañada por una fuerte segmentación en el interior de la sociedad que debilitó las instituciones (Lechner, 1997).

Promediando la década de 1990, los dispositivos institucionales que constituían subjetividad, entre ellos los servicios sanitarios, ya no se encontraban regulados simbólicamente por el Estado ni satisfacían las demandas de reconocimiento e integración simbólica, con lo que contribuían a generar un nuevo modo de subjetividad.

Como se sabe, las formas de producción de subjetividad se inscriben en condiciones socioculturales específicas y se construye en el encuentro con las instituciones en las que esa subjetividad se alberga. Al no ser universales ni atemporales, el tipo de subjetividad instituida varía, entonces, con las diferentes prácticas de producción. Esto lleva a interrogarse por los efectos de las políticas y prácticas de los actores sociales llevadas a cabo en las instituciones sanitarias, así como sobre la necesidad de revisar los discursos y concepciones de la niñez que subyacen a ellas, en tanto impactan de forma positiva o negativa en los procesos de constitución subjetiva de niñas, niños y adolescentes.

Aquella década se caracterizó por la retracción del Estado en la implementación de las políticas sociales históricamente consensuadas, especialmente en el campo de la salud y en un contexto de creciente deterioro de las condiciones de vida. Esto tuvo, entre otras consecuencias, la profundización del nivel de fractura de comunicación entre los servicios sanitarios y las niñas y los niños y adolescentes, especialmente de las familias más carenciadas, y el aumento de las barreras de accesibilidad[1].

La ausencia de políticas estatales y lineamientos específicos facilitó el avance de la mercantilización en esta área y se instalaron nuevos modos de resolver las cuestiones desde una lógica economicista que posibilitó la expansión de la industria farmacéutica y del sector privado de atención. Esta orientación eficientista puso énfasis en la racionalización del sector público que llevó a una metamorfosis del aparato institucional, el cual no respondió a las nuevas problemáticas de Salud Mental de la población e incrementó el deterioro de la calidad, la accesibilidad y los problemas de cobertura en los servicios (Galende, 1997).

Junto a esto, la falta de regulación para el sector privado y la profunda crisis de las obras sociales[2] restringían la cobertura y esto ocasionó que se derivaran las patologías graves al sector público, crecientemente desfinanciado, que debió enfrentar una complejidad mayor de los problemas en Salud Mental. Esto conllevó a que se produjeran importantes modificaciones en las formas de utilización de estos dispositivos y en las estrategias de cuidado de salud de los hogares con niñas y niños con discapacidades o sufrimientos psíquicos severos. Estos debieron resolver y financiar

---

1   Para un mayor desarrollo de este período, ver Luciani Conde y Barcala (2007).

2   El Plan Médico Obligatorio, como normativa respecto a las obras sociales, y el clima ideológico imperante crearon nuevos criterios de atención médica que restringieron a pocas sesiones semanales los tratamientos e incorporaron nuevos criterios diagnósticos para clasificar las enfermedades. En especial, influyó la utilización de la cuarta edición del *Manual Diagnóstico y Estadístico de los Trastornos Mentales,* de la Asociación Psiquiátrica de los Estados Unidos (DSM IV por su nombre en inglés), que se extendió al ámbito público hasta suplantar al de *Clasificación internacional de enfermedades*, décima versión (CIE 10), con lo cual se profundizó una tendencia a patologizar las conductas de las niñas y los niños.

individualmente sus problemas de salud, y en los sectores más marginales directamente se desistía de la consulta por niñas y niños con sufrimiento psicosocial (Barcala y otros, 2007).

El acceso a los cuidados de la salud pasó de ser un *derecho adquirido* a considerarse una *mercancía* que era posible comprar o no, según el poder adquisitivo de cada hogar, y esto produjo una deconstrucción de la condición de ciudadano como *sujeto de derecho* para convertirla en otra, la de *consumidor o cliente*.

Durante este período, la Salud Mental y especialmente la Salud Mental infantil no constituyeron una preocupación central en la agenda política y permanecieron alejadas de las prioridades de la agenda gubernamental. Paradójicamente, en este contexto se produjo en 1990 la ratificación de la *Convención Internacional sobre los Derechos del Niño* (Ley Nacional n° 23.849) y se sancionaron leyes referidas a la protección integral de los derechos de niño –en 1998, la Ley n° 114 del GCBA y, en 2005, la Ley Nacional n° 26.061–, que junto a una legislación progresista en el campo de la Salud Mental –leyes n° 26.657 en el orden nacional y n° 448 del GCBA– garantizaban el derecho a la salud, y promovían la transformación de las políticas de niñez y las prácticas y modelos de intervención pública.

Es decir, mientras esta legislación instalaba un discurso que garantizaba sus derechos, no se lograba mitigar el embate de las políticas neoliberales. Frente a una situación en la que las principales problemáticas giraban en torno a la exclusión social, la marginalidad y la ruptura de lazos sociales, las políticas y las prácticas de los actores responsabilizaban y atribuían las causas del sufrimiento a los sujetos que los padecían, como una suerte de *privatización del dolor*. En lugar de afectar favorablemente en las condiciones de salud de los niños modificando sus circunstancias adversas y garantizando el acceso a los cuidados integrales que atenuaran su sufrimiento, las políticas de Salud Mental dirigidas a la niñez colaboraron en la génesis y producción de procesos de medicalización del sufrimiento psíquico de las niñas, los niños y adolescentes de la Ciudad de Buenos Aires, y le dieron características específicas: la estigmatización, la exclusión y el encierro (Barcala, 2010).

Plan de Salud Mental 2002-2006. La explicitación de una política

Desde 1990 y hasta 2002, la inexistencia de lineamientos específicos y la ausencia de políticas de Salud Mental a cargo de un área específica del Ministerio de Salud del GCBA[3] dejaron a los servicios de salud librados a la implementación de prácticas diversas según las decisiones individuales de cada efector.

Aunque la complejidad de los problemas de la Salud Mental en la infancia evidenciaban la necesidad de una intervención de varios sectores, la ausencia significativa del rol del Ministerio de Salud favoreció la fragmentación y la creciente diferenciación de diversas y atomizadas unidades burocráticas, y no promovió la integración ni la coordinación de las distintas instancias públicas que debían participar en los procesos de formulación y aplicación de políticas. Otras unidades gubernamentales pertenecientes al área de Desarrollo Social, como la Dirección de Niñez, intentaron tener una presencia más dinámica frente a las nuevas problemáticas a través de la implementación de iniciativas y programas sociales interdisciplinarios tendientes a garantizar el derecho a la salud de las niñas y los niños con mayor nivel de vulnerabilidad social, pero muchos de los programas respondían a criterios de focalización de reemplazo a las políticas públicas integradoras por "su alto costo econó-

---

3 Entre 1992 y 2005, año en que se convirtió en una dirección adjunta, la Dirección de Salud Mental se denominaba así pero consistía en un programa que dependía de la Dirección de Programas Especiales del Ministerio de Salud.

mico" (Duschatzky y Corea, 2002). El Consejo de Derechos de Niñas, Niños y Adolescentes del GCBA, creado en 2000 a partir de la sanción de la Ley de Protección Integral (n° 114), cuya función principal era articular las políticas aplicadas a la niñez de las distintas áreas de gobierno, tampoco logró coordinar estas instancias[4]. La fragmentación fue el rasgo esencial del sistema de Salud Mental, impronta que si bien tenía sus raíces históricas en la configuración del sistema, se acentuó en este período y fue mayor que en otras áreas.

En el marco del impulso dado por la sanción de la Ley de Salud Mental del GCBA (n° 448) sancionada en 2000, se redactó el "Plan de Salud Mental 2002-2006", que luego se prorrogó hasta 2007. Uno de los objetivos destacados lo constituía la atención a grupos de edad deficitariamente cubiertos por el sistema público hasta el momento, como la población infanto-juvenil.

Sin embargo, las referencias y las propuestas acerca de la niñez en el mencionado plan fueron escasas e insuficientes. Se planteaban como problemas críticos referidos a la infancia la existencia de recursos insuficientes dirigidos al tratamiento de niños y jóvenes, la fragmentación entre los CESAC y los hospitales, la desigual distribución de recursos humanos y el déficit de dispositivos asistenciales-preventivos. Y como actividades se planificaron la creación de hospitales de día infanto-juveniles, la implementación de camas psiquiátricas en los dos hospitales pediátricos, y de casas de medio camino y cobertura de atención en emergencias. Hasta inicios de 2014, ninguna de estas iniciativas se había concretado. Tampoco durante todo el citado período se alcanzó a ampliar la cobertura y accesibilidad ni se logró dar respuestas a las demandas emergentes.

---

[4] Este organismo y sus políticas progresistas no lograron consolidar un modo de intervención que garantizara los derechos de las niñas y los niños, y dado el debilitamiento de las instituciones y prácticas tradicionales que históricamente daban respuestas a la problemática de la niñez, aquellos quedaron en un espacio de ambigüedad en términos de protección.

El principal logro obtenido fue la organización en redes de servicios, lo que posibilitó la conformación de la Red de Infancia y Adolescencias, cuyos miembros tuvieron una participación comprometida por comprender y alojar los sufrimientos psicosociales de niñas, niños y adolescentes que consultaban en el sector público. Pero estos esfuerzos individuales no alcanzaron para atenuar la fragmentación y atomización interinstitucional e intersectorial[5].

Pese a que el discurso sanitario oficial del GCBA enfatizaba en sus lineamientos la importancia del primer nivel de atención y la participación comunitaria, la promoción y jerarquización de la estrategia de atención primaria de la salud (APS), en el campo de la Salud Mental no pasó de ser más que un discurso bien intencionado. No se redefinieron ni adecuaron los modelos de atención o las intervenciones y prácticas institucionales a los postulados de APS ni a los principios de la *Convención Internacional sobre los Derechos del Niño*.

Lejos de crear y fortalecer dispositivos de Salud Mental comunitaria, los recursos fueron invertidos en hospitales psiquiátricos. El comportamiento del presupuesto en estos años dio muestras de una importante apuesta desde el sector salud para aumentar el espacio de exclusión. Los hospitales psiquiátricos fueron los lugares de mayor concentración de poder y sostuvieron las concepciones más biologistas acerca del sufrimiento psíquico.

De este modo, los objetivos del Plan de Salud Mental no se plasmaron en acciones concretas y fueron escasamente cumplidos, lo que demostró una inadecuación entre los objetivos y las acciones implementadas.

---

5 Sin embargo, es necesario resaltar la importancia del esfuerzo, compromiso y posicionamiento ético de los profesionales del sector público de la Ciudad, ya que, aun en el desfavorable contexto descripto, gracias a su tarea cientos de niñas y niños lograron disminuir su sufrimiento psíquico.

La Dirección de Salud Mental no pudo constituirse en rectora de políticas activas y, dada su escasa autonomía operativa, su escasísimo presupuesto y su bajo sistema de autoridad, no tuvo injerencia en el primer nivel de atención ni en la mayoría de los servicios de Salud Mental de los hospitales generales y pediátricos. Junto a la atomización institucional, esto constituyó uno de los vectores importantes que plantearon un obstáculo estructural para que pudieran efectivizarse los lineamientos del Plan de Salud Mental 2002-2006.

Esta ausencia de políticas activas hizo posible el avance paulatino de la psiquiatría positivista, acorde con las políticas neoliberales, en detrimento del modelo de Salud Mental comunitaria. La ausencia de abordajes y dispositivos comunitarios y de fortalecimiento del primer nivel de atención para el tratamiento de niñas y niños con trastornos mentales graves, así como la falta de capacitación de recursos humanos hacia aquel modelo, determinó en frecuentes ocasiones que el único recurso con el que contaba el sistema de salud frente al intenso sufrimiento psíquico de niñas y niños fuera la internación, una respuesta que favorecía las prácticas asilares disciplinarias.

La sustitución progresiva de los hospitales psiquiátricos por sistemas basados en la comunidad, plasmada en la *Declaración de Caracas*, no se expresó en las políticas ni en las prácticas, y no existió voluntad política ni consenso de los actores para lograrla.

Este período respondió a un ciclo en el que se produjo el fracaso de un modelo de pensamiento crítico progresista en el campo de la Salud Mental comunitaria. Sólo se implementaron, en los intersticios, prácticas innovadoras aisladas que no fueron suficientes para transformar el modelo de Salud Mental vigente.

La lucha política entre los actores, si bien permitió la promulgación de la Ley de Salud Mental de la Ciudad (n° 448), dejó intacto el sistema manicomial y la tendencia hospitalocéntrica del sistema sanitario; así, arrojó como saldo un sistema de Salud Mental en el que las prácticas eran más acordes con el paradigma neoliberal que con la perspectiva de garantía de derechos. Si bien la Ley proponía la transformación del modelo hospitalocéntrico, el desarrollo de un nuevo modelo de Salud Mental implicaba reformar los actuales efectores y la incorporación de los recursos necesarios para implementar las nuevas modalidades. No fueron implementados los programas y servicios comunitarios adecuados para abordar las complejas problemáticas y las instancias de resolución intermedias que debían evitar la internación y la separación de los niños y las niñas de sus familias (creación de camas en hospitales pediátricos y generales, de servicios de atención para situaciones de crisis, casas de medio camino, hospitales de día, las guardias infanto-juveniles en hospitales generales).

Un punto de inflexión en las políticas de Salud Mental

A partir de 2010, luego de iniciada en 2007 una nueva gestión política, en el GCBA se comenzó a profundizar en un modelo de psiquiatría biológica que contribuyó a la implementación de prácticas y modelos de intervención medicalizantes en la niñez, aun en un clima y contexto nacional de transformación de paradigmas respecto al modo de comprender el sufrimiento psíquico.

En agosto del 2010, a partir de la firma del Decreto n° 647 del GCBA, se transfirieron las competencias relativas a la atención de niñas, niños y adolescentes con problemáticas de salud mental y discapacidad que vivían en hogares de alojamiento, bajo la órbita de la Dirección de Niñez del Ministerio de Desarrollo Social, a la Dirección de Salud Mental del Ministerio de Salud.

Junto a estas competencias se trasladaron también los convenios suscriptos con las instituciones privadas de Salud Mental y discapacidad donde se alojaban niñas, niños y

adolescentes, y se direccionaron los créditos correspondientes a partidas presupuestarias desde el sector público
a efectores privados, pagando una suma considerable por
cada uno de ellos[6]. La resolución comprendía los cuidados
de los niños con mayor vulnerabilidad psíquica y social
de la Ciudad, dado que además de que transitoriamente
no podían vivir en su ámbito familiar padecían de intenso
sufrimiento psíquico.

Este traspaso constituyó un acontecimiento que marcó
un viraje en términos de modalidades de intervención respecto a los problemas de Salud Mental infantil en la Ciudad de Buenos Aires y tuvo dos consecuencias centrales:
junto con la suscripción de un nuevo convenio con una
clínica de internación psiquiátrica privada[7], la Dirección de
Salud Mental del GCBA tercerizó por primera vez su responsabilidad –hasta ese momento a cargo de instituciones
estatales[8]– y de este modo abrió las puertas a dispositivos
de mercantilización en el ámbito sanitario y social, las llamadas "instituciones de atención especializada". También
naturalizaba que niñas y niños menores de 18 años con
sufrimiento psíquico, privados temporariamente de cuidados parentales, vivieran permanentemente ya no en hogares
dependientes del área de Desarrollo Social como los demás
niñas y niños en esta situación, como una medida excepcional y transitoria, sino en instituciones sanitarias y per-
manentes. Estas se fueron configurando así en *instituciones
totales* (Goffman, 1998); es decir, lugares de residencia don-

---

6   A la vez, se facultaba a la Dirección de Salud Mental a celebrar nuevos con-
    venios con este tipo de instituciones.
7   El convenio se realizó a pesar de que se trataba de una institución denuncia-
    da por la Defensoría General de la Nación en 2007 por graves irregularida-
    des y también por los organismos de protección de derechos del niño de la
    Ciudad.
8   Hospital Tobar García, hospitales generales, pediátricos y de otras especiali-
    dades, CESAC y Centros de Salud Mental n°1 y n°3.

de un gran número de niños desarrollan todos los aspectos de su vida en el mismo espacio y bajo la misma autoridad, con un limitado contacto con el exterior.

Se trata de lugares en donde reciben *tratamiento* y son medicados, y en muchas ocasiones ni siquiera asisten a la escuela, ni se les permite salidas o visitas, con lo cual pierden, cada vez más, su autonomía personal. Lugares que no cuentan con dispositivos de externación y fortalecimiento familiar en su propuesta institucional, lo que implica la vulneración de las leyes –como las mencionadas n° 114 y n° 26.061– que entienden que el alojamiento debe ser un recurso subsidiario, excepcional y transitorio, y que recurrir a una forma convivencial alternativa al grupo familiar del niño debe constituir siempre una medida excepcional, y en ningún caso puede consistir en la privación de su libertad.

De este modo, el pasaje de estas instituciones del ámbito de Desarrollo Social al de Salud contribuyó a acentuar la transformación en la modalidad de cuidados establecida en los hogares de niñas, niños y adolescentes en los años anteriores, de estigmatización y medicalización. Según esta modalidad, se consideraba a los hogares como de tipo convivencial, terapéutico o de atención especializada, en función de la definición de la población a la que se dirigían. Y dicha definición estaba asociada a diagnósticos psicopatológicos[9]: a medida que estos "se especializaban", se complejizaban los equipos técnicos dentro de la institución hasta incluir obligatoriamente a un psiquiatra, al tiempo que aumentaban el costo por niño.

Estos hogares de *atención especializada*, lejos de desarrollar modalidades de intervención que promovieran la atención personalizada, el respeto de los aspectos sociocultura-

---

[9] Era frecuente que un niño ingresara a un hogar convivencial y si su sufrimiento se manifestaba con conductas disruptivas fuera derivado a un hogar terapéutico. En muchos casos estas niñas y estos niños eran medicados y posteriormente trasladados a hogares de atención especializada.

les, la inclusión en espacios educativos, de salud, recreación y capacitación inherentes al proceso de constitución subjetiva de cada niño, niña y adolescente, se fueron convirtiendo en lugares en los que se concentraban las características de las instituciones de internación psiquiátrica.

Se los destinaba a niñas, niños y adolescentes que presentaran cuadros psicopatológicos, definición que fundamentó el traslado al ámbito de Salud Mental. Así, la fragilidad psíquica producto de traumatismos sociales severos terminó siendo explicada y diagnosticada en términos psicopatológicos.

Además, a partir de esta nueva categorización, se fomentaron los diagnósticos y etiquetas psiquiátricas y se inició un circuito de deriva institucional de las niñas y los niños y adolescentes con intenso sufrimiento psicosocial a hogares cada vez más especializados, incrementando el estigma del diagnóstico. Si un niño o niña era transitoriamente internado en el Hospital Tobar García no podía volver a ser alojado en un hogar convivencial y sólo podía acceder a *hogares especializados* de la Dirección de Salud Mental.

Profundizando esta tendencia, en 2012 se creó una institución pública para recibir sólo niñas y niños externados en el Hospital Tobar García, que contaba con una propuesta poco clara desde una perspectiva de derechos y Salud Mental comunitaria. Al mismo tiempo se desarticuló el Programa de Atención Comunitaria a Niños, Niñas y Adolescentes (PAC)[10], que se venía desarrollando desde 2006 y cuya propuesta constituyó un aporte a la construcción de procesos

---

10 El PAC constituía un dispositivo de cuidados integrales para niñas, niños, adolescentes con sufrimiento psíquico y/o en situación de vulnerabilidad social que desde una perspectiva de Salud Mental comunitaria articulaba la dimensión clínica de las intervenciones en un marco institucional, tejiendo una red en el territorio que favoreciera el proceso de subjetivación de cada uno de ellos. Estaba formado por un grupo interdisciplinario (psicólogos, médicos pediatras y psiquiatras infanto-juveniles, psicoanalistas, psicopedagogos, trabajadores sociales, abogados) que brindaba atención territorializada, intersectorial y psicoterapéutica singular para cada niño, con el objetivo de favorecer su inclusión social.

des/institucionalizadores en el campo de la Salud Mental basados en el derecho a la atención integral de niñas, niños y adolescentes con problemáticas graves.

Se instaló de este modo un modelo de intervención que contribuía a reforzar y consolidar los procesos de medicalización que se venían desarrollando desde décadas anteriores. Este proceso se desarrolló en un contexto de ausencia de un plan de Salud Mental del GCBA que incluyera la comprensión, el diseño e implementación de abordajes de la complejidad de estas nuevas problemáticas infantiles que desbordaban las clasificaciones psiquiátricas clásicas. Desde 2007 hasta fines de 2014 la Ciudad no contó con un plan de Salud Mental[11].

La niñez con sufrimiento psicosocial en la agenda estatal. Dos modelos de abordaje posibles

El aumento de las demandas de nuevas problemáticas psicosociales y las consecuencias de la transferencia a los hogares de atención especializada, colocaba la cuestión de la salud mental de las niñas y los niños con mayor vulnerabilidad en la agenda estatal –ausente durante décadas, pero con cierta visibilidad en los últimos años– y obligó a las autoridades de Salud Mental a tomar una posición y brindar respuestas a estas complejas problemáticas.

Desde 1990 y hasta 2010, los equipos de los servicios de Salud Mental de los hospitales de la Ciudad destinados a la atención de niños tuvieron mínimas modificaciones

---

11 En septiembre de 2013, la Dirección de Salud Mental difundió un documento que contenía el borrador de un plan (que no fue retomado hasta ahora, marzo de 2015). La iniciativa daba un lugar central a los hospitales monovalentes, como cabeceras de la red de servicios, en una clara contraposición a lo previsto por la Ley Nacional de Salud Mental que prevé la puesta en marcha de un proceso de transformación y sustitución de estos efectores por dispositivos comunitarios y estipula como plazo máximo para el cierre de los dispositivos monovalentes el año 2020.

en sus propuestas y en el tipo organización institucional[12], motivo por lo cual no atendían a niñas y niños con trastornos mentales severos.

Frente al aumento de estas demandas y la preocupante tendencia creciente anual de las internaciones psiquiátricas, en ese período algunos profesionales diseñaron e implementaron dispositivos innovadores destinados a niñas, niños y jóvenes denominados "graves" por los servicios de Salud Mental[13]. Ellos intentaron resolver, aunque fuera parcialmente, las situaciones planteadas. Se organizaron a partir de iniciativas personales de profesionales que se sensibilizaron frente a la ausencia de respuestas al sufrimiento de los chicos y a su exclusión del sistema, e intentaron desarrollar prácticas transformadoras, aunque su cobertura en todos los casos fue limitada[14].

---

12 No se había aumentado el número de recursos humanos ni contaban con equipos interdisciplinarios, ni condiciones edilicias apropiadas y no habían recibido capacitación para el abordaje de problemáticas complejas. Los niños denominados "graves" eran derivados al Hospital Neuropsiquiátrico Tobar García o al Hospital de Día *La Cigarra*, del Centro de Salud Mental N°1.

13 Estas niñas y estos niños eran nominados de modos diferentes según el marco teórico, la ideología y las concepciones acerca de ellos: fallas en la constitución subjetiva, patologías tempranas, psicosis infantil, autismo, trastornos generalizados del desarrollo, patologías tempranas, niños en situación de crisis, trastornos graves del desarrollo, niños con sufrimiento psicosocial, entre otras.

14 Todos estos dispositivos intentaron superar modalidades tradicionales, en especial la tendencia hospitalocéntrica. Fueron escasamente financiados desde el comienzo, y aunque se habían organizado en la Red de Infancia y Adolescencia, eran políticamente débiles y resultaron muy vulnerables a los cambios en las directivas políticas. A partir de 2011, la Red y algunos programas dejaron de funcionar. Estos dispositivos fueron el Programa Cuidar Cuidando del Zoológico de la Ciudad, el Hospital de Día La Cigarra, el Programa de Integración Sociolaboral para Adolescentes (empresas sociales), el Programa de Rehabilitación Comunicacional, el Hospital de Día del Tobar García, el equipo de Patologías Tempranas del Centro de Salud Mental n°3, el Programa de Atención Domiciliaria Programada en Salud Mental (ADOPI), el Dispositivo de Pacientes con Trastornos Severos del Desarrollo (de 0 a 5 y de 6 a 9) del Hospital de Niños Ricardo Gutiérrez, el Programa Psico-

En este escenario institucional, que evidenciaba la inadecuación e insuficiencia de los servicios de salud para alojar los padecimientos de la niñez con mayor nivel de vulnerabilidad, y ante el aumento de la demanda, la Dirección de Salud Mental de la Ciudad se vio obligada a diseñar políticas de intervención dirigidas a resolver estas problemáticas.

Como se manifestó anteriormente, la respuesta fue la institucionalización, en lugar de retomar el trabajo en red que había comenzado años anteriores. Esto último hubiera permitido convocar a todos los actores intervinientes para poner en marcha dispositivos que, aceptando el desafío de la complejidad y de la incertidumbre, lograran alojar estas problemáticas y revertir los efectos psiquiatrizantes y psicopatologizadores en la infancia. Por el contrario, al no existir lineamientos claros, y ante la ausencia de un plan de Salud Mental, al delegar los cuidados de niñas y niños en situaciones muy complejas, de manera tal que lo público financie lo privado (con o sin fines de lucro), se corre el riesgo de beneficiar la creación de mercados en los que se profundicen los modelos patologizantes del sufrimiento. Y de este modo, el peligro es constituirse en la puerta de entrada a la privatización y proliferación de instituciones de internación psiquiátrica para niños, niños y adolescentes.

A partir de 2010, los actores participantes en el campo planteaban en tensión dos modelos opuestos de abordaje a las problemáticas psicosociales sostenidas en representaciones diversas de la infancia y del proceso salud/enfermedad/cuidados. Éstos se resumen esquemáticamente en el Cuadro 1, que muestra las lógicas diferentes respecto al modo de comprender las políticas y prácticas referentes a los cuidados en Salud Mental. Coloca en tensión una perspectiva de derechos frente a una lógica tutelar, que lleva

---

educativo Terapéutico de Zooterapia con Perros, y el Programa de Atención Comunitaria a Niños, Niñas y Adolescentes con Trastornos Mentales Severos, junto con algunos profesionales de otros hospitales y de los CESAC.

a la centralización en la atención hospitalaria, acompañada por la desjerarquización del primer nivel de atención,
la focalización, el avance de las privatizaciones y el des-
mantelamiento de lo público (restricción presupuestaria y
el desfinanciamiento progresivo de los servicios de salud);
asimismo, visibiliza las tensiones entre la protección integral de los derechos del niño, que implica una escucha
activa, enfrentada a una mirada centrada en un modelo
médico hegemónico psiquiátrico, que anula la subjetividad
y refuerza el avance de la medicalización como respuesta
al sufrimiento.

Cuadro 1. Modelos de abordaje del sufrimiento psicosocial de la niñez y
adolescencia.

En ausencia de políticas en Salud Mental infantil se observan:	Las políticas sociales integradas requieren:
Acciones desarticuladas frente a problemas específicos.	Diseño e implementación de un plan de Salud Mental.
Prestadores privados.	Dispositivos estatales propuestos por la Ley de Salud Mental del GCBA (n° 448).
Hogares de atención especializada conveniados. Instituciones totales.	Trabajo territorial. Fortalecimiento social y familiar.
Tercerización, privatización, convenios.	Fortalecimiento del sector público. Redireccionamiento del presupuesto concentrado en las instituciones psiquiátricas a modalidades alternativas.
El niño como objeto de intervenciones y diagnósticos.	El niño como sujeto de derechos. Escuchar a un niño. Darle valor a la palabra.

Intervenciones realizadas por profesionales desde un solo ámbito disciplinar: psiquiatría o tratamiento individual focalizado.	Protección integral de derechos. Trabajo interdisciplinario e intersectorial.
Abordaje centrado en la enfermedad en términos de clasificaciones psicopatológicas.	Apuesta a las capacidades de las niñas y los niños. Construcción de un proyecto de futuro.
Intervenciones tecnocráticas.	Participación. Restablecimiento del lazo social.
Modelo hospitalocéntrico tradicional.	Modelo de Salud Mental comunitaria.

Políticas y prácticas institucionales tendientes a disminuir el sufrimiento

Las políticas en Salud Mental se enmarcan en las políticas sociales y deben ser entendidas en el contexto de otras políticas estatales, lo que permite una visión del Estado en acción. Se sustancian en un trabajo que debería convocar e involucrar la participación de diferentes áreas impulsadas a integrarse en el aspecto operacional y trabajar en redes territoriales, con el objeto de garantizar el derecho a la salud de niñas, niños y jóvenes con vulnerabilidad psicosocial.

Desarrollar acciones para aliviar el sufrimiento implica reconstruir el entramado colectivo, ampliando y complejizando el tejido social que apoya a las niñas y los niños, en un proceso que pueda revertir y poner un tope a la tendencia a la psiquiatrización y la exclusión. Esto supone la implementación de estrategias de intervención subjetivantes e inclusivas en territorio sobre la base del apoyo y respeto a la capacidad de innovación de los servicios ya existentes, la construcción de proyectos singulares para cada niño que favorezcan la escucha y participación.

En este contexto, el desafío es implementar políticas de Salud Mental que estén enmarcadas en los nuevos paradigmas, es decir, orientadas más a los *cuidados integrales* de las infancias que a proveer lugares de cuidados que ofertan *atención especializada* y acaban cosificando e institucionalizando a las niñas, niños y adolescentes.

Para evitar prácticas desubjetivantes, toda política de Salud Mental en la niñez debería impulsar procesos de des/institucionalización, lo que supone la reorganización de sistemas que no hayan podido adecuarse a las nuevas problemáticas psicosociales que se presentan y en los que coexistan contradictorias concepciones y representaciones, (saberes y prácticas) respecto a los cuidados de salud. La solución para garantizar el derecho a la Salud Mental no consiste sólo en la creación de nuevos dispositivos de cuidados alternativos a la institución psiquiátrica, sino en la construcción de un sistema diferente.

Los servicios de salud poseen un lugar privilegiado en tanto mediadores para alojar el sufrimiento y comprender cómo se vinculan las niñas y los niños y adolescentes con sus contextos, respetar la expresión de sus deseos personales y acompañar su trayectoria de vida. La alteridad, como hecho fundante en la constitución del otro humano, puede ser pensada también en términos del encuentro de los servicios con las niñas y los niños. Tratándose de chicos frecuentemente excluidos de los sistemas educativos, estigmatizados y medicalizados, la mirada y posicionamiento de los profesionales y/o servicios que los escuchan desempeña un papel clave en los procesos de constitución subjetiva. Este encuentro se convierte en posibilitador de transformaciones y puede incidir en los procesos de estructuración psíquica en momentos tempranos de la vida, al generar movimientos tendientes a lograr una disminución del sufrimiento y un incremento de las potencialidades propias de la infancia.

Por el contrario, cuando las políticas sociales dejan de satisfacer ciertas demandas de reconocimiento e integración simbólica, las desigualdades sociales se acentúan, se fomenta la exclusión y se generalizan las tendencias de desintegración. Estas dos caras del proceso producen incertidumbre y sentimiento de desamparo (Lechner, 1997). Y frente a la desaparición de las funciones mínimas del Estado, que garantizarían las condiciones básicas de subsistencia, el sentimiento de desamparo expresa la reactualización de sentimientos de desvalimiento que hay en la niñez y que dan lugar a lo más profundo de las angustias: se trata de una sensación de des/auxilio, de des/ayuda, de sentir que el otro del cual dependen sus cuidados básicos no responde al llamado y deja al sujeto sometido no sólo al terror, sino también a la desolación profunda de no ser oído y ayudado (Bleichmar, 2002).

Un compromiso ineludible

De este modo, durante este período hubo un retroceso en el campo de la Salud Mental y se observaron importantes falencias respecto a los cuidados de la niñez en este sentido. La magnitud del retroceso en las decisiones políticas en el área se profundizó desde 2009 y contrarió los principios de la legislación existente y las recomendaciones con respecto a favorecer los procesos de des/institucionalización y a aportar a la construcción de estrategias de fortalecimiento familiar.

Diferentes actores sociales realizaron reclamos respecto al incumplimiento de la Ley de Salud Mental del GCBA, a lo que a partir de 2010 se sumó el incumplimiento de la Ley Nacional 26.657.

La Comisión de Salud Mental del Plenario del Consejo de Derechos de Niños, Niñas y Adolescentes del GCBA[15] denunció importantes grados de vulneración de los derechos de niñas y niños internados en el Hospital Neuropsiquiátrico Infanto-juvenil Tobar García y en instituciones de atención en Salud Mental o atención especializada de la Dirección General de Niñez.

En septiembre de 2009, la Asesoría Tutelar de Primera Instancia presentó ante el Juzgado Penal, Contravencional y de Faltas una acción de *habeas corpus* colectivo a favor de todas las personas menores de edad que se encontraban privadas de su libertad en hospitales psiquiátricos a pesar de contar con alta médica de internación, instalando y visibilizando el problema en la agenda estatal. Junto con ello, la Asesoría General Tutelar (AGT) presentó una acción de amparo a fin de que se ordene al GCBA a otorgarles a las niñas y los niños que se encontraban en la situación descripta, la debida atención de su salud mental a través de instituciones adecuadas, con acompañamiento ambulatorio, asistencia en hospitales de día, etc., para cesar con la internación en hospitales psiquiátricos de quienes no contaban con prescripción médica al respecto (AGT, 2011).

A partir de los fallos que hacen lugar a estas medidas, la Dirección de Salud Mental del GCBA, junto con las demás dependencias involucradas, se encuentran obligadas a asumir por primera vez la necesidad de encarar la resolución de este problema.

Sin embargo, en 2014 volvió a ser documentada por la AGT la ausencia de una respuesta integral a dichas problemáticas en un informe que revela un alto grado de desarticulación de la red de Salud Mental, resultado de la falta

---

15 Uno de los logros obtenidos de esta comisión fue la recomendación de que las niñas y los niños institucionalizados recibieran, en caso de ser necesarios, tratamientos psicológicos y psicofarmacológicos en instituciones públicas, contrarrestando las tendencias medicalizantes al interior de muchas instituciones conveniadas por la Dirección General de Niñez y Adolescencia para *mantener tranquilos* a las niñas y niños que alojaban.

de planificación y direccionamiento de una política pública. Asimismo, según el informe, esto se refleja, entre otras cosas, en la ausencia de un plan de Salud Mental desde 2006, obligación de la autoridad de aplicación (AGT, 2014).

En febrero de 2013, dicha asesoría interpuso nuevamente un amparo por el funcionamiento de entidades privadas contratadas por el GCBA para la atención de niñas, niños y adolescentes, y la Justicia ordenó la elaboración de un plan de externación de todos los pacientes alojados.

Durante el período de estudio, la Comisión Especial de la Legislatura porteña para el Cumplimiento de la Ley 448 de Salud Mental presentó anualmente informes donde advierte que el GCBA no cumple con dicha Ley. En el correspondiente a mayo de 2014, el último presentado, se revela que en el año anterior se seguía priorizando el financiamiento de los hospitales monovalentes en detrimento de otros dispositivos. En relación a la niñez, documentaba la falta de control del GCBA sobre las instituciones privadas que contrata, las cuales presentaban graves irregularidades. Entre ellas, la medicación de todos los chicos alojados y la vulneración de su derecho a sostener vínculos familiares. El informe denuncia, asimismo, la reducción en las horas destinadas a suplencias de guardia, que afecta a servicios particularmente sensibles, como los hospitales de día de Adicciones, de Niños Autistas y de Pacientes Graves.

En síntesis, las características principales del sistema de Salud Mental de la Ciudad de Buenos Aires en las últimas décadas fueron la escasez de una racionalidad organizativa en términos sanitarios, la ausencia de planificación de políticas específicas de niñez que garanticen los cuidados de atención de niñas, niños y adolescentes, la inexistente asignación de recursos, la fragmentación, las escasas ofertas definidas por preocupaciones personales o colectivas de profesionales sensibles al sufrimiento humano y la ausencia de datos epidemiológicos.

No hubo un progreso de las políticas de reforma que favorecieran la provisión de servicios territorializados e integrales destinados a la promoción, asistencia e inclusión social ni que estimularan el protagonismo de las niñas, niños y sus familias en la construcción de un proyecto subjetivante. Si las décadas anteriores se caracterizaron por la omisión de políticas en Salud Mental en la niñez, la actual se inició con decisiones políticas que pueden profundizar un modelo que favorece su estigmatización, exclusión y encierro, que colabora en profundizar una tendencia hacia la medicalización de la infancia con mayor nivel de vulnerabilidad. De allí la importancia de una gestión de gobierno que implemente políticas de Salud Mental apropiadas, y del compromiso ético de los actores sociales intervinientes.

Representa un desafío evitar el sometimiento a discursos hegemónicos que naturalizan la internación psiquiátrica como único recurso para niñas, niños y adolescentes con sufrimiento psicosocial, y que cierran las posibilidades de acciones creativas, de prácticas que promuevan itinerarios por espacios comunitarios que inviten a la inclusión y a la socialización, y que garanticen el derecho a la salud como uno de los derechos esenciales en la construcción de una ciudadanía plena.

Es necesario favorecer, entonces, la reflexión crítica y producir articulaciones teóricas y prácticas rigurosas que permitan la construcción colectiva de dispositivos subjetivantes que eviten la precarización de un pensamiento ajustado sólo a proponer la oferta existente. Al mismo tiempo, se deben evitar prácticas que colaboren con el proceso de la anulación de la subjetividad de niñas, niños y jóvenes, cuyo padecimiento es producto de traumatismos graves donde la fragilización de lazos familiares, las violencias, el maltrato, el abuso, entre otros acontecimientos, impactan de manera significativa en sus procesos de constitución psíquica. La internación prolongada de niñas, niños y adolescentes con alta médica en el hospital psiquiátrico por no contar con un medio familiar donde vivir y la ausencia de soluciones al respecto, perpetúan la institucionalización y favorecen su desaparición de la escena social. De este modo, al no tener interés particular para el mercado son considerados superfluos, innecesarios, residuos humanos (Bauman, 2007).

Es posible generar prácticas que recompongan lo colectivo y valoren el factor intersubjetivo en la construcción de la subjetividad, a partir de un modelo de Salud Mental comunitaria que desde un enfoque "psicoanalítico contextualizado" (Dueñas, 2012) permita crear condiciones que promuevan el deseo y el derecho a soñar un futuro posible.

Partiendo de este potente marco teórico y en el contexto actual de la Ciudad de Buenos Aires, resulta un compromiso ineludible para los actores sociales comprometidos desde una perspectiva de derechos sensibilizar respecto a los modos de sufrimiento contemporáneo en la niñez y adolescencia, y generar iniciativas que articulen las luchas contra la medicalización e institucionalización psiquiátrica, ya que ambas constituyen trayectos de la misma lucha contra la mercantilización de la vida.

Bibliografía

AGT (2011). "Quedó firme la sentencia en el *habeas corpus* colectivo que declara ilegal la práctica de mantener internados en instituciones psiquiátricas a niños, niñas y adolescentes con alta de internación." Ciudad Autónoma de Buenos Aires, 24 de febrero. Disponible en http://goo.gl/miGgVO.

AGT (2014). "Documento de trabajo N° 21. Salud Mental. Internaciones por salud mental en hospitales generales de agudos de la Ciudad". Febrero, Ministerio Público Tutelar.

Barcala, A. (2010). "Estado, infancia y salud mental: impacto de las legislaciones en las políticas y en las prácticas de los actores sociales estatales en la década del 90". Tesis de doctorado, Facultad de Psicología, Universidad de Buenos Aires.

Barcala, A., F. Torricelli, C. Brio, N. Vila y J. Marotta (2007). "Características de los Servicios asistenciales para niños/as con trastornos mentales graves en la Ciudad de Buenos Aires, Argentina", en *Revista de Investigaciones en Psicología*, año 12, n° 3, pp. 7-24. Facultad de Psicología, Universidad de Buenos Aires.

Bauman, Z. (2007). *Vidas desperdiciadas. La modernidad y sus parias*. Buenos Aires: Paidós.

Bleichmar, S. (2002). *Dolor país*. Buenos Aires: Del Zorzal.

Dueñas, G. (2012). "Aspectos socio afectivos y cognitivos vinculados a las concepciones docentes ligadas a la tendencia a derivar alumnos a consulta neurológica por ADD/H". Tesis de doctorado en Psicología, Universidad del Salvador.

Duschatzky, S. y C. Corea (2002). *Chicos en banda*. Buenos Aires: Paidós.

Galende, E. (1997). *De un horizonte incierto. Psicoanálisis y Salud Mental en la sociedad actual*. Buenos Aires: Paidós.

Galende, E. (2000). "Situación actual de la salud mental en la Argentina", en *Revista Salud, Problemas y Debate*, 22-31.

Goffman, E. (1998). *Internados*. Buenos Aires: Amorrortu.

Lechner, N. (1997). "Tres formas de Coordinación social. Un esquema", en *Revista de la CEPAL*, n° 61, pp. 81-87.

Luciani Conde, L. y A. Barcala (2007). *Políticas sociales y derecho a la salud. De la infancia en los márgenes a la ampliación de las condiciones de derechos para la niñez*. Buenos Aires: Teseo.

Procesos de atención en Salud Mental en la niñez desde la perspectiva de derechos: estudio en tres jurisdicciones

El proyecto de investigación desarrollado

Objetivos y metodología de trabajo

Alejandra Barcala, Leandro Luciani Conde, Cecilia Laino,
Virginia López Casariego, Celeste Lorenzini, Silvina Czerniecki,
María Micaela Bazzano, Marina Pambukdjian, Ana Laura Flores
y Laura Poverene

Introducción

El proyecto UBACyT "Los procesos de atención en Salud Mental en la niñez desde la perspectiva de derechos: estudio de las jurisdicciones Ciudad de Buenos Aires, provincia de Tierra del Fuego y provincia de Jujuy", financiado por la Secretaría de Ciencia y Técnica de la Universidad de Buenos Aires, convocatoria 2011 – 2014, tuvo como objetivo analizar los avances y desafíos actuales en la implementación de la Ley Nacional de Salud Mental (n° 26.657), particularmente en lo referido a los procesos de atención en Salud Mental en la niñez y su articulación con el Sistema de Protección Integral de los Derechos de Niñas, Niños y Adolescentes en las tres jurisdicciones mencionadas. En dicho marco de trabajo abordamos los siguientes objetivos específicos:

- Describir y analizar las políticas de Salud Mental y de protección integral de derechos de niñas, niños y adolescentes en las jurisdicciones seleccionadas.
- Describir y analizar las legislaciones nacionales y de las jurisdicciones en estudio referentes a Salud Mental y protección integral de derechos de niñas, niños y adolescentes.

- Caracterizar y analizar los servicios estatales de atención en Salud Mental destinados a niñas, niños y adolescentes y el grado de adecuación a los criterios de
  buenas prácticas en Salud Mental que presentan.
- Explorar y analizar las estrategias discursivas implementadas por los trabajadores de la salud acerca de la
  atención en Salud Mental y del derecho a la salud.

Las preguntas que guiaron la investigación fueron: ¿En
qué medida ha sido plasmado el giro dado en los principios
jurídicos desde la figura del patronato a la de los derechos
del niño, así como en la transformación del paradigma tutelar en el campo de la Salud Mental y su correlato en la
legislación específica, en las políticas de Salud Mental, en
el diseño institucional de la atención de los problemas de
salud mental de las niñas y niños, y en las prácticas concretas de los cuidados que se les brindan? ¿Las transformaciones operadas han favorecido el acceso y la calidad de los
servicios de salud, han colaborado a reducir las inequidades y mejorado el problema de la exclusión social en salud,
garantizando así los derechos del niño?

Los supuestos previos (De Souza Minayo, 1995) que
orientaron el proceso de investigación son los siguientes:

- Las políticas y las legislaciones destinadas a niñez y
  adolescencia han sido consideradas un avance importante respecto al Sistema de Protección Integral de los
  Derechos de Niñas, Niños y Adolescentes, pero existe una tensión entre las lógicas de atención en Salud
  Mental en la niñez y el paradigma de la garantía de
  derechos vigente.
- La ausencia de estas modalidades de atención contribuye a la continuidad y reproducción de un modelo
  asilar manicomial como respuesta al sufrimiento psíquico de los niños y favorece los procesos de medicalización en la niñez.

- La construcción de una interpretación acerca de los modos en que los principios que incorporaron la *Convención Internacional sobre los Derechos del Niño* (CIDN) y la Ley Nacional de Salud Mental promueven la transformación de las políticas de niñez, las prácticas y los modelos de atención pública destinados a la misma, y facilitará la comprensión de este proceso para alcanzar una articulación más racional entre el marco de los principios jurídicos, las políticas, los planes, los programas y las prácticas, tendiente a aportar al proceso de construcción y consolidación de los sistemas de protección integral de derechos en cada uno de los ámbitos locales.

Diseño metodológico

El estudio se llevó a cabo mediante un diseño descriptivo analítico transversal que aborda su objeto de análisis a través de un estudio de caso, enmarcado en un abordaje de tipo cualitativo (De Sousa Minayo, 2003; Vasilachis, 2007). Toma distintos aspectos del enfoque de *Investigación en Sistemas y Servicios de Salud* (Paim, 2000), en particular una de las dimensiones centrales de este modelo, como es el estudio de las desigualdades y barreras en el acceso a la utilización de los servicios. En la delimitación del objeto, este enfoque privilegia la articulación académica interdisciplinaria y la existente entre esa actividad y los decisores de políticas sociales; también, con el objeto de posibilitar la transferencia de los conocimientos producidos en el proceso de investigación, incluye la visión de los actores.

Dada la complejidad de la problemática en estudio, se utilizó el método de investigación en sistemas complejos (García, 1986 y 1989); la elección de esta línea respondió a la necesidad de utilizar una metodología que permitiera estudiar los procesos y múltiples factores (y niveles de análisis) implicados en el problema, y favoreciera la articulación entre ellos. Este método permite la articulación entre las dimensiones políticas, económicas, sociales, institucionales y las prácticas singulares de los actores, en busca de comprender en qué medida éstas determinan procesos de subjetivación en la niñez. En este sentido, se trabajó con los niveles macrocontextual (económico, social, político y normativo), de metaprocesos (dimensión institucional) y de procesos básicos (nivel singular en las representaciones y prácticas de los actores sociales institucionales).

En este marco, se utilizó una estructura compleja de *matrices de datos* (Tabla 1) que permitió analizar y sistematizar la mayor cantidad de relaciones lógico-metodológicas relevantes que se establecen entre matrices de distinto nivel, y abordar las diferentes dimensiones de la complejidad (Samaja, 1993 y 2004) articulando las prácticas en Salud Mental con el escenario macrocontextual en el que se producen (Stolkiner, 2008).

Tabla 1. Estructura de matrices de datos.

Matriz contextual (nivel supraunitario)	Estado (políticas públicas y legislaciones).
Nivel focal de anclaje (nivel unitario)	Prácticas institucionales (organización y gestión de servicios y programas de atención en Salud Mental).
Matriz de componentes (nivel infraunitario)	Actores sociales (prácticas discursivas de actores estatales efectores de políticas públicas).

El análisis de los diversos niveles con el énfasis en el *focal de anclaje* –matriz central de datos– adoptado posibilitó el aporte y construcción de conocimientos que intentaran colaborar en la implementación, modificación y mejoras de las prácticas orientadas a favorecer la equidad en salud.

La investigación se centró en un período temporal establecido entre 2010 y 2014, y tuvo como objeto de estudio las transformaciones ocurridas luego de transcurrido el primer quinquenio desde la sanción, en 2005, de la Ley Nacional Protección Integral de los Derechos de Niñas, Niños y Adolescentes (n° 26.061), que adecua la normativa nacional a la CIDN, y a partir de la sanción en 2010 de la Ley Nacional de Salud Mental (n° 26.657) y su reglamentación, en 2013.

Se trata de un estudio de casos múltiple (Cea D'Ancona, 2001), compuesto por las jurisdicciones Ciudad de Buenos Aires y provincias de Tierra del Fuego y de Jujuy, que fueron seleccionados intencionalmente según los siguientes criterios:

- Criterio en común: la existencia de legislación específica sobre Protección Integral de Derechos del Niño, es decir, de la Ley n° 114 de la Ciudad de Buenos Aires, la Ley n° 5288 de la provincia de Jujuy y la Ley n° 521 de la provincia de Tierra del Fuego.
- Criterio de diversidad geográfico: las jurisdicciones presentan una marcada heterogeneidad geográfica, ya que responden a diferentes regiones y realidades sociosanitarias del país.

Descripción muestral

Se incluyeron los servicios destinados a niños y adolescentes comprendidos entre 0 y 18 años que se desarrollan en el territorio en los tres niveles de atención: primario, secundario y terciario.

Las *dimensiones seleccionadas* en función del interés de la investigación, que orientaron el proyecto anticipatorio (Montero, 1999) fueron las siguientes: modelos de políticas

sociales y de protección social de la niñez y sus transformaciones; concepciones y valoraciones respecto al derecho a
la salud, la atención y cuidados de la Salud Mental infantil;
lineamientos, articulaciones, tensiones, conflictos; características de la dinámica sectorial e institucional (vínculos
entre los actores); caracterización de programas y servicios: modalidad de acciones, intervenciones, estrategias y
prácticas; dimensión territorial de las acciones (georrefe-
renciación de efectores y tecnologías de atención); niveles
de cobertura y accesibilidad a los servicios; integralidad e
intersectorialidad de las intervenciones; aplicación de criterios de buenas prácticas; capacitación en protección de
derechos de los recursos humanos; relación y adecuación
o no entre las legislaciones, las políticas y los programas
e intervenciones desarrolladas; y las interfaces entre ellas
(Tabla 2).

Tabla 2. Dimensiones seleccionadas en función del interés de la
investigación.

Estado (políticas de protección integral de derechos en la niñez y legislaciones)	Modelos de políticas sociales y de protección social de la niñez: sus transformaciones. Concepciones y valoraciones respecto al derecho a la salud y la atención y cuidados de la Salud Mental infantil. Lineamientos, articulaciones, tensiones, conflictos.

Instituciones	Características de la dinámica sectorial e institucional (vínculos entre los actores). Caracterización de programas y servicios: modalidad de acciones, intervenciones, estrategias y prácticas. Dimensión territorial de las acciones (georreferenciación de efectores y tecnologías de atención). Niveles de cobertura y accesibilidad a los servicios. Integralidad e intersectorialidad de las intervenciones. Aplicación de criterios de buenas prácticas. Capacitación en protección de derechos de los recursos humanos.
Prácticas discursivas de trabajadores de la Salud Mental, y niñas, niños y familiares.	Conocimiento de la legislación y los derechos. Concepciones y valoraciones respecto de la niñez, prácticas en Salud Mental, protección social y derechos. Identificación de facilitadores y obstáculos de las prácticas. Articulaciones, tensiones y conflictos entre los actores.
Interfaces	Relación y des/adecuación entre las legislaciones, las políticas y los programas e intervenciones desarrolladas.

Fuentes de información y técnicas de recolección de datos

En función del enfoque metodológico delimitado se utilizaron distintos procedimientos según el tipo de información requerida para cada una de las dimensiones analíticas propuestas y de acuerdo a los tres niveles de análisis mencionados. El carácter heterogéneo y complementario de estas fuentes de recolección de datos favoreció el análisis secuencial y dialéctico de la información. Estos datos se recogieron a partir de:

- Estudio documental de campo: legislaciones y políticas, programas, planes y normativas; convenciones, recomendaciones y directrices internacionales, y producción de servicios de Salud Mental.
- Análisis de datos de fuentes secundarias; estadísticas; características generales de la situación social y sanitaria de la niñez.
- Entrevistas a informantes claves según su carácter intencional, dinámico y secuencial (Rodríguez Gómez, Gil Flores y García Jiménez, 1996): actores con responsabilidad político-técnica y legislativa involucrados en la gestión y ejecución de políticas estatales.
- Observación participante: foros, redes de Salud Mental.
- Grupos focales (De Sousa Minayo, 1995): muestreo teórico o intencional.
- Entrevistas en profundidad: semiestructuradas, con una guía o cuestionario abierto con los principales ejes temáticos para cada tipo de informante.

Criterios de selección muestral y características de la muestra

Se utilizó un muestreo no probabilístico intencional. Dicho muestreo fue de carácter individual, holístico y no directivo a informantes seleccionados (Ruiz, 1996), y la cantidad de sujetos se decidió por saturación. Se entrevistó a referentes políticos, directores de Salud Mental, gestores de programas o instituciones y legisladores; profesionales de servicios (psicólogos, médicos psiquiatras, trabajadores sociales, etc.) y otros integrantes de los equipos de Salud Mental (acompañantes terapéuticos, operadores comunitarios, agentes sanitarios, etc.).

Cuestiones éticas

En este estudio, la participación de las personas siguió los principios de igualdad, voluntariedad, anonimato, confidencialidad y seguridad. En todos los casos se explicó al entrevistado los motivos de la investigación y se le solicitó la firma de un consentimiento informado.

Procesamiento de datos recabados

El análisis de los datos cualitativos se realizó siguiendo los enfoques procedimentales (Rodríguez Gómez, Gil Flores y García Jiménez, 1996) que incluyen el desarrollo de tareas de reducción de datos, disposición de datos y extracción-verificación de conclusiones (Huberman y Miles, 1994). Se organizaron temporalmente los materiales, de acuerdo a la seriación de eventos tanto a nivel macro, al trabajar con las políticas, como a nivel micro, al trabajar con las prácticas de intervención.

El análisis de las entrevistas en profundidad y de los grupos focales se centró en el estudio de las *estrategias discursivas* (Edwards y Potter, 1992; Potter, 1998; Montero, 1999) y *retórico-argumentativas* (Luciani Conde, 2002) presentes en los corpus delimitados en relación con las categorías analíticas de interés de la investigación y las dimensiones significativas consideradas (De Souza Minayo, 1995).

El procesamiento de los datos cualitativos se llevó a cabo a través del software *Atlas Ti* para categorizarlos y armar redes conceptuales que permitieron su interpretación.

Se elaboró una guía de pautas para organizar la recolección y análisis de las diversas fuentes, a fin de validar y hacer un control cruzado de las conclusiones obtenidas.

El diseño incluyó como estrategias de integración metodológica (Bericat, 1998) los procedimientos de combinación y de triangulación en cuatro de sus vertientes (Jannesick, 1994): de datos, teórica, de investigadores y de disciplinas.

Bibliografía

Bericat, C. (1998). *La integración de los métodos cuantitativo y cualitativo en la investigación social.* Barcelona: Ariel.

Cea D´Ancona, M. (2001). "Metodología cuantitativa: estrategias y técnicas de investigación social", en *Síntesis Sociológica*, pp. 123-157. Madrid.

De Souza Minayo, M. C. (1995). *El desafío del conocimiento. Investigación cualitativa en Salud.* Buenos Aires: Lugar.

De Souza Minayo, M. C. (2003). "Ciencia, técnica y arte: el desafío de la investigación social", en M. C. De Souza Minayo (org.), *La investigación social. Teoría, método y creatividad.* Buenos Aires: Lugar.

Edwards, D. y J. Potter (1992). *Discursive Psychology.* London: Sage.

García, R. (1986). "Conceptos básicos para el estudio de los sistemas complejos", en E. Leff (comp.), *Los problemas del crecimiento y la perspectiva ambiental del desarrollo,* Buenos Aires: Siglo XXI.

García R. (1989). "Dialéctica de la integración en la investigación interdisciplinaria". Presentación, IV Jornadas de Atención Primaria de la Salud y I de Medicina Social. Buenos Aires, noviembre.

Huberman, A. y M. Miles (1994). "Data management and analysis methods", en N. Denzin e Y. Lincoln (ed.) *Handbook of qualitative research.* London: Sage.

Janesick, V. J. (1994). "The dance of Qualitative research design. Metaphor, methodolatry and meaning", en N. Denzin e Y. Lincoln (ed.) *Handbook of qualitative research.* London: Sage.

Luciani Conde, L. (2002). "Metáforas de la salud. Retórica y argumentación en el discurso de la sociedad civil", en *Investigaciones en Psicología*, Revista del Instituto Investigaciones de la Facultad de Psicología, año 7, nº 2. Universidad de Buenos Aires.

Montero, M. (1999). *Los sonidos del silencio: construcción y destrucción del otro en el discurso político*. Caracas: Instituto de Psicología. Univ. Central de Venezuela.

Paim, J. S. (2000). "Redefiniciones posibles en la investigación en sistemas y servicios de salud", en C. Almeida (ed.), *Investigación en sistemas y servicios de salud*. Cuadernos para discusión, n° 1. Rio de Janeiro: CIID-FIOCRUZ.

Potter, J. (1998). *La representación de la realidad. Discurso, retórica y construcción social*. Barcelona: Paidós

Rodríguez Gómez, G., J. Gil Flores y E. García Jiménez (1996). *Metodología de la investigación cualitativa*. Málaga: Aljibe.

Ruiz, J. (1996). *Metodología de la investigación cualitativa*. Bilbao: Universidad de Deusto.

Samaja, J. (1993). *Epistemología y metodología, elementos para una teoría de la investigación científica*. Buenos Aires: Eudeba.

Samaja, J. (2004). *Proceso, diseño y proyecto en investigación científica*. Buenos Aires: JVE.

Stolkiner, A. (2008). *Las dimensiones políticas de la investigación psicológica*. Buenos Aires: JVE.

Vasilachis de Gialdino, I. (dir.) (2007). *Estrategias de investigación cualitativa*. Buenos Aires: Gedisa.

Salud Mental y protección integral de derechos en niñas, niños y adolescentes en la provincia de Jujuy

Alejandra Barcala, Leandro Luciani Conde, Celeste Lorenzini, Virginia López Casariego, Cecilia Laino, Silvina Czerniecki y Marina Pambukdjian

Introducción

En el presente capítulo se describen y analizan las políticas de Salud Mental de la provincia de Jujuy y se caracterizan las respuestas institucionales del sistema sanitario en materia de Salud Mental infantil y su articulación con el Sistema de Protección Integral de los Derechos de Niñas, Niños y Adolescentes. La investigación se realizó en el marco del proyecto UBACyT "Procesos de atención en Salud Mental en la niñez desde la perspectiva de derechos: estudio de las jurisdicciones Ciudad de Buenos Aires, provincia de Tierra del Fuego y provincia de Jujuy. Metodología de la investigación" ya descrito. El trabajo de campo se realizó en el período 2013-2014 de acuerdo a las pautas descritas en el capítulo "El proyecto de investigación desarrollado. Objetivos y metodología de trabajo".

En este caso, se partió del análisis de las estrategias discursivas implementadas por los trabajadores de la salud acerca de los cuidados en Salud Mental y del derecho a la salud, con enfoque en las marchas y contramarchas –o fortalezas y debilidades– en la aplicación desde la perspectiva de derechos. Como fuentes de información primaria se entrevistaron 13 personas (un grupo focal y siete entrevistas individuales) que se desempeñaban en programas o instituciones pertenecientes al Ministerio de Salud del Gobierno de la Provincia de Jujuy –Programa de Salud Integral en la Adolescencia de la Dirección de Maternidad e Infancia, Coordinación Provincial de Salud Mental, Secretaría de Planificación en Políticas y Regulación Sanitaria, Hospital Maimará (departamento Tilcara)–, en el Centro de Asistencia Integral a la Niñez, Adolescencia y Familia (CAINAF) Barrio Chijra (San Salvador de Jujuy); en la Secretaría de Niñez Adolescencia y Familia, Ministerio de Desarrollo Social del Gobierno de Jujuy; en el Centro Educativo Terapéutico, Fundación IDEAS, y participantes de la Asociación Jujeña de Familiares con Esquizofrenia (AJUPEF).

Acercamiento al contexto sociosanitario

La provincia de Jujuy –ubicada en el noroeste de la República Argentina, en el límite con Chile y Bolivia– posee zonas con marcadas diferencias geográficas y de biodiversidad, y un acervo cultural de inconmensurable riqueza que se evidencia en las múltiples comunidades que sostienen prácticas ancestrales vinculadas tanto a la reproducción biológica como a la reproducción simbólico-cultural.

La presencia significativa de pueblos indígenas de distintas etnias y de población migrante propone una mirada respetuosa de la interculturalidad en el marco del enfoque de derechos humanos.

De acuerdo a los datos proporcionados por el Censo Nacional de Población, Hogares y Viviendas de 2010, la provincia tiene 673.307 habitantes, concentrados principalmente en los departamentos de Dr. Manuel Belgrano (donde se encuentra la capital de la provincia, San Salvador de Jujuy), El Carmen, Ledesma, Palpalá y Yavi. El 8% de los habitantes se reconoce como indígena o descendiente de pueblos originarios, en tanto que el 4% representa a los migrantes. El 29,1% de la población tiene menos de 15 años, el 11%, entre 15 y 19 años y el 5,9%,, más de 60 años.

Respecto al acceso a servicios de salud, según este Censo, el 42% de sus habitantes cuenta con obra social (lo cual también nos habla de empleo formal de los adultos) y el 45% tiene acceso únicamente al sistema público estatal de salud. Según datos de la Dirección de Estadísticas e Información en Salud del Ministerio de Salud de la Nación, en 2013 la tasa de mortalidad infantil fue de 11,8/mil, superior a la media nacional de 10,8/mil para el mismo período. Y de acuerdo a lo informado por la Organización Mundial de la Salud, en 2009 la inversión del gasto en salud sobre el total de la provincia fue de un 15,75%, en tanto que la inversión en Salud Mental alcanzó el 2% del presupuesto total de salud.

El sistema de servicios de salud provincial

Aunque cuentan con características propias, los servicios de salud de Jujuy conforman la trama y los entrecruzamientos propios del sistema de servicios de salud de nuestro país, con sectores: público, privado y de las obras sociales. Dentro de este contexto, la investigación se centró en los servicios de salud públicos provinciales, cuya rectoría está a cargo del Ministerio de Salud. En su estructura, éste cuenta con las secretarias de Planificación en Políticas y Regulación Sanitaria, de Coordinación de Atención de la Salud y de Determinantes de la Salud y Relaciones Sanitarias; cada una de ellas, a su vez, coordina direcciones, coordinaciones, departamentos y programas provinciales y municipales y su articulación con los programas nacionales.

El sistema público de salud se organiza en zonas sanitarias (Zona 1: Centro; Zona 2: Valles; Zona 3a: Ramal 1; Zona 3b: Ramal 2; Zona 4: Quebrada y Zona 5: Puna), cada una cuenta con uno o más hospitales generales cabecera de área programática que tienen a cargo una extensa red de Centros de Atención Primaria de la Salud (CAPS), postas sanitarias y Centros de Integración Comunitaria (CICs). Es decir que el sistema de salud presenta una delimitación geográfica, administrativa, organizacional y de responsabilidad sanitaria con efectores distribuidos en los territorios que reduce la brecha vinculada a la accesibilidad geográfica, dada la estrategia de atención primaria de la salud (APS) en articulación con los distintos niveles de complejidad.

Con respecto a la infraestructura sanitaria, está compuesta por dos hospitales generales de referencia (Hospital Pablo Soria y Hospital de Niños Héctor Quintana), ambos con un 3° nivel de complejidad, 22 hospitales de 1° y 2° nivel de complejidad, 259 CAPS, y 31 postas sanitarias y CICs. También existen instituciones monovalentes para la atención en Salud Mental y adicciones: el Hospital Psiquiátrico Néstor Sequeiros, la comunidad terapéutica Vicente Arroyabe y el centro ambulatorio de atención a personas con consumo problemático de sustancias El Umbral.

Los hospitales cabecera de área programática tienen equipos de salud (psicosociales y médicos) que incluyen licenciados en Psicología, Trabajo Social, Educación para la Salud, Fonoaudiología y médicos generalistas, entre otros, quienes realizan sus prestaciones semanalmente en el marco de la atención en consultorios externos. A su vez, a fin de disminuir la brecha en la accesibilidad a servicios específicos que no pueden ser brindados por los agentes sanitarios o enfermeros, los equipos se trasladan de manera programada mensual o bimensual a zonas geográficamente alejadas del hospital cabecera. Los casos de urgencia, tanto diagnóstica como de seguimiento, son derivados por los efectores que componen la red de atención primaria al hospital cabecera, entidad con la cual están en comunicación permanente.

En el caso de crisis o padecimientos vinculados a la Salud Mental se opera de igual manera; sin embargo, al estar centralizados en San Salvador de Jujuy los servicios con médicos especialistas en Psiquiatría y Neurología, las personas que atraviesan situaciones de padecimiento mental de mayor complejidad o requieren diagnóstico diferencial ven dificultada la accesibilidad a los mismos.

La Salud Mental: dispositivos para niñas, niños y adolescentes

La Coordinación Provincial de Salud Mental, que depende de la Secretaría de Determinantes de la Salud y Relaciones Sanitarias del Ministerio de Salud de Jujuy, tiene como funciones la formulación de la política de Salud Mental para la provincia y la elaboración del proyecto de Red Provincial de Salud Mental y del Plan Operativo de constitución de equipos y articulación de los diferentes niveles, privilegiando la APS.

Si bien no existe al momento un plan provincial de Salud Mental formulado como tal, en las diversas acciones desarrolladas por la Coordinación prevalece una orientación a trabajar desde la prevención y promoción de la Salud Mental, apoyando y reforzando las diversas acciones que se implementan desde la red de APS.

De acuerdo a la información proporcionada por este organismo, en 2013 el sistema contaba con 22 psiquiatras y 87 psicólogos distribuidos de la siguiente manera: 37 psicólogos y 11 psiquiatras en hospitales generales, 21 psicólogos y 11 psiquiatras en el Hospital Psiquiátrico Néstor Sequeiros, 24 psicólogos en puestos de salud y 5 psicólogos en el centro ambulatorio especializado en adicciones.

Este dato pone en evidencia dos aspectos fundamentales: por un lado, el déficit de recursos humanos en materia de Salud Mental, y por otro, un importante número de efectivos que se encuentran en estructuras monovalentes y en un 3° nivel de complejidad, en detrimento de un sistema territorial y comunitario de trabajo en el campo.

Desde 2012, a partir del acuerdo de colaboración con la Dirección Nacional de Salud Mental y Adicciones, dependiente del Ministerio de Salud de la Nación, se inauguró en el Hospital San Roque la primera guardia activa de 24 horas especializada en Salud Mental. Hasta ese momento, los residentes de Psicología Clínica y Comunitaria realizaban, como parte de su formación, guardias en el Hospital Pablo Soria, donde asisten personas de 15 años o más.

Los funcionarios de la Coordinación de Salud Mental destacan que el Hospital Sequeiros ha iniciado, hace más de 15 años, un proceso de reforma para virar de un modelo de hospital de neto corte manicomial a uno de contención del episodio agudo de la patología mental, y realiza actualmente asistencia a usuarios mayores de 14 años. Además de internación en Salud Mental y consultorios ambulatorios de Psiquiatría y Psicología, este Hospital Psiquiátrico cuenta con referentes de Clínica Médica, Odontología, Nutrición, Trabajo Social, terapia ocupacional y hospital de día.

También tiene sede allí la "Residencia de Psicología Clínica y Comunitaria" para la formación de psicólogos, que –a pesar de la transformación que viene impulsando– sostiene en su programa contenidos constituidos en un 70% de orientación clínica y un 30% de tipo comunitario, con lo cual es de esperar que las prácticas sigan reproduciendo el modelo asistencial clásico de consultorio basado en la atención individual.

De este modo, el cierre definitivo de la institución manicomial y la sustitución por dispositivos comunitarios y atención de personas en crisis en hospitales generales es un desafío que continúa pendiente.

Para asistir la totalidad de la población de entre 0 y 14 años, la provincia cuenta con un solo servicio especializado en Salud Mental infanto-juvenil: es el perteneciente al Hospital de Niños Héctor Quintana, de la ciudad capital, donde se reciben derivaciones de todo el sistema de salud provincial. Cuenta con un servicio de Neurología y un equipo conformado por ocho psicólogas y una psiquiatra, que realizan todo tipo de prestaciones, desde acompañamiento prequirúrgico hasta tratamientos psicoterapéuticos.

Por otra parte, solamente 14 de los 22 hospitales generales cuentan con un psicólogo que trabaja con niñas, niños y adolescentes, cuyas prestaciones pueden resumirse en diagnóstico, tratamiento y seguimiento. Y solo en dos de ellos hay un psiquiatra, que asiste todas las problemáticas que se presentan en las comunidades así como todas las edades. A su vez desde la Red de Atención Primaria, son minoritarios los puestos de salud, CICs o postas sanitarias que cuentan con un psicólogo, y éstos realizan todo tipo de prestaciones, cuestión que redunda en una sobredemanda del profesional y poca especificidad del abordaje.

Es importante destacar que la provincia no cuenta con programas específicos ni dispositivos terapéuticos o de rehabilitación para niñas, niños y adolescentes con trastornos mentales severos. Lo que pone de relevancia al sector de las ONGs como un actor protagónico en el campo de la discapacidad psicosocial. De acuerdo a datos aportados por la Federación de Entidades para Personas Discapacitadas de Jujuy (FENDIJ), hay en la provincia 28 asociaciones, fundaciones, institutos y cooperativas que brindan distintos servicios tanto de diagnóstico, tratamiento y rehabilitación como de acompañamiento para padres o familiares de personas con discapacidades diversas. Es desde el tercer sector que se ofertan servicios específicos vinculados con la atención de los trastornos mentales severos en niñas, niños y adolescentes.

Las infancias invisibles: aproximación desde la perspectiva de los decisores políticos y los trabajadores del sector salud

A partir de la sanción, en 2005, de la Ley Nacional de Protección Integral de los Derechos de Niñas, Niños y Adolescentes (n° 26.061) y de la Ley Nacional de Salud Mental (n° 26.657), en 2010, se abrió en nuestro país un nuevo capítulo en la transformación de los sistemas jurídico sanitario. Estas normativas abandonan el modelo tutelar de patronato y avanzan en el reconocimiento y ejercicio pleno de derechos para los colectivos otrora no reconocidos como sujetos. Su aplicación empuja un andamiaje esclerosado a movilizarse de cara a su aplicación.

En materia de protección integral de los derechos de las niñas, niños y adolescentes en su intersección con el campo de la Salud Mental, impulsan no sólo la deconstrucción de prejuicios acerca de cómo es concebido el "ser niño", sino también las implicancias de que experimenten una situación de sufrimiento psíquico o mental y su correlato con la creación y/o adecuación de dispositivos de trabajo desde el nuevo enfoque.

Si bien no se cuenta con información epidemiológica oficial y actualizada para el sector en la provincia de Jujuy, según los entrevistados las problemáticas prevalentes en el área de Salud Mental son el alcoholismo, las adicciones, los suicidios y la discapacidad.

Tal como se detalló, para dar lugar a la demanda de tratamiento o intervención pediátrica, la provincia cuenta solamente con el Hospital de Niños Héctor Quintana y pediatras en el resto de los hospitales provinciales.

En materia de Salud Mental de niñas, niños y adolescentes, según un informante clave, se plantea:

> "[…] Un primer obstáculo: el hospital pediátrico tiene una edad tope de quince años, es decir que está partiendo la adolescencia en dos ya que, a partir de los quince, debería atenderse en un hospital de adultos" (médico pediatra, secretario de Planificación en Políticas y Regulación Sanitaria).

Esta cuestión denota cierta dificultad para un abordaje integral del sujeto, dada la fragmentación desde la que opera la política sanitaria que redunda en la desarticulación en el abordaje y tratamiento, sumado a una escasa especificidad en el enfoque de las adolescencias, al entender que una persona cumplidos los 15 años deberá ser asistida en el Hospital Psiquiátrico.

La Dirección Provincial de Maternidad e Infancia, dependiente de la Secretaria de Planificación en Políticas y Regulación Sanitaria, desarrolla el Programa de Salud Integral en la Adolescencia, cuya tarea principal es motorizar en toda la provincia los Consultorios Integrales del Adolescente, para jóvenes de entre 10 y 19 años, a la par que dar una orientación estratégica en la materia. Desde este Programa se realizan múltiples articulaciones con diversas instituciones estatales y no estatales, tanto del área salud como de otros sectores, y con anclaje provincial y nacional. Sin embargo, de cara a la aplicación del enfoque de Protección Integral de Derechos y de la Ley Nacional de Salud Mental los informantes plantean la insuficiencia de las experiencias.

> "Me gustan los trabajos [...] que se están desarrollando [...] y ver realmente cómo se puede, desde el Estado, hacer un acompañamiento. Pero que llega a ser insuficiente, porque no se completan todos los tipos de atención que deben recibir estos chicos y chicas. Pero, por lo menos, ya van teniendo a alguien a quien referenciarse, pueden ir superando algunas situaciones. Pero las respuestas, yo creo, tienen que ser más totales, más integrales, más completas" (licenciada en Educación para la Salud, coordinadora del Programa de Salud Integral en la Adolescencia).

Se remarca de este modo el rol que el Estado, como garante del ejercicio pleno de derechos, tiene en la materia, reconociendo a su vez la capacidad instalada en el ámbito territorial y demarcando como punto crítico la fragmentación tanto del enfoque como de las prácticas o intervenciones que de ellas se derivan.

Uno de los ejes del marco político estratégico del Ministerio de Salud de la provincia apunta al fortalecimiento de procesos de gestión integrada y fundamentalmente a la profundización de la estrategia de APS, basada en un fuerte componente de orden preventivo promocional y como puerta de entrada a todo el sistema de salud. Desde este enfoque se revaloriza a la "comunidad" como protagonista de los procesos que atañen a su salud/enfermedad/atención y a los agentes sanitarios como representantes del sistema de salud en el territorio, aunque se reconocen las tensiones existentes entre los enunciados y la realidad.

"El ministro ha definido un modelo de salud basado en el primer nivel y esto significa que el primer nivel tiene que ser la puerta de entrada al sistema. Ahora, el sistema no puede ver lo que no le enseñás a ver, lo que no entrenás a ver. […] el primer nivel está poco entrenado en ver Salud Mental, hay muchísimo prejuicio […]" (médico pediatra, secretario de Planificación en Políticas y Regulación Sanitaria).

"[…] La estrategia de APS […] es una pata fuerte dentro de lo que es la provincia que desde lo enunciativo tiene mucha más importancia que en la realidad concreta" (trabajadora social, Hospital Maimará).

En el marco de la estrategia de APS, el enfoque de Salud Mental ha sido poco desarrollado en la provincia, en tanto que la Salud Mental infanto-juvenil ha sido un campo invisibilizado.

"[…] Se incorporaron profesionales, pero todavía es una etapa oscura la atención de niños. Yo siempre me preguntaba con mi experiencia como médico de tantos años: ¿quién atiende y dónde están los niños autistas?" (médico psiquiatra, coordinador provincial de Salud Mental).

Desde la esfera pública, las problemáticas del campo de la Salud Mental de niñas, niños y adolescentes se vieron reducidas a lo asistencial, circunscriptas principalmente a intervenciones en el Hospital de Niños o el Hospital Psiquiátrico, luego de cumplidos los 15 años. Se reduce de esta manera la complejidad que reviste el área de la Salud Mental infanto-juvenil a la mirada biomédica, pediátrica o psiquiátrica.

Todos los entrevistados coincidieron en plantear la ausencia de políticas en esa área para la infancia y la adolescencia, a lo que se suma la falta de recursos humanos, la desarticulación existente entre los distintos niveles de complejidad del propio sistema de salud y los dispositivos de otros ministerios, lo que obstaculiza a la población el acceso a un diagnostico precoz y tratamiento oportuno.

"[…] Fue bastante lento. Justamente, por los protocolos y la burocracia que hay siempre cuesta, y ese tiempo que lleva el niño o el adolescente sin tratamiento es muy perjudicial para ellos. Entonces, esto tiene que ser mucho más rápido, tiene que estar más organizado, tiene que estar coordinado y que todas las instituciones del Estado trabajen en conjunto" (integrante activo de AJUPEF).

"Inclusive nos cuesta un montón conseguir un turno. Es todo un proceso y está saturado el sistema de Salud Mental. Pero políticas de salud no hay" (referente de CAINAF).

A la par que favorecen la creación de diversas organizaciones de la sociedad civil, las fundaciones e instituciones organizan dispositivos de rehabilitación, tratamiento y acompañamiento para dar curso a respuestas terapéuticas brindadas parcialmente desde la esfera pública. De este modo, se observa una transferencia desde lo público al sector privado tanto de los posibles usuarios como de fondos a través de la asignación de recursos humanos. Transferencia considerada insuficiente por las ONGs.

"[…] Nosotros trabajamos con obras sociales. Desde el Estado a nosotros solamente nos dieron, en estos veinte años, diez cargos. Totalmente injusto porque otras instituciones tienen el cien por ciento, pero bueno, tienen mucho peso. Entonces nosotros tenemos diez cargos" (fonoaudióloga, coordinadora del Centro Educativo Terapéutico de la Fundación Ideas).

A fin de dar lugar al diseño de posibles respuestas, desde todas las instancias gubernamentales se han comenzado a pensar problemáticas y estrategias de intervención interdisciplinarias desde una perspectiva intersectorial con una mirada familiar y comunitaria a fin de efectivizar los derechos de niñas, niños y adolescentes.

> "[…] Educación y desarrollo social en el área de Salud Mental son muy importantes, es la otra pata de la mesa, que recién estamos conociendo y coordinando, recién estamos haciendo planes conjuntos entendiendo que éste es un problema de todos" (médico psiquiatra, coordinador provincial de Salud Mental).

Una respuesta de articulación intersectorial implementada la constituyen los CAINAF, centros con servicios de atención específica orientados a la promoción, protección y restitución de los derechos de niñas, niños y adolescentes y sus familias.

> "[…] A partir de ahora es que estamos viendo de articular y de hacer esa corresponsabilidad del sistema de protección integral que se requiere. El otro día hablábamos mucho del asociativismo. Es una gestión asociada. Que yo haga mi parte, que Salud haga su parte, que Educación haga su parte y vayamos todos para el mismo lado en la corresponsabilidad. Esto lo plantea la Ley de Protección Integral. Pero cuesta porque hay trabas […]" (miembro de CAINAF).

De acuerdo a otros testimonios, también se están fortaleciendo las articulaciones entre distintas áreas del Ministerio de Salud provincial y nacional:

> "[…] Surgen por articulaciones de ambos programas, tanto por el programa de la provincia de Salud Mental como del programa provincial de Adolescencia, en consonancia con los programas nacionales. No solamente con el intento de

suicidio, sino también con el consumo episódico excesivo de alcohol" (licenciada en Educación para la Salud, coordinadora Programa de Salud Integral en la Adolescencia).

Sin embargo, quedan evidenciadas diversas texturas de un campo invisibilizado que a partir de la confluencia de múltiples fuerzas en juego, comienza a ser problematizado a fin de optimizar prácticas y crear nuevas estrategias.

Marchas y contramarchas en la aplicación de la perspectiva de derechos de la infancia y adolescencia en Salud Mental

La sanción de la Ley Nacional de Salud Mental ha propiciado procesos de cambio con diferentes alcances en la provincia de Jujuy. Por un lado, se perciben cambios en las representaciones acerca de los procesos salud/enfermedad en Salud Mental, con la incorporación del enfoque de derechos humanos en trabajadores y usuarios.

"Tiene una incidencia en relación a cómo pensamos hoy la Salud Mental y cómo nos paramos hoy frente a las problemáticas que van apareciendo, cómo situamos a la comunidad frente a la Salud Mental […]. Hay una nueva mirada y eso se siente en el ambiente" (licenciada en Trabajo Social, Hospital de Maimará).

Si bien el conocimiento de esta Ley no es similar en los distintos actores provinciales, ha sido difundida por los organismos oficiales.

"Hay muchísima gente que sabe de la Ley y en base a esa normativa sabe qué pedir" (miembro de CAINAF).

"Yo creo que esta Ley nos está haciendo ver desde otro enfoque, con otra perspectiva, más en salud que en enfermedad, más en prevención que en asistencia, y eso va cambiando el personal. Por eso nosotros trabajamos con gente joven, con profesionales nobles con muchas ganas de trabajar y eso da resultado" (médico psiquiatra, coordinación provincial de Salud Mental).

Por otro lado, entre los procesos motorizados por la aplicación de la Ley se incluyen la incorporación de profesionales de Salud Mental y un nuevo dispositivo para las situaciones de urgencia.

"Creo que una de las cuestiones que se ha observado en la provincia, en virtud de una nueva política de Salud Mental, es que se han incorporado más recursos humanos […], que se pudo, dentro del programa de Adolescencia en coordinación con Salud Mental, contar con una psiquiatra infantil en el hospital pediátrico de la provincia, que no teníamos" (licenciada en Educación para la Salud, coordinadora del Programa de Salud Integral en la Adolescencia).

"[…] Hemos logrado con mucho sacrificio incorporar una guardia activa de 24 horas en Salud Mental en un hospital general de alto nivel en la provincia […]. Creo que hay cosas que van cambiando" (médico psiquiatra, coordinador provincial de Salud Mental).

Sin embargo, en el marco de estos procesos de cambio aparecen los obstáculos y desafíos de la plena aplicación del marco normativo en materia de Salud Mental, fundamentalmente vinculados a las trasformaciones institucionales y a largo plazo que requiere, basadas en una planificación estratégica en la materia y con participación amplia de todos los actores comprometidos con enfoque de derechos humanos.

"Hay como una nueva perspectiva de la Salud Mental, y a veces se siente y uno lo puede percibir en las instituciones cuando se van presentando casos, pero la verdad me parece que no existe una adecuación de la Ley en relación a lo concreto del día a día, al trabajo concreto con la gente, con la comunidad" (licenciada en Trabajo Social, Hospital Maimará).

"[...] Digamos, en cuanto a recurso concreto para transformar la intervención está complicado. No sé si contamos específicamente con una adecuación de la Ley a la realidad concreta, de recursos concretos, a nivel institucional y comunitario" (profesional del Hospital de Maimará)

La insuficiencia de dispositivos de abordaje interdisciplinarios e intersectoriales de Salud Mental es crítica en lo que refiere a niñas, niños y adolescentes con problemáticas psicosociales complejas.

"Yo creo que ahí es donde falta bastante, ¿no? Porque por ahí, justamente, como todavía no se está implementando la Ley en todo lo que es su esencia, que es la idea de que los chicos y las chicas sean atendidos como sujetos de derecho y que se tengan en cuenta sus subjetividades, todavía se observa la visión adultocéntrica que tiene que ver mucho con esta mirada de tutela que tiene el Estado por parte de los jóvenes" (referente de la Coordinación Provincial de Salud Mental).

"[...] También en cuanto a que tengan atención chicos que están desubjetivizados, chicos que están en situación de gran vulnerabilidad. Yo creo que ahí es donde están haciendo falta realmente acciones porque estos chicos son los que mueren realmente" (licenciada en Educación para la Salud, Programa de Salud Integral en la Adolescencia).

"Los hospitales te dicen que no tienen turno, estamos saturados y es exclusivo. Lo poco que logramos es por la estrategia de cada profesional del equipo. La implicancia de cada profesional, hasta dónde se implica y llega, y a veces la tenés que remar y sí, trabajamos bien con distintos sectores. Estamos tratando de armar estrategias institucionales con otros sectores como para remarla y ver. Ir logrando pequeños avances e ir logrando ciertas conquistas" (referente de CAINAF).

La estigmatización en relación a personas que atraviesan situaciones de padecimiento mental, incluyendo aquellas asociadas al consumo problemático de sustancias, plantea la necesidad de una transformación cultural y de abordajes integrales que permitan visibilizar la complejidad de estas situaciones no como obstáculo, sino como acercamientos posibles para transitar cambios que tengan como centro el respeto a las personas en tanto sujetos de derecho y el fortalecimiento de sus lazos sociales.

"También la representación de esto, que sigue habiendo un gran estigma. Hay que trabajar mucho en lo que es la representación social de una persona con adicciones, con padecimiento mental. Es como que esto se va piloteando y lo van pasando, y nadie lo contiene como corresponde desde una mirada integral" (integrante de CAINAF).

"[…] Bueno, todavía más o menos, pero se va avanzando, la cuestión es que ya está la Ley y después, hasta lograr que se ejecute, bueno, hay que crear mucha cultura al respecto, sensibilizar y tomar decisiones" (referente del Programa de Salud Integral en la Adolescencia).

La incorporación de este nuevo paradigma en Salud Mental requiere no sólo voluntades y esfuerzos individuales, sino un compromiso político en su sentido más amplio, de discusión de paradigma de salud, y de gestiones involucradas en estos cambios con la participación de la sociedad en su conjunto.

"[…] Es una decisión política […] tiene que ser el gobernador o alguien que diga: 'señores, a partir de ahora hay que hacer esto'. Y eso hay que construirlo, y lo estamos construyendo pero es lo mismo que la Ley de Salud Mental. Esa Ley uno debería desglosarla, explicarla, expandirla e ir buscando cómo se aplica en cada uno de los casos prácticos. Y ese camino lo tenemos que construir, lo tenemos que hacer" (médico pediatra, secretario de Planificación en Políticas y Regulación Sanitaria).

Conclusiones a modo de apertura

Todo cambio normativo implica su correlato en la transformación de los marcos conceptuales y en las prácticas, así como procesos de problematización de situaciones que hasta ese momento eran invisibles. En todo proceso de cambio subyacen desafíos, oportunidades, tensiones y conflictos. La constitución de nuevos sujetos sociales y el deber de oír esas voces, invitan a procesos de reflexión crítica acerca de las modalidades en que se desarrollaban las prácticas, acerca del modo en que se pensaba y conceptualizaba determinada problemática o situación.

Las niñas, niños y adolescentes con alto grado de vulnerabilidad psicosocial visibilizan una problemática compleja que requiere atención y la planificación estratégica de políticas públicas para el sector. En la provincia de Jujuy, su situación y la de sus familias en relación al derecho a la salud y al acceso al cuidado en Salud Mental está atravesada por tensiones, algunas propias de la provincia y otras estructurales, más generales de nuestro país.

En relación a los procesos que podríamos considerar más estructurales, entendemos que la "brecha" en el acceso al cuidado de la salud refiere a condiciones de vida y sus determinantes sociales, incluyendo los culturales propios de la provincia que son insoslayables al momento de observar quiénes serán los más postergados en la escucha y alivio de sus padecimientos, y cuáles las prioridades a visibilizar para acortar esa injusta desigualdad.

Al mismo tiempo, la estructuración de los servicios de salud en nuestro país en los sectores público-estatal, de seguridad social y privado, nos remite a una fragmentación –que por antigua no es excusa–, a la vez que puede ocultar las articulaciones que propician el crecimiento del sector privado con fondos del sector público.

Sin embargo, la provincia de Jujuy da cuenta de una red, aún no oficializada en un plan provincial de Salud Mental, con numerosas dificultades, que constituye una base muy significativa en el hacer cotidiano en *pos* de la atención en Salud Mental.

La interdisciplina e intersectorialidad persisten como desafíos, no podemos dejar de destacar la multiplicidad de actores involucrados en la atención y la promoción de la salud en Jujuy, agentes sanitarios/as y enfermeros/as en las comunidades, psicólogos/as y médicos/as en diferentes niveles de atención, aun cuestionando la visión de "servicio especializado" como aquel en el que se desempeñan profesionales pertenecientes al campo de la Psiquiatría y Neurología.

Desde el enfoque de buenas prácticas en Salud Mental, la interdisciplina y la intersectorialidad no se definen por diferentes niveles de atención acordes a especificidades médicas, sino por la posibilidad de sumar saberes, pensares, modalidades, trayectorias e inquietudes diversas, jerarquizando su articulación en *pos* de la problemática a abordar, en este caso, la situación de salud-salud mental de niñas, niños y adolescentes, y sus familias. Y es en este proceso que se reconocen e incluyen todos los entrevistados.

En relación a los procesos de estigmatización/discriminación de niñas, niños y adolescentes que atraviesan situaciones de padecimiento mental, aparecería un cierto desplazamiento o mayor estigmatización cuando estas situaciones incluyen consumos problemáticos de sustancias.

En relación al marco normativo, es interesante cómo diferentes instrumentos se operacionalizan y habilitan distintos caminos, encuentros y desencuentros.

Por un lado, la *Convención Internacional sobre los Derechos del Niño* en nuestro país aparece como un instrumento reconocido en diferentes ámbitos de la vida cotidiana de la niñez y de las políticas públicas como educación, desarrollo social, además de salud.

La Ley Nacional de Salud Mental, siendo un instrumento bastante reciente, aparece como un potente catalizador de transformaciones en el sector público de servicios de salud, en particular por parte de profesionales muy involucrados en estos cambios.

Es en el interior del "sistema de salud" –y en esa particular relación entre "el sistema de salud" y "la comunidad"– donde surge el principal desafío, al pensar cómo el enfoque de derechos en materia de infancia y Salud Mental se erige como eje transversal tanto desde la política pública como en los posicionamientos socioculturales técnico-profesionales.

Es muy probable que la red que aparece y reaparece en las entrevistas, con multiplicidad de actores, en lo que podría llamarse APS, sea mucho más que un primer nivel y no refiera a la atención primitiva que nos convocaba a diferenciar Mario Testa (1993). Esta red aparece más como una trama de posibilidades, esfuerzos y prácticas, que es importante visibilizar para abordar los importantes desafíos pendientes.

Bibliografía

Testa, M. (1993). *Pensar en salud*. Colección Salud Colectiva. Buenos Aires: Lugar.

Políticas y modelos de abordaje en Salud Mental y niñez en la provincia de Tierra del Fuego

Avatares de una transformación en curso

Alejandra Barcala, Leandro Luciani Conde, Cecilia Laino, Virginia López Casariego, Eugenia Bianchi, Silvina Czerniecki y María Micaela Bazzano

Introducción

El presente capítulo describe y analiza las políticas de Salud Mental en la provincia de Tierra del Fuego, y el modo en que la Ley Nacional de Salud Mental (n° 26.657) impactó en la adecuación de las prácticas de atención de los problemas de Salud Mental en la niñez. La investigación se realizó en el marco del proyecto UBACyT "Procesos de atención en Salud Mental en la niñez desde la perspectiva de derechos: estudio de las jurisdicciones Ciudad de Buenos Aires, provincia de Tierra del Fuego y provincia de Jujuy". El trabajo de campo se realizó en el período 2013-2014 de acuerdo a las pautas descritas en el capítulo "El proyecto de investigación desarrollado. Objetivos y metodología de trabajo".

Desde un enfoque cualitativo para el levantamiento y análisis de los datos, se trabajó con una muestra no probabilística de carácter intencional. Se analizaron diversas fuentes secundarias de información y se utilizaron como fuentes de información primaria entrevistas a informantes claves, y del campo de la Salud Mental y la niñez que trabajan en el ámbito público en la provincia (funcionarios y trabajadores de diversos efectores); asimismo, se realizó una observación participante en el Foro Regional de Salud Mental y Adiciones realizado en marzo del año 2013.

Se entrevistaron dos informantes claves y diez actores del campo de la Salud Mental y la niñez que trabajan en el ámbito público, entre ellos funcionarios del Ministerio de Salud de Tierra del Fuego (Dirección de Salud Mental, Subsecretaría de Políticas de Formación e Inclusión) y del Ministerio de Desarrollo Social (ex Subsecretaría de Políticas de Infancia); profesionales psicólogos y trabajadora social del Hospital de Ushuaia; coordinadores y profesionales de los gabinetes de Psicopedagogía y asistencia escolar de Ushuaia (Ministerio de Educación), profesionales del Programa de Adicciones, perteneciente al Ministerio de Desarrollo Social del Gobierno de la Provincia de Tierra del Fuego y al Jefe de Departamento del Centro de Abordaje de las Problemáticas de Consumo (ex-CPA), dependiente de la Dirección de Salud Mental.

El contexto local de estudio

Tierra del Fuego es la provincia más austral del país y del mundo. Tiene una superficie de 21.263 km2 y cuenta con tres ciudades –Ushuaia, Río Grande y Tolhuin– y varios parajes.

La población de la provincia está conformada en su mayoría por migrantes de otras regiones del país y el crecimiento ha sido incesante en los últimos años. Según el Censo Nacional de Población, Hogares y Viviendas de 2010, la provincia tiene 133.694 habitantes. La distribución etaria indica que un 36% de la población tiene de 0 a 19 años y si se considera hasta los 24 años esta cifra alcanza el 44,89%. La tasa de alfabetización es del 96% y la población por debajo de la línea de pobreza es de 5,6 %. Según datos de la Dirección de Estadísticas e Información en Salud del Ministerio de Salud de la Nación, la tasa de mortalidad infantil correspondiente a 2013 fue de 7,7 por mil nacidos vivos.

La provincia cuenta con un sistema de salud pública de amplia cobertura y gratuito, con la totalidad de profesionales del sistema estatal en condiciones estables de contratación y dedicación exclusiva. El modelo de atención está fuertemente centrado en el hospital. Cuenta con dos hospitales regionales –en Ushuaia (100 camas) y Río Grande (88 camas)–, doce Centros de Atención Primaria de la Salud (CAPS) (seis en cada ciudad) y el Centro Asistencial de la Comuna de Tolhuin. En el Hospital de Ushuaia hay desde 2008 una sala de 9 camas para internaciones en Salud Mental. En 2012 se sancionó la Ley Provincial n° 932 que establecía un sistema de arancelamiento de hospitales y CAPS provinciales, que no llegó a implementarse por la gestión de programas nacionales de salud y reclamos sindicales.

La actual gestión provincial promueve la reformulación y fortalecimiento de la atención primaria de la salud (APS), con participación de la comunidad en las etapas de diagnóstico de problemas, en la priorización de necesidades, y en el diseño, ejecución y evaluación de las intervenciones.

Los CAPS cuentan con equipos constituidos por médicos, enfermeros, agentes sanitarios, administrativos, mucamas y otros profesionales, en una composición variable según las necesidades. Se han incorporado profesionales de Salud Mental en todos los centros de Ushuaia y a partir de 2012 psicólogos en los CAPS de Río Grande.

En 2009, el Instrumento de Evaluación para los Sistemas de Salud Mental (IESM), publicado por la Organización Mundial de la Salud (OMS) informó que en la provincia de Tierra del Fuego había 13 establecimientos ambulatorios, 3 centros de día, 2 unidades de hospitales psiquiátricos de base comunitaria y 6 servicios exclusivos para niñas, niños y adolescentes. La provincia no poseía una institución monovalente en el sector público aunque refería dos instituciones psiquiátricas privadas de tratamiento en adicciones. El presupuesto en Salud Mental representaba el 5% del presupuesto provincial de salud, lo cual es proporcionalmente mayor que en otras jurisdicciones, aunque no alcanza el mínimo del 10% establecido por la Ley Nacional de Salud Mental y por recomendaciones internacionales. Ese documento menciona también que la presencia y el grado de desarrollo de las asociaciones de usuarios y familiares era limitado, sin participación en el diseño de las políticas provinciales.

En 2000 se sancionó la Ley Provincial de Protección Integral de los Derechos de Niños, Niñas y Adolescentes (n° 521). La provincia no cuenta con una ley de Salud Mental provincial.

La Salud Mental en Tierra del Fuego: estado de situación

En 2007 se realizó en Tolhuin el Primer Foro de Salud Mental de Tierra del Fuego bajo el lema "Hacia las Políticas de Salud Mental y Adicciones en el período 2008-2012". El Plan de Salud provincial 2008-2011 retomó el diagnóstico general de la situación elaborado en ese encuentro. Un apartado específico, "Salud Mental y Adicciones", destacaba el incremento de indicadores de malestar y/o enfermedad psíquica (suicidios, intentos de suicidio, violencia, adicciones, crisis familiares, malestar laboral y social, entre otros), la superación de la demanda frente a la oferta de servicios de Salud Mental y la ausencia de estudios epidemiológicos en la provincia.

Señala como déficit la falta de desarrollo del primer nivel de atención, la distribución deficiente de los recursos humanos profesionales disponibles (más de un 80% trabaja en el área de Educación y menos del 20% en Salud), la ausencia de dispositivos adecuados para pacientes con patologías severas (especialmente en Río Grande), la deficiencia en la coordinación interinstitucional entre Salud, Educación y Desarrollo Social, la escasa capacitación y supervisión de los agentes y profesionales, la carencia de programas preventivos en adicciones y de promoción de la Salud Mental estables y eficientes, así como una asimetría importante a favor de Ushuaia en instalaciones y personal especializado (Ministerio de Salud de la Provincia de Tierra del Fuego, Antártida e Islas del Atlántico Sur, 2007).

De acuerdo con el diagnóstico mencionado, los entrevistados refieren altos índices de demandas asistenciales insatisfechas en los servicios de Salud Mental por sobresaturación de la oferta asistencial, dificultades en el acceso al sistema de Salud Mental y destacan la ausencia de dispositivos adecuados para pacientes con problemáticas severas. En especial, en niñas, niños y adolescentes, franja poblacional considerada más crítica respecto a los problemas inherentes al área.

Estudios realizados recientemente en la provincia (Faraone y otros, 2012; Torricelli y otros, 2013) resaltan al hospital general como el efector central en la asistencia a las problemáticas de Salud Mental, y destacan la impronta asistencial divergente entre el Hospital Regional Río Grande, organizado con un tipo de asistencia tradicional, apegado al modelo hospitalocéntrico, y el hospital regional de Ushuaia, que muestra una modalidad más heterogénea y abierta, y cuenta entre sus dispositivos con un hospital de día. Como experiencias ligadas a la APS se menciona la existencia de casas de encuentro (actividad territorial vinculada a poblaciones de áreas vulnerables), la Unidad de Atención en Crisis y talleres abiertos a la comunidad. Señalan además, la inexistencia de redes familiares amplias, es decir, una situación de redes familiares acotadas como consecuencia de las características migratorias de la isla, compuesta en su mayoría por una franja poblacional joven, económicamente activa y con pocos años de residencia en el territorio.

Las políticas de Salud Mental en la provincia: una historia reciente

El Plan de Salud mencionado explicita la necesidad de formulación de políticas de Salud Mental y Adicciones en base a los lineamientos del I Foro Provincial. Propone fortalecer los efectores públicos de Salud Mental mediante el desarrollo de programas e instituciones para la prevención y el tratamiento, consolidar el trabajo en red de instituciones públicas (de áreas de Salud, Educación y Desarrollo Social), con los municipios y organizaciones sociales, articular actividades con los equipos de APS, desarrollar planes de capacitación en servicio y supervisión para los equipos de Salud Mental, impulsar la realización de estudios epidemiológicos y de investigación clínica, y favorecer el trabajo en conjunto con pacientes, familiares y la comunidad, con el objeto de promover la comprensión, la solidaridad y la no discriminación de las personas con sufrimiento mental.

Un eje prioritario del Plan lo constituye la prevención y asistencia de las adicciones, aspecto en el que promueve un viraje del enfoque abstencionista a uno de reducción de daños y riesgos; asimismo, a fin de limitar las derivaciones a Buenos Aires, el desarrollo de dispositivos de atención y talleres protegidos, hospitales de día y casas de medio camino, entre otras modalidades.

En 2009 se creó la Dirección de Salud Mental, en el marco de la Subsecretaría de Políticas de Salud del Ministerio de Salud, con el objeto de definir las políticas de Salud Mental en la provincia.

> "[…] La Dirección de Salud Mental en la provincia existe hace cinco años. Recién entonces se empezó a pensar en políticas de Salud Mental. Antes había un servicio, que hoy sigue estando […], y un CTA, que hoy llamamos de otro modo. Eran esos dos y no marcaban política. Creo que se piensa en políticas de Salud Mental hace pocos años. Concre-

tamente, la provincia tiene políticas de continuidad en esta materia hace tres años" (referente de la Dirección Provincial de Salud Mental).

Cabe destacar que los lineamientos en materia de Salud Mental y Adicciones son congruentes con el paradigma de las políticas nacionales, expresado en la Ley 26.657, aunque anteriores a su sanción. Esta concordancia paradigmática es referenciada por los entrevistados, por encima del diferente signo político-partidario entre la jurisdicción provincial y la nacional. De hecho, una de las expresiones de la articulación entre jurisdicciones fue el Foro Regional de Salud Mental y Adicciones, realizado en Ushuaia en marzo de 2013, en una convocatoria conjunta de la Dirección Nacional de Salud Mental y Adicciones (Ministerio de Salud de la Nación), y la Dirección Provincial de Salud Mental.

En referencia a la instrumentación de políticas específicas de Salud Mental destinadas a la población infantil y adolescente, los entrevistados sitúan en 2012 el inicio de un trabajo centrado en tres ejes: la creación de un hospital de día para niños con padecimiento mental (con articulación entre Salud y Educación), la capacitación de enfermeras en tópicos de cultura y crianza para niñas y niños internados (en conjunto entre el municipio, el Ministerio de Desarrollo y la Dirección de Infancia), y el trabajo comunitario.

En este armado de dispositivos para la atención de niñas, niños y adolescentes cobra especial énfasis el valor otorgado a la intersectorialidad al incluir áreas de Educación, Desarrollo Social y Justicia en las prácticas discursivas de los referentes. Esta relevancia al trabajo intersectorial para dar respuesta a la complejidad de las problemáticas en la niñez está anudada a la Ley de Protección Integral como principio de la política pública.

En este marco se propició un trabajo de capacitación a trabajadores de las distintas áreas, tendiente a la construcción y consolidación de intervenciones acordes al paradigma de protección integral. De este modo, desde los inicios de implementación de estas políticas a cargo del Ministerio de Desarrollo Social se propendió al trabajo intersectorial para el abordaje de los problemas de la niñez, tarea de articulación no exenta de dificultades dadas las tensiones entre las diversas miradas y paradigmas.

> "Había mucha disposición de otras áreas. Se trabajó muy bien con Educación y con Salud en la articulación. Con resistencias, con discusiones, pero nos podíamos enfocar y sostenernos, centrándonos en los chicos, puntualmente" (referente del Ministerio de Desarrollo Social).

En el armado de esta red de protección la articulación con los juzgados de Minoridad y Familia los resultados eran disímiles según las jurisdicciones. En el contexto provincial, las políticas de protección integral y las de Salud Mental promueven lineamientos y abordajes orientados desde una perspectiva familiar y comunitaria, con propuestas que atañen a la construcción y fortalecimiento de redes. Tienen como premisa el mejoramiento de las condiciones para el desarrollo integral de niñas, niños, adolescentes y su familia.

Entre los actores institucionales relevantes a la hora de la implementación de dichas políticas, a partir de las entrevistas, se documentaron: la Subsecretaría de Políticas de Infancia, Adolescencia y Familia, la Dirección de Salud Mental, los Centros de Abordaje a las Problemáticas de Consumo (ex-CPA), los gabinetes psicopedagógicos (inscriptos en el Ministerio de Educación como lugares estratégicos de intervención) y los municipios, que asisten a familias en situaciones de emergencia.

Una política explícita frente a un problema central sanitario

Una de las expresiones del viraje promovido en el campo de la Salud Mental se demostró en el desarrollo de una política novedosa relacionada con las derivaciones de pacientes hacia Buenos Aires, en especial de adolescentes vinculados al consumo de sustancias psicoactivas, cuadros psicopatológicos graves y discapacidad mental.

Esta situación generaba sufrimiento psíquico tanto para las personas, que eran trasladadas a un contexto ajeno, como para sus familias, y favorecía la ruptura de vínculos sociocomunitarios y familiares, y la aparición de sentimientos de exclusión y soledad; asimismo, representaba un problema desde la perspectiva sanitaria provincial, que extraterritorializaba situaciones que no podía resolver.

El nuevo enfoque, que adhería a un paradigma diferente al asistencial basado en la abstención, impulsó una reducción sustancial de las derivaciones fuera de la provincia y favorecía el regreso a la misma de las personas para su reinserción. Según un estudio realizado entre los años 2006 y 2011, hubo una tendencia decreciente en las derivaciones hacia Buenos Aires por razones de Salud Mental (de 18 pacientes al inicio del período a ninguno al final).

En este período, sobre el total de 58 derivaciones realizadas, el 77,6% correspondía a varones de 15 a 19 años y se vinculaban mayoritariamente al consumo problemático de sustancias psicoactivas muy frecuentemente presentadas como comorbilidad de trastornos antisocial de la personalidad. Previo a la implementación de esta iniciativa, la duración de las estadías se prolongaba entre 1,5 y 2,5 años. A partir de 2008, se observó una tendencia decreciente, desde un promedio de 26,3 meses en 2005 a 9,5 meses en 2009 (Dirección Nacional de Salud Mental y Adicciones, 2013).

En consonancia con el artículo 30 de la Ley Nacional de Salud Mental, se articuló el trabajo con la obra social provincial (IPAUSS), a fin de evitar derivaciones e internaciones psiquiátricas prolongadas en instituciones monovalentes.

"[…] Venían chicos de la obra social y la verdad que toda la primera etapa fue devolver a la provincia muchos chicos que habían sido derivados, sobre todo adolescentes, con motivo de consumo. Volvieron, fueron alojados en un hogar hasta que se pudo hacer un acompañamiento, hasta que tuvieran decisiones y pudieran alquilar o vivir en una pensión, y consiguieran un trabajo. Se hizo un acompañamiento desde políticas de infancia para que consiguieran el Plan Provincial y entrenamiento laboral" (referente de la ex Subsecretaría de Políticas de Infancia, Ministerio de Desarrollo Social).

En las entrevistas pudo documentarse la voluntad política de funcionarios y otros actores sociales para desalentar dichas derivaciones, y para propiciar tratamientos centrados en la persona y no en la sustancia. No obstante, los entrevistados también subrayan la ausencia de dispositivos y prácticas adecuadas suficientes para dar continuidad al tratamiento una vez retornados al lugar de residencia.

En 2010, el documento "Políticas Sanitarias 2008-2011" se planificó la creación de diversos dispositivos comunitarios de Salud Mental y Adicciones (Ministerio de Salud de la Provincia de Tierra del Fuego, Antártida e Islas del Atlántico Sur, 2010). En el marco de esta política, Ushuaia dispone de un Centro para el Abordaje de las Problemáticas de Consumo que cuenta con un dispositivo de internación y brinda tratamientos ambulatorios. Su posicionamiento institucional se enfoca en las personas y los determinantes sociales del padecimiento subjetivo.

"Hablar del Centro de Problemáticas de Consumo intenta correr un poco ahí el eje, para poner el acento, no en la presencia o no de una sustancia, sino en qué lugar ocupa esa sustancia para cada sujeto… Tiene que ver con la manera de cómo uno piensa las adicciones, no como una patología en sí, sino como un síntoma social en todo caso. Nosotros tratamos más bien de trabajar con la singularidad, con el caso por caso. No tenemos programa estándar. En general, la situación es mucho más amplia y preocupante que la escena de consumo en sí. Está sostenida por falta de acompañamiento o pertenencia a contextos familiares, desescolarización, falta de consultas médicas.

El sistema se viene transformando. Es un sistema que, de estar centrado en la internación –se la tenía como primer recurso, en la mayoría de los casos como único–, se pasa a un sistema que privilegia el tratamiento ambulatorio y deja la internación como última instancia. Los equipos están conformados por varias disciplinas, se busca armar un trabajo interdisciplinario" (psicólogo, referente del Centro de Abordaje de las Problemáticas de Consumo [ex-CPA], dependiente de la Dirección de Salud Mental).

Impacto de la sanción de la Ley Nacional de Salud Mental

Los entrevistados desestimaron la idea de un punto de inflexión, de "un antes y un después" de la sanción de la Ley, y sostuvieron que no generó transformaciones en sus prácticas.

"Si vos me preguntás de un antes y un después [de la Ley], no. Fue un facilitador. Acá nunca hubo manicomios, siempre se internó en hospitales generales. La otra cuestión muy interesante que expone la Ley es el Capítulo IV, que pone a las adicciones dentro de los padecimientos mentales. Nosotros tenemos las adicciones dentro de los padecimientos mentales desde hace cinco años, desde entonces los centros de abordaje de consumo dependen de la Dirección. Lo tenemos incorporado. Ahora, vos preguntabas '¿falta mucho?' Sí, falta mucho, porque no estamos todos incorporados, porque trabajamos por separado" (referente de la Dirección de Salud Mental).

Para los actores provinciales, la Ley asume especial relevancia en términos de consolidación de un avance en la temática y como legitimación de un abordaje.

"La Ley Nacional a nosotros nos vino a legitimar una cantidad de prácticas que ya se venían haciendo. Acá nunca hubo internaciones prolongadas en el hospital ni hubo una institución, ni manicomio, ni ningún espacio cerrado de reclusión. Sí nos parece que a partir de la Ley de Salud Mental se pudieron legitimar prácticas y las pudimos sostener ante algunos médicos y profesionales que venían embanderando algún espacio de internación como única alternativa, y ante el Juzgado" (referente de la ex Subsecretaría de Políticas de Infancia).

"[…] Cada vez las pensamos menos [a las adicciones] como algo especializado, como algo aislado, y cada vez más dentro del padecimiento mental –y cada vez más queremos integrarlo al sistema de salud. En esos casos tenemos distintos aspectos en lo que es Ushuaia y Río Grande. Las políticas son ésas, estamos en proceso de concreción, pero yo creo que el gran cambio de la Ley, lo que nos permitió fue discutir de otra manera en ese sentido" (referente de la Dirección de Salud Mental).

"Me parece que la Ley nos posibilitó una herramienta para salir del posicionamiento ideológico. Hoy se puede hablar de políticas porque hay una ley. Para los equipos, para la comunidad, para todos hay una ley que nos respalda; no es que a un grupo de personas se nos ocurre que hay que pensar en ese sentido, sino que hay una ley que dice: 'tienen que pensar en este sentido'" (referente de la Dirección de Salud Mental).

En esta línea, la Ley es entendida también como herramienta que oficia de apoyatura, encuadre, marco y ordenamiento de prácticas cuyas lógicas y fundamentos son anteriores a la sanción de la misma. No obstante la relativización del impacto de la Ley Nacional, los entrevistados reconocen que contribuyó a consolidar el nuevo paradigma y que operó como un facilitador para evitar las derivaciones a Buenos Aires.

"Realmente nos vino muy bien [la Ley de Salud Mental] para evitar las internaciones, que para nosotros eran las derivaciones fuera de la provincia. Muchas veces, incluso algunos profesionales decían que era peligrosa para sí y para terceros [la persona], y que nuestras instituciones no estaban adecuadas y rápidamente se buscaba una institución fuera de la provincia" (referente del Ministerio de Desarrollo Social).

Se observó un consenso entre los entrevistados sobre que una ley específica no transforma la situación existente, y que se requiere de políticas concretas que atiendan las crecientes situaciones de desborde y desamparo.

"Yo creo que los derechos que más se vulneran son los de los pibes. En mi visión personal, no es algo que podamos cambiar así, eso no lo va a modificar la Ley. Esto lo va a cambiar la política y un trabajo de arriba hacia abajo, en todos los órdenes dentro de las instituciones que se dedican al cuidado de la población infantil. Si no hay una política concreta en la intención de cuidar a los chicos, esto cada vez va a ser peor. Porque cada vez hay más desamparo. Y se trabaja en ausencia, no hay comunicación y el mercado farmacológico por eso está ganando cada vez más espacio, aparece la pastilla como la solución más plausible" (psicólogo de un gabinete de psicopedagogía y asistencia escolar de Ushuaia, del Ministerio de Educación).

Problemáticas de Salud Mental en la niñez

Un primer problema, ya mencionado y relevado en el Plan de Salud provincial, remite al consumo problemático de sustancias, los determinantes sociales del mismo y el inicio cada vez más temprano.

"A mí me parece que nosotros estamos viendo casos de consumo más que antes en niños chicos. Por ejemplo, ese chico que te digo de 13 años empezó a consumir a los 10; el hermano, a los 9" (psicóloga de hospital general).

"En cuanto a qué pasa, por qué consumen tan temprano, pienso que es algo que está muy ligado a la falta de inclusión en espacios para jóvenes. Me refiero 'inclusión' a veces en la misma familia, a veces en espacios sociales […]. Uno puede ver que hay algo ahí, de desamparo del chico, directamente proporcional con este consumo desmedido [...]. Hablo del desamparo de la presencia del otro, de la inclusión, digamos" (referente del Departamento de Abordaje de las Problemáticas de Consumo [ex-CPA], de la Dirección de Salud Mental).

Otro problema identificado son las dificultades escolares.

"Una derivación mayor tiene que ver con chicos que en principio no se ajustan a las normas de conducta de la escuela. Ésa es la primera demanda, los chicos que son más inquietos, que no prestan atención: aquéllos que, digamos, tienen algún tipo de actividad que desajusta el orden del aula que propone el docente. En segundo lugar está la demanda de chicos que tienen algún problema en relación con el aprendizaje, que el docente detecta que presentan algún inconveniente a la hora de ligar los conocimientos para hacer las lecturas. Y en tercer lugar, tiene que ver con las demandas de docentes, donde ellos observan que hay dificultades a nivel familiar, descomposición familiar, situaciones familiares conflictivas que obviamente afectan a los chicos. [...] presentan este tipo de síntomas, de carencia de atención, desconcentración, desorden a nivel áulico, a nivel de la actividad y falta en el esquema de aprendizaje o en la interpretación de las consignas. O la imposibilidad de poder integrarse a las actividades escolares que propone el docente" (profesional de un gabinete de psicopedagogía y asistencia escolar de Ushuaia, del Ministerio de Educación).

Atribuyen estas dificultades a fallas en la estructuración subjetiva, causa de la ausencia de contención familiar y dificultad de los padres para ejercer roles. Suman a estos elementos la migración y la configuración de familias sin redes extensas, así como la carencia de espacios comunitarios y recreativos para la niñez.

"Acá la gente trabaja mucho, por sobreocupación o para poder sostenerse, en los sectores más vulnerables entonces trabajan muchas horas y [los niños] están obligados a vivir solos" (referente del Ministerio de Desarrollo Social).

"Imaginate que el 40 ó 45 por ciento de la población es menor de 18 años. Son demasiados jóvenes, demasiados adolescentes, demasiados chicos con absolutamente nada. No hay programas, no hay cosas para los jóvenes, para adolescentes" (psicóloga de un programa del Ministerio de Desarrollo Social).

Otros problemas identificados por los profesionales de las áreas de Salud, Educación y Desarrollo Social son la violencia familiar, el maltrato y las situaciones de abandono.

Una profunda preocupación expresada por todos los entrevistados se refiere a la proliferación del diagnóstico de TGD (trastorno generalizado del desarrollo), vinculada con la definición y tratamiento de los padecimientos de las niñas y niños. Refirieron una articulación entre el incremento de los diagnósticos psiquiátricos en la infancia, el empleo de terapéutica medicamentosa, técnicas cognitivo-conductuales e instrumentos psicométricos en particular el TDAH (trastorno por déficit de atención con hiperactividad) y el autismo. Señalaron, además, un predominio de la medicación como opción terapéutica, en lo que se ha denominado "medicamentalización de la infancia" (Faraone, 2009), para describir los casos en los que la medicación se presenta como respuesta frecuentemente exclusiva.

"La medicación aparece no en el último lugar, sino en el primero. Y no lo veo solamente en el hospital público, en el privado acá es obvio cómo circula el tema de la medicación, es horrible cómo se medica a los pibes. Hoy los pibes están siendo medicados desde los cuatro años. Nosotros tenemos en *Alojar* un pibito que desde los tres fue medicado con ritalina, risperidona, ahora tiene nueve o diez" (referente del Ministerio de Educación).

"Nosotros creemos que hay, en Río Grande, una sobre-diagnosticación, una sobremedicación de niños" (profesional de la Dirección de Salud Mental).

Los profesionales de los gabinetes escolares sostienen una perspectiva crítica de las opciones medicalizantes y rotuladoras en la infancia, y evitan la clasificación en diagnósticos psicopatológicos: les preocupa el rol de la escuela en este proceso, en consonancia con una investigación sobre medicalización de la infancia que abordó el diagnóstico del TDAH (Arizaga y Faraone, 2008).

"Hubo en Ushuaia, en particular, un momento de mucho auge de las encuestas sobre el autismo y la hiperactividad. Llegó a las escuelas donde los docentes tenían que completar estos protocolos y de ahí se daba un diagnóstico, por lo general asociado a una medicación. Esto fue muy resistido sobre todo por los gabinetes. Se usaba un tratamiento con terapia conductiva-conductual. Fue algo muy resistido, el que los docentes llenaran estos formularios, porque estos formularios daban un diagnóstico a partir de lo que el docente respondía, y a veces las preguntas eran difíciles de contestar y otras eran muy amplias" (profesional de un gabinete de psicopedagogía y asistencia escolar, Ministerio de Educación).

Dispositivos Institucionales de Salud Mental en la niñez

Cabe destacar como una particularidad de esta provincia que la atención en Salud Mental de niñas, niños y adolescentes se da principalmente en el área de educación. Este abordaje se diferencia de otros en la regularidad del acompañamiento y la presencia en la tarea pedagógica en todas las instituciones educativas. En las escuelas primarias y jardines de infantes los equipos son interdisciplinarios: Fonoaudiología, Psicología, Psicomotricidad y Musicoterapia.

De este modo, si las niñas y niños están escolarizados en el sistema público, la atención en Salud Mental es brindada por los equipos del área educativa. Las mismas instituciones de salud realizan derivaciones a los gabinetes escolares cuando los casos no revisten mucha gravedad y mantienen la atención en hospital para los casos más graves.

"Cuando nosotros hacemos la admisión, si ese niño o esa niña va a una escuela pública directamente se lo deriva al gabinete, a la gente de educación. ¿Qué queda directamente para atender? El que sí o sí se quiera atender acá, que por supuesto tiene derecho porque es un hospital público. El pibe, que tiene una obra social –por ejemplo, como OSDE, Swiss Medical– y que pudiendo elegir un psicólogo que lo reconoce su obra social, quiere atenderse acá, también queda" (profesional, Hospital de Ushuaia).

En Ushuaia, el servicio de Salud Mental del hospital está conformado por una psiquiatra infanto-juvenil y dos profesionales psicólogos. En caso de ser necesario, realizan internaciones.

"Por ejemplo, hace muy poco tiempo internamos a un niño de 13 años, que la verdad es que era un niñito porque lo veías y parecía que tenía nueve. La conflictiva fundamental era adicción, así que como era un estado muy agudo se internó, se atendió hasta que estuvo en condiciones de ser derivado al CPA, donde trabajan especialmente con la problemática de consumo. Después, yo tengo una paciente que de vez en cuando se interna dos días, una cosa así, que fundamentalmente es una paciente con una debilidad mental. Se descompensa, se quiere escapar, digamos, pasan estas cosas. Y descomprime que se quede dos días en el hospital, sobre todo por la relación familiar, que está bastante complicada" (profesional del Hospital de Ushuaia).

Otras estrategias de trabajo para abordar la niñez con sufrimiento psicosocial incluyen internación domiciliaria y cuidador, y una propuesta intersectorial para la implementación de un hospital de día aún no concretada.

"Tenemos un paciente muy grave, con psicosis, y con él lo que hacemos la psiquiatra infanto-juvenil que lo atiende y yo, es como internaciones domiciliarias. Tiene una cuidadora, tratamos de que la cuidadora esté en la casa del niño, y bueno, no va a la escuela esos días, lo atendemos todos los días, se le ajusta la medicación si es necesario. En este caso, por ejemplo, la cuidadora es un pilar fundamental para el tratamiento del niño. Él va a la escuela especial, pero las horas que no va las pasa con la cuidadora, y eso es mucho tiempo. Lo que nosotros hacemos es atender al niño y hay una psicóloga de adultos que atiende a la mamá" (psicóloga del Servicio de Salud Mental del Hospital de Ushuaia).

"Lo fuimos discutiendo también con la Dirección Nacional. Tampoco estaba bueno que dependa concretamente del sistema de Salud Mental. Porque si no iba a terminar siendo un servicio más hospitalario, así que lo empezamos a discutir con Educación, con el gabinete central, viendo la probabilidad de que salga algo entre los dos ministerios, todavía lo seguimos pensando y lo seguimos armando" (referente de la Dirección de Salud Mental).

En los últimos años se fueron desarrollando diferentes programas y dispositivos: el programa de atención en crisis, la incorporación progresiva de recursos de Salud Mental en CAPS, las casas de chicos y chicas (talleres expresivos, de radio y de música, dirigidos a adolescentes en las tres localidades), un programa de capacitación laboral en el Vivero, centros infantiles integrados, el Centro de Encuentro y las iniciativas "Jugando en mi barrio", muchos de ellos intersectoriales. Sin embargo, la ausencia de dispositivos específicos para atender a los niños, las niñas y adolescentes constituye un problema significativo.

Los profesionales entrevistados coincidieron en que les falta concretar, como objetivos, la territorialización de los servicios, un mayor trabajo comunitario y la implementación de dispositivos que la Ley recomienda que existan, como un hospital de día infantil.

A modo de conclusión

En la provincia de Tierra del Fuego se está desarrollando un proceso de construcción de un modelo de atención en Salud Mental y niñez desde un enfoque de derechos con base en una modalidad de abordaje sociocomunitaria que es previo a la sanción de las leyes nacionales específicas en estos campos. Esto ha permitido sentar las bases de un modelo de políticas en estas áreas, que se ha visto favorecido por la sanción e implementación de la Ley Nacional de Salud Mental y ha generado interesantes logros en la atención de la Salud Mental en la niñez.

Pese a no contar con una ley de Salud Mental provincial, existe una coherencia de enfoques entre la Ley Nacional de 2010 y el plan de salud provincial de 2007 (que incluye Salud Mental y Adicciones), el cual permitió la planificación de políticas de Salud Mental acordes al actual paradigma, que aún se sostienen, con avances importantes en el establecimiento de programas intersectoriales. En el campo de la niñez y adolescencia, Tierra del Fuego cuenta con una ley de niñez y el gobierno provincial desarrolla políticas enmarcadas en el enfoque de protección integral de derechos.

En cuanto a los datos obtenidos a través de fuentes primarias, se pudo observar que se relativizaba el impacto de la sanción de la Ley de Salud Mental, asociándolo a facilitadores para la continuidad de las políticas vigentes. No obstante, los entrevistados acordaron en que la sanción de la Ley de Salud Mental ha permitido legitimar las prácticas en curso en el marco de un paradigma de derechos sostenido en el orden de las políticas nacionales. Las transformaciones en los dispositivos y la modalidades de tratamiento en la provincia están en consonancia con los postulados de la Ley de Salud Mental tanto en lo atinente a la conformación de equipos interdisciplinarios (art. 13) como en la consideración de la internación como un recurso terapéutico de carácter restrictivo en relación a otras intervenciones (art.

14) y la promoción de dispositivos orientados a acciones de inclusión social, laboral y de atención en Salud Mental comunitaria (art. 11).

Entre los logros alcanzados se señaló el avance en políticas de fortalecimiento de los CAPS, la existencia de abordajes de Salud Mental en éstos y en los hospitales generales, incluso con internaciones breves, tanto de adultos como de niños, y el sostenimiento de experiencias ligadas a Salud Mental comunitaria que desarrollan dispositivos alternativos. En Ushuaia, la implementación del programa de internaciones domiciliarias para la niñez, con la figura de cuidador/a, constituyó un recurso significativo.

En lo que respecta al abordaje de las problemáticas de consumo, se destacó el descentramiento de las intervenciones sobre consumo problemático de sustancias, con lo cual se dio lugar a formas de atención con mayor capacidad de tener en cuenta la singularidad de cada problemática de consumo, con énfasis en tratamientos ambulatorios (centros de día, consultorios externos, acompañamiento terapéutico) y no ya centrados en la internación, y desde un enfoque exclusivamente individual del problema. Las derivaciones de las niñas, niños y adolescentes a efectores de Buenos Aires para el tratamiento de adicciones y trastornos severos –generalmente bajo modalidad de internación– disminuyeron notablemente en los últimos años, aunque requiere de un plan estratégico que articule el sistema público con los de obra social y privado.

Entre los aspectos problemáticos aún vigentes, se destacaron la excesiva demanda de atención en efectores y la falta de turnos, la escasez de dispositivos de cuidados en Salud Mental, y la falta de territorialización de los programas y del trabajo comunitario. También se señaló la asimetría prestacional existente entre diferentes zonas de la provincia (esencialmente entre Ushuaia y Río Grande).

Aunque ha habido avances con respecto a los diagnósticos realizados en 2009, estos problemas aún no resueltos imponen desafíos para la consolidación del sistema vigente. Entre éstos se resaltan la creciente medicalización de la niñez y el sobrediagnóstico, la tendencia al inicio temprano de consumos problemáticos, como así también el problema de desamparo, maltrato y abandono en la niñez, y la falta de espacios de inclusión social.

Una de las características que se ha podido identificar en la provincia corresponde a la atención predominante de Salud Mental de las niñas y niños en el área de Educación y no en dispositivos de salud, lo cual constituye una experiencia de trabajo en las escuelas que obliga a pensar y configurar políticas y prácticas de Salud Mental que incorporen y articulen este contexto.

El proceso de transformación en curso propicia los abordajes interdisciplinarios e intersectoriales, y habilita iniciativas que incluyan ciertos niveles de integralidad con enfoque de derechos. La construcción de redes y propuestas respetuosas de la singularidad de cada niño y niña con padecimiento mental y/o consumo problemático de sustancias, situado en el contexto familiar y territorial, es un desafío asumido en la provincia que debe consolidarse.

Bibliografía

Arizaga, M. C. y S. Faraone (dir.) (2008). "La medicalización de la infancia: niños, escuela y psicotrópicos. Informe final. Diciembre 2008". Observatorio Argentino de Drogas, Sedronar–Instituto de Investigaciones Gino Germani, Facultad de Ciencias Sociales, Universidad de Buenos Aires.

Dirección Nacional de Salud Mental y Adicciones (2013). "Registro y sistematización de datos de pacientes derivados desde Tierra del Fuego a Buenos Aires para el tratamiento de problemas de Adicciones y Salud Mental" en *Epidemiología en Salud Mental Experiencias de Sistematización de Información en Salud Mental y Adicciones*, Ministerio de Salud de la Nación.

Faraone, S., A. Barcala, E. Bianchi y F. Torricelli (2009). "El rol de la industria farmacéutica en los procesos de medicalización/medicamentalización de la infancia", en *Margen Revista de Trabajo Social*, n° 54, invierno.

Faraone, S., A. Valero, F. Torricelli, E. Rosendo, M. Méndez e Y. Geller (2012). "Accesibilidad y derechos humanos: análisis de los procesos de atención alternativos al modelo asilar en Santa Fe y Tierra del Fuego", en *Revista Argentina de Salud Pública*, MSAL, 3 (12) 28-34.

Ministerio de Salud de la Provincia de Tierra del Fuego, Antártida e Islas del Atlántico Sur (2007). *Plan de Salud 2008-2011.*

Ministerio de Salud de la Provincia de Tierra del Fuego, Antártida e Islas del Atlántico Sur (2010). *Política sanitaria 2008-2011.* Disponible en http://goo.gl/S6bwWS.

Torricelli, F., A. Faraone, E. Rosendo, Y. Geller y M. Méndez (2013). "Desigualdad social y padecimiento psíquico. Dilemas en torno al acceso a la salud en la estrategia de APS en la provincia de Tierra del Fuego". Disponible en http://goo.gl/1pCb8G.

Niñez migrante y sufrimiento psíquico en la Ciudad Autónoma de Buenos Aires

Perspectivas de los profesionales de Salud Mental en torno a niñas y niños de origen boliviano

LAURA POVERENE

Introducción

En el presente capítulo se abordan algunos aspectos centrales de la investigación "Los procesos de salud-enfermedad-atención en Salud Mental en niñas y niños migrantes bolivianos en la Ciudad Autónoma de Buenos Aires, desde una perspectiva de derechos", realizada en el marco de una beca de maestría y encuadrada en el UBACyT "Los procesos de atención en Salud Mental en la niñez desde la perspectiva de derechos: estudio de las jurisdicciones Ciudad de Buenos Aires, provincia de Tierra del Fuego y provincia de Jujuy". El trabajo de campo se realizó en el período 2013-2014 de acuerdo a las pautas descritas en el capítulo: "El proyecto de investigación desarrollado. Objetivos y metodología de trabajo".

El objetivo del estudio es visibilizar las perspectivas de los profesionales de Salud Mental en relación al sufrimiento psíquico que presentan las niñas y los niños migrantes de origen boliviano de seis a doce años que consultan en servicios públicos de Salud Mental en la zona sur de la Ciudad Autónoma de Buenos Aires (CABA). Asimismo, se busca describir las estrategias terapéuticas desplegadas por los mismos, entendiendo que se requiere incorporar a las formas instituidas de respuesta social a la enfermedad como fuerzas productoras del proceso de salud/enfermedad (Stolkiner y Ardila, 2012).

Considerando la falta de estudios que profundizan en las especificidades que atañen a niñas, niños y adolescentes migrantes (Cerrutti y Binstock, 2012; Gaitán, 2008; UNLa-Unicef, 2010) y la escasa información disponible en lo relativo a la salud de los migrantes y su acceso a los servicios de salud (Goldberg, 2008; OMS, 2008), se torna relevante aportar a la problematización de los abordajes terapéuticos implementados ante el padecimiento psíquico de dicha población. De este modo, la investigación podrá constituirse en un insumo capaz de contribuir a la planificación de políticas integrales de promoción, prevención y atención en Salud Mental infantil en un contexto de interculturalidad.

Migración y Salud Mental

Dada la imposibilidad de concebir una psicología individual –en este caso, la del sujeto migrante–, soslayando su estrecho anudamiento con los modos en los que *lo social* también produce salud y padecimiento, a continuación se articulan algunas nociones ligadas a la Salud Mental, migración y accesibilidad.

Sobre el sufrimiento psíquico

Si bien suele concebirse al sufrimiento psíquico en términos individuales y la Salud Mental es definida por la OMS (2013) como "un estado de bienestar en el cual el individuo es consciente de sus propias capacidades, puede afrontar las tensiones normales de la vida, trabajar de forma productiva y fructífera, y es capaz de hacer una contribución a su comunidad", dichas conceptualizaciones pueden invisibilizar la incidencia de otros condicionantes fundamentales en la producción de padecimientos.

Por ello, es necesario considerar la inscripción social e histórica del sujeto, esclareciendo los efectos de la posibilidad de disponer o no de recursos materiales para satisfacer sus necesidades, demandas y deseos. La promoción de la Salud Mental se enlazaría, entonces, con la creación de condiciones idóneas de existencia en donde "se tenga el derecho a un ambiente compatible con la salud y el derecho a servicios dignos cuando la enfermedad aparece" (Peyrí y Hartman, 2007: 13), así como el *derecho a la no medicalización de la vida* (Stolkiner, 2010 y 2012).

De este modo, el abordaje de una investigación acerca del sufrimiento psíquico de niñas y niños migrantes bolivianos se ve atravesado por la potencia, tanto ética como práctica, de entender a la Salud Mental como un "proceso determinado por componentes históricos, socioeconómicos, culturales, biológicos y psicológicos, cuya preservación y mejoramiento implica una dinámica de construcción social vinculada a la concreción de los derechos humanos y sociales de toda persona", de acuerdo al art. 3 de la Ley Nacional de Salud Mental (n° 26.657).

Por un lado, esta definición se constituye en una invitación a ampliar la mirada más allá de las imantadas categorías psicopatológicas, contemplando también los condicionantes sociales de la salud[1]. Por otro lado, incorporar dicha conceptualización funciona como una brújula que permite resituar a la Salud Mental en su articulación con la perspectiva de derecho, y en el campo de lo procesual y colectivo.

---

[1] "Acentuar la noción de sufrimiento y distinguirla de la enfermedad permite recuperar la dimensión temporal, historizar el proceso que le da origen, otorgándole visibilidad a las relaciones que lo ligan con el proceso de constitución del sujeto singular, con las vicisitudes y eventos de su vida cotidiana, así como con las condiciones objetivas de vida en el seno de su grupo social de pertenencia" (Augsburger y Gerlero, 2005).

Sobre la migración y el acceso a la salud

Esta visión de la inmigración defiende en lo esencial que la inmigración y los inmigrantes no son un 'problema'. Si hay un problema en la inmigración como dimensión de nuestra realidad humana, ese problema estaría más bien en cómo respondemos o nos comportamos ante ella los que formamos parte de las sociedades 'receptoras' y, con nosotros, nuestras instituciones." R. Fornet-Betancourt (2003: 144).

La estigmatización a la población boliviana es, en Argentina, el telón de fondo social a través del cual se desarrollan múltiples vinculaciones entre instituciones y personas migrantes (UNLa-Unicef, 2010). Visibilizarlo e identificar el encuentro entre sujetos y los dispositivos institucionales estatales permite reflexionar acerca de su incidencia en los procesos de salud-enfermedad-atención de las niñas y los migrantes bolivianos. Desde esta perspectiva, cobran relevancia los discursos y las prácticas implementadas por los actores sociales de los servicios sanitarios, ya que también se conforman como productores de subjetividad (Barcala, 2013).

A pesar de que la Argentina ha constituido su identidad nacional a partir del fenómeno de flujos migratorios diversos, puede identificarse una lectura épica respecto de la antigua migración europea que contrasta con la estigmatización de aquella proveniente de Latinoamérica, a la cual se la concibe como *no deseada* (Pacecca y Courtis, 2008).

Actualmente, Bolivia es el segundo país en aportar mayor cantidad de población a la Argentina –constituye el 19,1% de los habitantes del país nacidos en el extranjero– y esta población es la que presenta el porcentaje más alto de niñas, niños y adolescentes entre 0 y 14 años de edad (Indec, 2010). Por otra parte, la CABA es la jurisdicción con mayor proporción de población nacida en el extranjero, alcanzando un 13,2% (Indec, 2010). Dicha ciudad cuenta con determinadas áreas –principalmente las caracterizadas por poseer asentamientos precarios y condiciones habitacionales desventajosas– donde los migrantes limítrofes se encuentran sobrerrepresentados, lo que da cuenta de fenómenos de segregación espacial[2]. Algunos estudios destacan que las personas bolivianas son quienes atraviesan circunstancias más precarias en la CABA, especialmente las recién llegadas (Cerrutti, 2009).

A las difíciles condiciones de existencia, que pueden predisponer a la confrontación con problemas de salud mental, se suma la falta de recursos en el sector público de salud, lo que implica una serie de dificultades en la atención[3]. Además, la mirada estigmatizante sobre las personas provenientes de países limítrofes, que tiende a una "racialización de la diferencia combinada con una concepción del otro en términos de inferioridad" (UNLa-Unicef, 2010: 185), puede traducirse en prácticas discriminatorias. Éstas, a su vez, impactan en la accesibilidad, entendida como el vínculo establecido entre los servicios de salud y los sujetos, producto de las condiciones y discursos o representaciones de ambos (Barcala y Stolkiner, 2000).

También pueden presentarse problemas en la accesibilidad simbólica en la atención a los migrantes, al ser aprehendidos desde la totalidad monocultural de los profesionales intervinientes; en este sentido, la falta de formación en atención en salud intercultural puede causar fallas en la comunicación y comprensión mutua entre profesionales y migrantes (Jelin, 2007; Laub y otros, 2006).

Es usual que desde el sector salud se niegue, ignore y/o margine una serie de actividades que se corresponden con otros modelos de atención de los padecimientos que difieren del modelo biomédico (Menéndez, 2003). Así, resultarían invisibilizados los saberes de vastos sectores de

---

[2] El asentamiento de migrantes en zonas más pobres puede vincularse con décadas en las que las restrictivas normativas obstaculizaron la regulación migratoria y, por ende, forzaron a dichas personas hacia la precariedad laboral y de vivienda.

[3] Esto se observa de forma más acentuada en la población infantil, ya que además del desamparo social, ésta vive el desamparo propio de esa etapa vital, vinculado con una extrema dependencia al otro.

la población, como la migrante, a pesar del impacto que generan en el psiquismo infantil los modos en los que una familia puede concebir a una niña o un niño, sus necesidades, enfermedades y cuidados en las "maneras de ser y de hacer con él" (Moro, 2010: 28).

Estudios recientes (Barcala, 2011) identificaron que el respeto por la cultura a la que pertenecen las niñas y los niños provenientes de países limítrofes u otras comunidades todavía aparece como una dificultad y constituye una barrera importante en lo relativo a la efectivización del derecho a la salud de esa población. Pese a que muchas familias bolivianas tienen un acceso desigual a los servicios de salud y a la medicación (Goldberg, 2008), los migrantes han sido reconocidos como titulares de derechos a través de tratados internacionales y de legislación tanto nacional como local.

La Ley de Política Migratoria (n° 25.871) plantea que la situación de migración no es una causa válida para restringir o negar el acceso a los derechos y establece que es tarea del Estado garantizar su acceso igualitario a la protección y los derechos. A su vez, la Ley de Protección Integral de los Derechos de Niñas, Niños y Adolescentes (n° 26.061) hace referencia a que estas personas tienen derecho, entre otras cuestiones, a su lengua y cultura de origen, a preservar tanto su idiosincrasia como su identidad y a acceder a los servicios de salud, recibiendo el respeto de las pautas culturales y familiares de la comunidad a la que pertenecen. También la Ley de Salud Mental (n° 26.657) asegura el derecho a la protección de la salud mental de todas las personas que se encuentren en territorio nacional. En la misma línea, la Ley de Salud Mental de la Ciudad de Buenos Aires (n° 448) enuncia que la identidad, genealogía, historia y pertenencia son derechos de todas las personas en su relación con el sistema de Salud Mental.

Más allá del crucial avance en materia legislativa y en el reconocimiento de los derechos de la población migrante en la Argentina, las leyes y las prácticas cotidianas en atención a la salud todavía coexisten en tensión. A pesar de la productividad de los instrumentos legales, su alcance real también se asocia con discursos y prácticas concretas, lo que evidencia la necesidad de transformación de ciertos modelos de atención, culturas institucionales y representaciones sociales de los actores involucrados en el proceso de salud/enfermedad/atención.

Por ello, aún es imperioso continuar modificando la tendencia a concebir a la población de migrantes limítrofes como *depredadores de los servicios sociales y públicos* (Mármora, 2002) y comenzar a considerarla como titular de derechos cuyo goce es una obligación del Estado. Así, se propone invertir la lógica imperante, instituyendo que "ya no se trata sólo de personas con necesidades, que reciben beneficios asistenciales o prestaciones discrecionales, sino de titulares de derechos que tienen el poder jurídico y social de exigir del Estado ciertos comportamientos" (Abramovich, 2006: 40).

Parámetros de la investigación

Se desarrolló un estudio exploratorio descriptivo para obtener un panorama más claro acerca del problema identificado y acercarse a la realidad social que atraviesan las niñas y niños migrantes bolivianos, con el objetivo de recabar información que permitiera reconocer y definir problemas (Rojas Soriano, 1996).

La decisión de utilizar un abordaje metodológico cualitativo estuvo vinculada a recoger la perspectiva de los actores sociales y sus motivos en la acción social, tomando en consideración los significados, experiencias y conocimientos expresados en sus relatos. Tal como lo plantea Menéndez: "Debemos por lo tanto describir los saberes de los actores y la experiencia de los sujetos tal como son vividas por ellos, dado que esta información es decisiva para comprender los procesos de salud/enfermedad/atención" (Menéndez, 2010: 303).

Dada la eficacia simbólica de los discursos en la producción de sujetos (Foucault, 1985), los modos en los cuales los profesionales de Salud Mental y el personal de las escuelas aluden a las niñas y los niños migrantes de origen boliviano y a sus familias, producirán actos que los definirán y constituirán[4]. Por ello, se consideró importante indagar sus prácticas discursivas y estudiar cómo los fenómenos sociales son comprendidos y producidos.

Las unidades de análisis seleccionadas en función del interés de la investigación fueron: profesionales de los equipos de Salud Mental del CESAC y del hospital de referencia[5] con cinco años de antigüedad como mínimo en el servicio, que atendieran en ese momento o hubieran atendido a niñas y niños migrantes bolivianos; profesionales de equipos de orientación escolar de escuelas públicas con afluencia de población migrante boliviana que participaran en la decisión de derivar a sus alumnas y alumnos a los equipos de Salud Mental mencionados.

Para la recolección de datos primarios, se realizaron diez entrevistas semiestructuradas a las unidades de análisis e informantes clave. Y, dado el abordaje planteado, la selección de casos se desarrolló con base en criterios de muestreo teórico.

---

4   Asimismo, se reconoce la existencia de un interjuego entre las representaciones que recaen sobre estas niñas y niños y las maneras en las que ellas y ellos se apropiarían de las mismas, dando cuenta de una "correspondencia no necesaria" (Laclau, en Hall, 2003: 33) entre el sujeto y las formaciones discursivas.

5   Para mantener el anonimato de las/os entrevistados, no se enunciarán los nombres del CESAC y el hospital elegidos.

El CESAC y su hospital de referencia se eligieron por su emplazamiento en zona sur de CABA[6]. Dado que los centros de atención primaria suelen caracterizarse por su inserción comunitaria, una concepción de salud con un importante contenido integrador y social (Jelin, 2007), se consideró importante estudiar la perspectiva de sus profesionales y los de su hospital de referencia debido a que una investigación que tome en consideración a ambas organizaciones podrá arrojar información acerca de la existencia o no de diferencias reales en las percepciones y abordajes en el área de Salud Mental infantil.

La perspectiva del personal de los equipos de orientación escolar se incluyó porque, además de ser agentes fundamentales de socialización de las niñas y los niños de origen boliviano, las instituciones educativas son importantes derivadoras de alumnas y alumnos a los servicios de Salud Mental.

Resultados preliminares

A partir del análisis de contenido de las entrevistas realizadas, es posible identificar algunos resultados que dan cuenta de los modos en los cuales estos actores institucionales conciben a las niñas y niños, su sufrimiento y necesidades, así como de los abordajes terapéuticos desplegados.

Teniendo en cuenta que aún no se ha analizado suficientemente cómo las necesidades, identidades y derechos son interpretados al interior de las instituciones (Llobet, 2010), se considera necesario echar luz sobre dichas cuestiones, ya que: "el tipo de subjetividad instituida varía entonces con las diferentes prácticas de producción, lo que

---

[6] Tal como lo indican datos del Censo del INDEC (2010), en la zona sur hay una mayor concentración de migrantes provenientes de países limítrofes y un elevado porcentaje de personas de origen boliviano sobre el total de los extranjeros.

lleva a interrogarse por las políticas y prácticas de los actores sociales llevadas a cabo en las instituciones sanitarias" (Barcala, 2013).

Sobre las consultas

En las entrevistas a los profesionales de Salud Mental se señaló que los motivos más frecuentes de consulta eran la retracción, el "no hablar", el aislamiento, la vergüenza y las dificultades en el aprendizaje o en la adquisición del lenguaje. Dichas cuestiones, en ocasiones, aparecerían asociadas a lo que se considera como atributos propios de las personas bolivianas y, en otras, se haría alusión a que podrían ser efecto de dificultades intrínsecas del proceso migratorio.

A su vez, algunos profesionales refirieron cierta prevalencia de patologías severas, como psicosis o autismo, aunque plantearon que dichas problemáticas estaban más ligadas a las condiciones de vida adversas que atraviesan estas familias –*lo social*– que a cuestiones vinculadas con la migración o las diferencias culturales.

En otro orden, en las entrevistas realizadas se destacó la gran afluencia de derivaciones provenientes de las instituciones escolares[7], las que identificarían tempranamente las problemáticas de las niñas y niños.

> "Yo creo que la mirada de la escuela es fundamental, porque es la primera mirada exogámica. Generalmente estos padres no tienen mucha conciencia de estas cosas. Sobre todo porque ellos tampoco lo vivieron de esta manera, ¿no? Entonces la primera mirada es la del docente. Eso lo valoro mucho, si no pasaría como desapercibido esto" (psicóloga, equipo de orientación escolar).

---

[7] En las entrevistas también se reflejaron fenómenos de segregación educativa relativos a los migrantes de países limítrofes. Esto coincide con lo planteado por otros autores que describen que "[...] no sólo se concentran en el subsistema estatal, sino que dentro de este sistema tienden a concentrarse en ciertas escuelas en las cuales llegan a constituir la mayoría de la población escolar" (Beech y Princz, 2012: 59).

A pesar de ello, se observó que coexisten tensiones entre el reconocimiento de la importancia de aquellas derivaciones y las críticas a dicha práctica por considerarla patologizadora y poco respetuosa de los tiempos propios de la niñez y la migración.

Sufrimiento psíquico y sus causas posibles

Los profesionales entrevistados identificaron la existencia de múltiples cuestiones que podrían generar sufrimiento psíquico. Por un lado, destacaron el padecimiento ocasionado por la añoranza de la tierra natal y las personas significativas de su entorno que han permanecido en Bolivia. En ese sentido, la migración en tanto "[…] movimiento que atraviesa una frontera significativa que es definida y mantenida por cierto régimen político […] de tal manera que cruzarla afecta la identidad del individuo" (Kearney y Bernadete, 2002: 4) podría implicar, en estos casos, no sólo una modificación sustancial en las condiciones de vida de estas niñas y niños, sino también el distanciamiento de lazos afectivos significativos. Las migraciones pueden constituirse en situaciones de pérdida que requieren un trabajo de duelo y tienen una potencialidad traumática (Grinberg y Grinberg, 1984).

Una cuestión a resaltar es una insistente equivalencia aparecida en las entrevistas, en muchas de las cuales se fundieron los conceptos "niña/o migrante boliviano" y el de "hija/o o nieta/o de migrantes de origen boliviano" (aunque algunos entrevistados identificaban y distinguían con claridad la diferencia, y la destacaban en cuanto a los efectos subjetivos de la migración). Este fenómeno de denominar a los hijos y nietos de personas que provinieron de otros países como una segunda o tercera generación de migrantes, a pesar de que nacieron en suelo argentino, está también extendido en la sociedad en general:

Es así que, aunque 'no son inmigrantes venidos de afuera', la biologización de la relación padre-hijo (que naturaliza la herencia cultural de una generación a otra) hace que tampoco se pueda considerar a estos hijos como 'puramente autóctonos', es decir, como 'culturalmente nativos', por mucho que legalmente puedan serlo" (Gavazzo, 2014: 65).

La confusión entre la forma de considerar a los migrantes y sus hijos o nietos indicaría, tal vez, cierta relativización del impacto de la migración en primera persona, y abre el interrogante acerca de cuáles serían las diferencias entre el sufrimiento psíquico de quienes efectivamente han migrado y de quienes no han migrado pero se criaron en familias cuyos progenitores o abuelos sí lo han hecho.

Por otra parte, algunos entrevistados señalaron que, como efecto de la migración, surgían dificultades vinculadas con la posición *intermedia* a la que estas niñas y estos niños son convocados a ocupar en relación a sus familias y a la sociedad receptora, soportando una tensión entre la adaptación a la nueva realidad y la conservación de aquellas tradiciones y valores de su país de origen. También se refirieron a las problemáticas que puede generar el bilingüismo –una de ellas podría ser la confusión de algunas niñas y niños para distinguir en qué instancias utilizar el quechua y en cuáles el español– y a los peculiares procesos de conformación de su identidad. En la descripción de estos procesos, dijeron los profesionales, se pone en juego la tensión entre una identidad heredada culturalmente, al modo de una esencia inmutable, y otra más dinámica, sujeta a procesos de cambios.

En las entrevistas también se señaló el sufrimiento psíquico que se genera en el encuentro de estas niñas y estos niños con la institución escolar, en la que las diferencias serían procesadas en tanto juicios de valor negativos.

"Hay pautas que tiene la comunidad que […] ahora lo noto menos pero, al principio, cuando empecé a trabajar […], se veía que el docente se sentía como cuestionado en su hacer,

en su pensar o en su manera de entender lo educativo. Deco-
dificaba ciertas pautas culturales de una manera negativa,
entonces los estigmatizaba a los nenes […]. Ellas considera-
ban, por ejemplo, que los chicos no oían, que eran sordos.
Por eso se ponían atrás y les hablaban de atrás para saber si
los escuchaban. En la comunidad boliviana no se mira a los
ojos, es una falta de respeto para ellos […]. Hablan bajito, todo
esto hay que ver cómo lo decodifica el docente: si como una
agresión personal, algo contra ellos o si puede advertir que
es algo propio de una cultura diferente" (psicóloga, equipo
de orientación escolar).

Distintas investigaciones locales (Beech y Princz, 2012;
Diez y Novaro, 2009; Sinisi, 1999) dan cuenta de representaciones estereotipadas que circulan en las escuelas públicas
en relación a alumnas y alumnos migrantes provenientes de
Bolivia y la existencia de una *condensación estigmatizante* de
dicho grupo, que resume los estereotipos culturales raciali-
zados: el determinismo ambiental, la capacidad intelectual
y una conducta escolar esperable (Sinisi, 1999). Así, resultaría insistente la valoración negativa que reciben por ser
considerados *retraídos* y *silenciosos* (Diez y Novaro, 2009):
se esencializan sus rasgos como si pudieran ser explicados
cabalmente como rasgos culturales, nacionales o étnicos,
pero no se interroga el origen de dicho silencio ni se for-
mula la pregunta acerca de la propia responsabilidad de la
escuela y de la sociedad en el silenciamiento que se produce de sus voces.

Otra posible causa de sufrimiento psíquico que los
entrevistados ubicaron dentro del ámbito escolar está vinculada con el hostigamiento y burla que estas niñas y niños
reciben por parte de sus compañeros de grado. Este acoso
era concebido de diversas maneras, según el profesional:
algunos plantearon el insulto como una cuestión naturali-
zada en relación a la modalidad de vinculación, aunque sin
aludir a las dinámicas por las cuales *algunos* se tornarían

más susceptibles a ser receptores de las mismas que otros[8]; en cambio, otros entrevistados se refirieron a rasgos específicos vinculados a estas niñas y niños –como ser, su color de tez o el hecho de haber nacido en otro país– en los que se *apoyaría* la discriminación de sus pares.

Algunos profesionales también introdujeron la posición subjetiva que la niña o niño tomaba en relación a dichas burlas. Asimismo, también apareció en las entrevistas la noción de que estas niñas y niños utilizan el rasgo propio –*ser boliviano*– como un modo de insultar al semejante, dando cuenta de un proceso en el cual el insulto proveniente por los pares *locales* se incorporaría y desplazaría para denigrar a los otros.

> "El rasgo propio vuelto insulto es insoportable, a mi criterio [...]. Lo que yo veo es que ahora todos tienen el rasgo y usan el rasgo propio para putear al semejante y entonces es difícil salir de ahí" (psicóloga, hospital).

Los profesionales entrevistados atribuyeron una notable importancia a las difíciles condiciones de vida que atraviesan las familias de estas niñas y estos niños, dando cuenta de su consideración de los determinantes sociales de la Salud Mental.

Se refirieron a las modalidades de trabajo de los padres y madres (en algunos casos, emparentadas con la esclavitud, al trabajar en talleres textiles clandestinos), la soledad en la que se crían muchos de ellos, lo que podría generar

---

8   Tal como lo propone Ortiz (1998), a pesar de vivir en un contexto de globalización y mundialización de la cultura, las identidades no son solamente diferentes, sino *desiguales*, sometidas a una impiadosa jerarquía. En esa línea, los migrantes de origen boliviano pondrían de manifiesto la ceguera que los argentinos tienen respecto de su diversidad interna (Caggiano, 2005), a modo de un espejo invertido, al representar lo que los nacionales niegan de su propio país desde un imaginario instituido y autopercibido como europeo (Grimson, 2005).

fallas graves en la constitución subjetiva[9], el hacinamiento, el cercenamiento de la villa, "el peligro que corren al salir de la casilla", la mugre, la circulación de estupefacientes y la falta de espacio verde. Así, en el discurso, emergieron problemáticas ligadas particularmente a las condiciones que les imponía el nuevo centro de vida, más allá de la experiencia migratoria.

> "Generalmente vienen a habitar lugares muy difíciles, muy chiquitos, hacinados. Esto también trae un problema para el niño porque se encuentra ahí con una dificultad que antes no tenía, que es la del lugar. Viene migrado, dejando cosas y encontrándose con otras dificultades en el ámbito en el que vive" (psicólogo, CESAC).

A través de una mirada que contempla las condiciones objetivas de vida de estas niñas y estos niños y las pondera como fundamentales para explicar su sufrimiento psíquico[10], se vislumbran los efectos subjetivos que puede generar un contexto en el que los privilegios están distribuidos desigualmente.

Estrategias terapéuticas

El abordaje psicoterapéutico individual fue la estrategia terapéutica más referenciada, aunque también se mencionaron algunas experiencias de trabajo grupal, tales como la hora de juego terapéutica. Se enfatizó también la necesidad de realizar un trabajo intersectorial, en tanto una

---

[9] Una entrevistada relató el caso de un niño boliviano que actualmente padecía una patología emocional severa y narraba que, cuando él era bebé, su madre era empleada en un taller textil y debía dejarlo en una pieza mientras ella cumplía con su horario laboral, durante el cual podían mirarse únicamente a través de un vidrio.

[10] Otros autores (como por ejemplo Moro, 2010) también dan cuenta del estrecho vínculo entre la migración y el nivel social desfavorable, y plantean que se trata de dos variables que, si bien no son reductibles una a la otra, pueden potenciarse.

necesidad emergente ante la complejidad del contexto –y no como una cuestión percibida como intrínseca a la práctica profesional.

Asimismo, en las entrevistas se dijo que las soluciones ante las situaciones que les causan sufrimiento a las niñas y niños migrantes bolivianos dependen de otros actores y esferas, más allá del sector salud. Estos contextos se refieren a la necesidad de una solución habitacional y un ejercicio real de los derechos, que trascienden la dimensión intrapsíquica del conflicto y apuntan a la resolución de sus condiciones de vida.

> "Pero si me preguntás por la Salud Mental, me parece que no alcanza. De ninguna manera alcanza. Alcanza si hay trabajo, sistemático, digno [...]. No creo que no se pueda, pero creo que tiene que venir alguien con más poder a hacer una cosa más dignificada, no seguir tapando baches" (psicóloga, hospital).

La consideración de los efectos que los problemas estructurales y de desigualdad pueden generar en el psiquismo de niñas y niños resonaba en las personas entrevistadas como una alarma que no les permitía hacerlos olvidar de la existencia de límites en sus intervenciones.

Consideraciones finales

> *"[...] El Estado es centralmente un intérprete, y como tal, construye sujetos sociales infantiles mediante las maneras en que interpreta los problemas, las necesidades y consecuentemente, las identidades."* Valeria Llobet (2011: 12).

Para definir sus intervenciones, el Estado requiere de un discurso legitimado, capaz de brindar una interpretación hegemónica acerca de las necesidades de las personas. Por ello, las definiciones brindadas por los expertos acerca de las identidades infantiles y los diagnósticos psicopatológicos no se constituyen en meras representaciones asépticas de corto alcance, sino que tienen potencia creadora: se traducen en tratamientos a implementar e impactan en la subjetividad de aquellos sobre los que dicho discurso esboza sus significantes con una tinta difícil de lavar. Dadas las consecuencias materiales de la palabra, las representaciones estereotipadas que circulen en relación a estas niñas y estos niños son altamente productivas y generan efectos en los modos en los que se autoconciban, inclusive hasta encarnarse en sus biografías personales.

En ese sentido, los abordajes ante el padecimiento psíquico de la población motivo de estudio requieren del despojo de miradas que esencialicen sus características y reduzcan la complejidad de su conformación subjetiva a generalizaciones basadas en pertenencias nacionales, de clase o etnia. Aquella sustancialización, además de ser ilusoria, dejaría por fuera la incidencia de la exclusión en la perpetuación de diversas problemáticas que afectan a la Salud Mental.

Asimismo, hay que considerar que visibilizar la importancia de los determinantes sociales en la producción de padecimiento también debería conllevar al cuestionamiento de los alcances de la utilización de un dispositivo de atención clásico para abordar las problemáticas producidas por lo social y lo actual.

"Habrá que aceptar que el sufrimiento depende de la 'vida social' de un sujeto inmerso en estructuras sociales, libidinales, antropológicas, culturales, económicas, políticas, respecto de las cuales el psiquiatra es tan ciego como la mayoría, pues: ¿dónde habría adquirido el conocimiento válido para afrontar esas dificultades? [...] El furor sanandi es un síntoma, el del médico inserto en un dispositivo que lo lleva a desconocer el objetivo de las acciones que se le ordena cumplir, fundamentalmente, la 'normalización' de la subjetividad" (Braunstein, 2013: 86).

Para concluir, resulta fundamental recalcar que si se explicara cabalmente el sufrimiento de las niñas y niños migrantes a través de causas intrapsíquicas, la conflictiva social se desplazaría a un plano de responsabilidad individual y el dolor resultaría privatizado. De esta manera, valiéndose de explicaciones patologizantes, el Estado podría eludir su responsabilidad ante situaciones de vulneración de derechos y reforzar, aún más, la desequilibrada balanza de concentración de desventajas.

Bibliografía

Abramovich, V. (2006). "Una aproximación al enfoque de derechos en las estrategias y políticas de desarrollo", en *Revista de la CEPAL*, n° 88. Santiago de Chile.

Argibay, M., S. Martínez y L. Poverene (2013). "La construcción social de la exclusión en la infancia y adolescencia en programas sociales". Trabajo de Seminario. Buenos Aires: Maestría Problemáticas Sociales Infanto-Juveniles, UBA.

Augsburger, A. y S. Gerlero (2005). "La construcción interdisciplinaria: potencialidades para la epidemiología en salud mental", en *Kairós, Revista de Temas Sociales*, año 9, n° 15. Universidad Nacional de San Luis. Disponible en http://goo.gl/s6FyOf.

Barcala, A. (2011). "Dispositivos e Intervenciones en Salud Mental Infantil en la Ciudad de Buenos Aires". Premio Facultad de Psicología de la Universidad de Buenos Aires 2011, pp. 53-81.

Barcala, A. (2013). "Sufrimiento psicosocial en la niñez: el desafío de las políticas en Salud Mental", en *Revista Actualidad Psicológica*, marzo.

Barcala, A. y A. Stolkiner (2000). "Accesibilidad a servicios de salud de familias con sus necesidades básicas insatisfechas (NBI): estudio de caso", en *Anuario de Investigaciones*, VIII, pp. 282-295. Facultad de Psicología, Universidad de Buenos Aires.

Beech, J. y P. Princz (2012). "Migraciones y educación en la Ciudad de Buenos Aires: tensiones políticas, pedagógicas y étnicas", en *Revista Latinoamericana de Inclusión Educativa*, vol. 6, no. 1, pp. 53-71. Disponible en http://goo.gl/0PTu9v.

Braunstein, N. (2013). *Clasificar en psiquiatría*. Buenos Aires: Siglo XXI.

Caggiano, S. (2005). *Lo que no entra en el crisol*. Buenos Aires: Prometeo.

Cerrutti, M. (2009). *Diagnóstico de las poblaciones de inmigrantes en Argentina*. Buenos Aires: Dirección Nacional de Población.

Cerrutti, M. y G. Binstock (2012). *Los estudiantes inmigrantes en la escuela secundaria. Integración y desafíos*. Buenos Aires: Unicef.

Diez, M. L. y G. Novaro (2009). "¿Una inclusión silenciosa o las sutiles formas de la discriminación? Reflexiones a propósito de la escolarización de chicos bolivianos", en C. Courtis y M. I. Pacecca (comps.), *Discriminaciones étnicas y nacionales. Un diagnóstico participativo*, pp. 37-57. Buenos Aires: Del Puerto.

Fornet-Betancourt, R. (2003). "Interculturalidad y Filosofía en América Latina", en *Internationale Zeitschrift für Philosophie*, Reihe Monographien.

Foucault, M. (1985). *Saber y verdad*. Madrid: La Piqueta.

Gaitán, L. (dir.) (2008). *Los niños como actores en los procesos migratorios. Implicaciones para los proyectos de cooperación*. Madrid: Universidad Complutense de Madrid.

Gavazzo, N. (2014). "La generación de los hijos: identificaciones y participación de los descendientes de bolivianos y paraguayos en Buenos Aires", en *Revista Sociedad y Equidad*, 0 (6), pp. 58-87.

Goldberg, A. (2008). "Salud e interculturalidad: aportes de la Antropología Médica para un abordaje sociosanitario de la población boliviana de la Ciudad Autónoma de Buenos Aires", en *Buenos Aires Boliviana. Migración, construcciones identitarias y memoria*. Buenos Aires: Comisión para la Preservación del Patrimonio Histórico Cultural de la Ciudad de Buenos Aires, Gobierno de la Ciudad de Buenos Aires.

Grimson, A. (2005). "Prefacio", en S. Caggiano, *Lo que no entra en el crisol,* pp.13-16. Buenos Aires: Prometeo.

Grinberg, L y R. Grinberg (1984). *Psicoanálisis de la migración y del exilio.* Madrid: Alianza.

Hall, S. (2003). "Introducción. ¿Quién necesita identidad?", en S. Hall y P. du Gay, (comps.), *Cuestiones de identidad cultural.* Buenos Aires: Amorrortu.

Indec (2010). *Censo Nacional de Población, Hogares y Viviendas.* Disponible en http://goo.gl/PbH7Kg.

Jelin, E. (dir.) (2007). *Salud y migración regional. Ciudadanía, discriminación y comunicación intercultural.* Buenos Aires: IDES.

Kearney, M. y B. Bernadete (2002). "Migration and Identities –A Class– BasedApproach", en *LatinAmerican Perspectives,* is. 138, vol. 31, n° 5.

Laub, C., D. Brykman, A. Pérez Panelli, M. Rovere, E. Rúgolo y G. Uriburu (2006). "Migraciones y salud en el Área Metropolitana Buenos Aires". Inédito.

Llobet, V. (2010). "Las políticas sociales para la infancia, la psicología y el problema del reconocimiento", en *Revista Investigaciones en Psicología,* año 14, vol. 2, pp. 73-94.

Llobet, V. (2011). "Políticas Sociales y ciudadanía. Diálogos entre la teoría feminista y el campo de estudios de infancia", en *Frontera Norte, Revista del Colegio de la Frontera Norte.* México.

Mármora, L. (2002). *Las políticas de migraciones internacionales.* Buenos Aires: Paidós.

Menéndez, E. (2003). "Modelos de atención de los padecimientos: de exclusiones teóricas y articulaciones prácticas", en *Ciencia & Saúde Coletiva,* vol. 8, n° 1, pp. 185-207. Río de Janeiro.

Menéndez, E. (2010). *La parte negada de la cultura. Relativismo, diferencia y racismo.* Rosario: Prohistoria.

Moro, M. R. (2010). "Parentalidad y diversidad cultural", en *Cuadernos de psiquiatría y psicoterapia del niño y del adolescente*, 49 (1), pp. 27-38.

Novaro, G. (2009). "Palabras desoídas – palabras silenciadas – palabras traducidas: voces y silencios de niños bolivianos en escuelas de Buenos Aires", en *Revista do Centro de Educação*, vol. 34, n° 1, pp. 47-64. Universidade Federal de Santa Maria. Disponible en http://goo.gl/Y9lQmg.

OMS (2008). *Salud de los migrantes*. Disponible en http://goo.gl/4D6AOW.

OMS (2013). *Salud mental: un estado de bienestar*. Disponible en http://goo.gl/6f0QdJ.

Ortiz, R. (1998). *Otro territorio*. Bogotá: Convenio Andrés Bello.

Pacecca, M. y C. Courtis (2008). "Inmigración contemporánea en Argentina: dinámicas y políticas", en *Serie Población y Desarrollo*, n° 84. Buenos Aires: CEPAL- CELADE.

Peyri, E. y C. Hartman (2007). "Migración y salud mental: un problema emergente de salud pública", en *Rev. Gerenc. Polit. Salud*, vol. 6, n° 13, pp. 11-32.

Rojas Soriano, R. (1996). *Guía para realizar investigaciones sociales*. México: Plaza y Valdés.

Sinisi, L. (1999). "La relación nosotros-otros en espacios escolares multiculturales. Estigma, estereotipo y racialización", en M. R. Neufeld y J. A. Thisted (comps.) *De eso no se habla... los usos de la diversidad sociocultural en la escuela*. Buenos Aires: Eudeba.

Stolkiner, A. (2010). "Derechos Humanos y Derecho a la Salud en América Latina: la doble faz de una idea potente", en *Revista Bilingüe Medicina Social/Social Medicine*, vol. 5, n° 1, New York.

Stolkiner, A. (2012). "Infancia y medicalización en la era de 'la salud perfecta'", en *Propuesta Educativa*, año 2, vol. 1, n° 37, pp. 28-38.

Stolkiner, A. y S. Ardila (2012). "Conceptualizando la Salud Mental en las prácticas: consideraciones desde el pensamiento de la medicina social/Salud Colectiva latinoamericanas", en *Vertex Revista Argentina de Psiquiatría,* XXIII (101), pp. 52-56.

UNLa-Unicef (2010). "Estudio sobre los derechos de niños y niñas migrantes a 5 años de la nueva ley de migraciones". Coord.: P. Ceriani Cernadas y R. Fava. Buenos Aires.

Sistemas de protección integral de derechos y procesos de investigación en Salud Mental y niñez

El *Paramí*: nuevos sujetos, prácticas y saberes. Análisis sobre la construcción de una política de Salud Mental para niñas, niños y adolescentes en la provincia de Santa Fe

Silvia Faraone, Ana Valero, Eugenia Bianchi, Marcela Herrera y Yael Geller

Introducción

En 2004 se implementó en la provincia de Santa Fe un programa de des/institucionalización en el área de la Salud Mental, al que los propios actores denominaron de "sustitución de lógicas manicomiales", que tuvo continuidad política e institucional hasta 2011. Este proceso se consolidó a la luz de un complejo escenario político, social e institucional que implicó avances y retrocesos, tensiones y oportunidades.

En el recorrido por plasmar la transformación de las instituciones de encierro (en todas sus dimensiones) y generar estrategias de cuidado no manicomial, tanto dentro como por fuera de los muros institucionales, se produjeron saberes y prácticas que dieron lugar a la vez a nuevos dispositivos, estrategias y claves formativas. En este trabajo analizamos una de las instancias en las cuales esa política se implementó en el abordaje con niñas, niños y adolescentes, a partir del estudio del dispositivo *Paramí* de la ciudad de Rosario.

Recuperamos, a tal efecto, el trabajo de campo que desarrollamos en el marco del proyecto UBACyT 2008-2010. Éste se basó en un conjunto de entrevistas en profundidad realizadas a trabajadores profesionales de la salud (psicólogos, operadores sociales, médicos pediatras, trabajadores sociales), pertenecientes en el período considerado al Ministerio de Salud de la Provincia de Santa Fe, incluyendo cuatro integrantes de equipos del Área Infancia de la Dirección Provincial de Salud Mental y una entrevista grupal a seis integrantes de un Centro de Salud Provincial.

En este nuevo análisis profundizamos ese proceso histórico a la luz de reflexiones que realizáramos con quienes fueron los gestores político-institucionales de ese momento. Consideramos fundamental la recuperación de aquellas experiencias innovadoras, por los elementos que brindan para pensar nuevas estrategias basadas en los derechos de las niñas, niños y adolescentes; pero también, para poner en tensión las dificultades que esas experiencias debieron enfrentar y que consolidan la necesidad de una apuesta permanente por transformar el modelo tutelar aún presente en las prácticas instituidas.

Niñas, niños y adolescentes como blanco de gobierno

Con la emergencia del liberalismo y su efecto multiplicador hacia el gobierno de colectivos sociales fundamentales en la socialización temprana (la familia y la escuela), la infancia se constituyó sociohistóricamente como blanco especialmente gobernable. Las distintas estrategias de gobierno de la infancia requirieron conectar distintos saberes, dispositivos y prácticas de la salud y la educación, a través de tecnologías específicas (Donzelot, 1998; Ariès, 1987; Rose, 1990, 1998; Varela y Álvarez-Uría, 1991). La infancia, en tanto institución, representación, saber, supuesto y teoría, resulta entonces de la imbricación de la escuela y la familia, entendidas a su vez como instituciones estatales y modernas, y orientadas a la producción de ciudadanía (Lewkowicz, 2004).

La figura de la infancia peligrosa, en particular, funcionó como sustrato para la acción de diversos dispositivos en pos del encauzamiento de conductas disruptivas, brindando matrices de gobierno específicas, aplicadas a otros segmentos poblacionales –luego lo serán los adolescentes y los jóvenes– que también manifestaban "inconductas" (Bianchi, 2015). Dicha noción, además, aportó al surgimiento de disciplinas como la psiquiatría y la psicología, dotándolas de características novedosas respecto de momentos históricos precedentes (Foucault, 2001; Rose, 1998).

Sin embargo, el arte de gobierno liberal experimentó sucesivas y profundas transformaciones en sus lógicas y modalidades de gobierno. Específicamente, desde la década de 1990, la Argentina fue escenario de transformaciones socioeconómicas y culturales que derivaron de la implementación de políticas de corte neoliberal, dando lugar a un proceso de desarticulación y desintegración social, que excluyó a numerosos grupos poblacionales, incrementó el desempleo y la pobreza, y consolidó la desigualdad y fragmentación social (Svampa, 2005, Barcala, 2011a).

En las diversas transformaciones del régimen de gobierno liberal, sin embargo, la infancia mantuvo su rol central. Como observa Barcala (2011a), los sucesos sociales, económicos y políticos instituyeron nuevas formas culturales y transformaciones en la producción de subjetividad, expresándose, para los casos de las niñas, niños y adolescentes, en nuevas modalidades de sufrimiento. De hecho, Murillo (2012) sostiene que, en particular, en el neoliberalismo, en tanto no se restringe a una teoría económica, sino que constituye una forma de cultura basada en el malestar, el sufrimiento psíquico es el modo principal de gobierno a distancia de sujetos y poblaciones. En un análisis afín al de otros pensadores que han identificado las consecuencias de las transformaciones en la subjetividad, Murillo hace eje en la angustia, como la más clara manifestación del padecimiento psíquico, y como un temple de ánimo sin objeto definido, que puede tornarse en violencia contra sí y contra otros, o derivarse hacia el consumo de objetos y sujetos con los que se intente obturar el vacío de la nada.

En este marco, para Barcala (2011b), el padecimiento de niñas, niños y adolescentes inmersos en una agudización de la fragmentación social, ausencia de adultos y trayectorias de institucionalización, deviene en dificultades severas en los procesos de subjetivación, dando lugar a constituciones subjetivas cada vez más fracturadas, fragmentadas y desafiliadas de referentes simbólicos de identidad.

La vulnerabilidad, la violencia y el abuso a los que grandes sectores excluidos (y no sólo en ellos) someten a las niñas, niños y adolescentes, que quedan errantes, ha dado pie a posturas que sostienen la existencia de una "niñez sin infancia", con familias seriamente fragilizadas o inexistentes, escondidos en el silencio de lo que se supone vida privada para sostener el secreto y la complicidad del maltrato y abuso sexual, o como imagen desafiante para los que no toleran la visibilidad de los que quedan en la calle, los semáforos, las esquinas. Tiene lugar entonces un encadenamiento múltiple de condicionantes donde quedan entrampados tanto niñas, niños y adolescentes como sus familias fragilizadas.

Sin embargo, el riesgo de plantear que "no hay infancia", es que dejemos a los niños a merced de las calificaciones de discapacitados, locos, adictos, criminales, principalmente peligrosos, abandonando el desafío actual de encontrar en esas condiciones al niño que esta sociedad no reconoce como propio.

Frente a este panorama, los diferentes servicios de salud se ven superados por la emergencia de cuestiones subjetivas graves (Barcala, 2011a) en niñas, niños y adolescentes y sus familias. La multiplicidad de fenómenos severos exige pensar en nuevas categorías, o en la actualización de las ya disponibles, en la medida en que los dispositivos en vigencia no incluyen en sus estrategias, prácticas y acciones que puedan dar cuenta de las transformaciones en la infancia y la adolescencia como correlato de los cambios del entramado sociopolítico en que ellas se desenvuelven.

La sustitución de lógicas manicomiales como política productora de nuevos dispositivos

El punto de partida para pensar el proceso de transformación que la Dirección Provincial de Salud Mental puso en marcha en la organización de las nuevas prácticas hacia niñas, niños y adolescentes fue el reconocimiento y el rechazo de la desasistencia, concebida como *regla de exclusión* (Bourdieu, 1993), en razón de su identificación con las lógicas manicomiales.

En este marco emergió el concepto de *sustitución de las lógicas manicomiales*, por la necesidad de plantear una *identidad* (Visacovsky, 2002) que denotara una filiación ideológica posicionada en el antagonismo de los procesos deshospitalizadores (Rotelli, De Leonardis y Mauri, 1987) desarrollados en la década de 1990 en Santa Fe, pero que además ponderara en su singularidad los valores ético-políticos que distinguieran las prácticas y las perspectivas que los integrantes de la Dirección de Salud Mental venían instituyendo.

La cuestión de inscribir el concepto de *sustitución de las lógicas manicomiales* respondía a poner en escena que la institución de encierro (hospitales, institutos de menores, casas tutelares) no inicia y culmina en sus muros, sino que es sostenida en múltiples causas y agentes de reproducción.

En este sentido, Gustavo Castaño, director provincial de Salud Mental en el período considerado (2004-2011), planteaba que las lógicas manicomiales: "son lógicas extendidas y que se pueden cerrar los manicomios y/u otras instituciones de encierro y reproducir exactamente las mismas lógicas, las mismas prácticas en pequeña escala. Hemos visto cómo se nos manicomializan los dispositivos sustitutivos de la práctica manicomial y cómo, todo el tiempo, esta

tendencia a la burocratización de las prácticas, a la objetalización de las personas insiste, insiste en un proceso que,
presumo, nunca termina. La sustitución de lógicas manicomiales no se produce de una vez y para siempre, es una
construcción permanente" (Castaño, 2010).

Para los profesionales comprometidos en este proyecto, la sustitución de las lógicas manicomiales implicó una
apuesta en favor de la construcción de estrategias capaces
de transformar el propio espacio de encierro en procesos de
externación de las niñas, niños y adolescentes allí alojados,
pero supuso a la vez enfrentar las dimensiones de complejidad propias de la transformación en la frontera intramuros
y extramuros (Faraone y Valero, 2013).

El desafío de cuidar: construcción de alternativas para niñas, niños y adolescentes

Las intervenciones en el Área de Infancia, particularmente,
configuraron un eje transversal en las políticas de sustitución de las lógicas manicomiales y apuntaron a la implementación de estrategias de cuidado[1]. La delimitación de un
área específica permitió implementar dispositivos coordi-
nados donde se abordaron ejes de intervención, tales como
estrategias de atención primaria de la salud (APS) con desarrollo de políticas intersectoriales y articulación con ONGs
que trabajaban en el territorio en las problemáticas específicas de niñas, niños y adolescentes.

Los abordajes se implementaron sobre la base de diferentes espacios institucionales y comunitarios que otorgaban soporte a la estrategia de cuidado; esto implicaba, en
cada intervención, el reconocimiento de dispositivos pensa-

---

[1] En este sentido, la noción de cuidado no es entendida como un nivel de
atención del sistema de salud ni como un procedimiento técnico simplifica-
do, sino como una acción integral, con sentidos y significados orientados a
la comprensión de la salud como un derecho de las niñas, niños y adolescentes (Pinheiro y Ceccim, 2009). Así, es posible calificar el cuidado como un
dispositivo político de *integralidad* en las estrategias de abordaje.

dos, construidos y sostenidos en las prácticas sociales. Desde esta perspectiva, los equipos y las redes sociales fueron los encargados de instituir, de manera interdisciplinaria e intersectorial, las decisiones de abordaje.

Las estrategias circunscribieron el contexto, el lazo social y el sostén cotidiano. En los relatos, los profesionales referían que en los abordajes con niñas, niños y adolescentes con padecimientos subjetivos graves, los momentos de mayor estabilización estaban relacionados a la integración de éstos en los espacios sociales y comunitarios.

De manera convergente, desde diversos escenarios tomó forma la necesidad de contar con recursos no tradicionales que permitieran la flexibilidad de poder ser puestos en marcha circunstancialmente pero sin la rigidez propia de las instituciones custodiales. Así lo expresaron en las entrevistas diferentes trabajadores:

> "Yo creo que deberían existir hogares tipo hogares de día para resolver estas situaciones que son emergentes, que son así, que ya se pasan de una cuestión de urgencia. Un pibe que se haya escapado de su casa porque su padre esté alcoholizado, o esté como esté, y lo quiere fajar [...] necesitás tener un lugar que lo cuide aunque sea por un día, que lo aguante, hasta ver cómo se soluciona la historia" (trabajadora de Salud, entrevista grupal Centro de Salud).

> "La idea es construir un espacio pensado a la manera de lo que son los rinconcitos subjetivos en los jardines maternales, donde los niños pueden ir a tramitar sus duelos allí. Hacer algo parecido para estos infantes y jóvenes" (trabajadora de Salud Mental-1).

La política de Salud Mental que se llevó adelante con niñas, niños y adolescentes se fundamentó en estrategias con las siguientes condiciones mínimas:

- En todas las intervenciones se tornaba central y necesario fortalecer los recursos de las familias, garantizar sus derechos y contribuir al despliegue de sus potencialidades a partir de los recursos simbólicos con los que contaba cada una.
- Cada estrategia debía ser singularizada, por lo que los protocolos generales se constituían como un marco recreado en cada caso, de acuerdo al diagnóstico situacional de recursos y la construcción interdisciplinaria de los problemas.
- Se debían abarcar las dimensiones subjetivas, sociales, biológicas y culturales, y evitar los reduccionismos y hegemonías de cualquier índole.
- Debía surgir un encuentro entre la niña, el niño o adolescente y un equipo interdisciplinario responsable a partir de la disposición de todos los recursos, materiales, sociales, institucionales, subjetivos, familiares, y comunitarios.
- Los profesionales debían orientarse siempre hacia la producción de salud e inclusión social, íntimamente vinculadas al desarrollo de lazos sociales, la autonomía responsable y el protagonismo del sujeto en su propio devenir.

En el marco de estas premisas surgió el *Paramí*, como un dispositivo que intentó cuestionar y transformar las lógicas de *encierro de las grandes instituciones de menores*. Un espacio donde poner en juego la dimensión cuidadora de los procesos de asistencia a problemáticas de sobrevulnerabilidad a partir de un proceso colectivo (Merhy, 2006).

Breve historia del *Paramí*: creación, sostenimiento y cierre de un dispositivo de tránsito

En el abordaje territorial se presentan problemáticas complejas que exigen tener en cuenta múltiples determinaciones en la producción de estrategias alternativas y sustitutivas a las medidas de encierro. En el trabajo de campo se documentó que las niñas, niños y adolescentes se encontraban inmersos en encrucijadas en las que la pobreza, la desigualdad social, la vulnerabilidad y la violencia eran cotidianas, así como también los padecimientos asociados a tales circunstancias. Los equipos de Salud Mental en infancia expresaron la incertidumbre sobre sus intervenciones, la soledad ante las respuestas, la ausencia de redes interinstitucionales donde acudir, y también la falta de involucramiento de ciertos sectores, específicamente el Poder Judicial y los organismos estatales destinados a la protección de niñas, niños y adolescentes.

A los efectos de profundizar la complejidad que adquirieron los procesos des/institucionalizadores en la infancia, analizaremos el *Paramí,* un dispositivo que puso en crisis la forma de administrar las prácticas en el área.

Una respuesta al "no es para acá": la consolidación de un dispositivo de tránsito

El *Paramí* surgió de la necesidad de transformar los dispositivos de asistencia a las problemáticas de la salud mental en niñas, niños y adolescentes existentes en la provincia de Santa Fe. Hasta ese momento esa jurisdicción contaba con escasos programas alternativos intersectoriales para este grupo poblacional y las respuestas institucionales existentes, desde el Estado, tenían un predominio de tipo custodial y tutelar, y se encontraban organizadas aún a través de los institutos de menores[2].

Por otro lado, era imperioso cuestionar también aquellas instancias (estatales, ONGs, etc.) que surgían contrapuestas a los grandes institutos, pero que en la práctica instalaban la idea de una fragmentación en las acciones asistenciales, que en relación a las problemáticas complejas, reafirmaban en la racionalidad de sus criterios de (no) admisión, la idea del "no es para acá" como una nueva práctica manicomial.

> "No es para acá, es para una institución de adictos; o para adictos psiquiátricos; o para jóvenes delincuentes y adictos; o para adolescentes delincuentes, violentos, adictos, psiquiátricos [...]. No es para acá, no es psiquiátrico, es adicto. No es para acá, es psiquiátrico. No es para acá, es menor. No es para acá, es su *modus operandi*. No es para acá, es un enfermo. No es para acá, es un caso social. No es para acá, es su *modus vivendi*. No es para acá, es dual pero no está en crisis. No es para acá, está en crisis. No hay demanda, no es para acá. No es para acá, es de Salud. No es para acá, son presos. No es para acá, no son punibles. No es para acá, no es un paciente [...]. No sé dónde, pero no es para acá" (Castaño, 2009).

Desde este contexto, el gran desafío para la Dirección de Salud Mental fue la construcción de un dispositivo en la comunidad que pudiera dar asistencia a niñas, niños y adolescentes con crisis subjetivas graves, que en determinados momentos no pudieran ser abordados en forma ambulatoria. Para esto, se creó el *Paramí*, una casa ubicada en un barrio céntrico de la ciudad de Rosario, y que recibió este

---

2 El Instituto para la Recuperación del Adolescente, donde había aproximadamente 45 jóvenes y adolescentes, recibió en esos años un importante número de denuncias de organismos de derechos humanos.

nombre en referencia a lo que podría ser un *parador*, un lugar de *tránsito*[3] que brindara cuidado a cada niña, niño y adolescente, según la complejidad de su problemática.

El parador comenzó a funcionar en 2007, originalmente diseñado para niñas y niños de hasta doce años. Sin embargo, desde el relato de los profesionales, con el transcurso del tiempo la franja etaria prevista se fue desplazando progresivamente hacia el intervalo que comprende al conjunto de doce a diecisiete años.

> "Se pretendía esa acotación etaria en función de pasar la adolescencia clásica. La vida fue demostrando que eso había sido trastocado y fundamentalmente, también nos había mostrado que los pacientes más niños nunca llegaban" (trabajadora de Salud Mental-2).

Entre las problemáticas que afectaban a las niñas, los niños y adolescentes que por allí transitaron, pudieron documentarse como prioritarias:

- Lesiones físicas, abuso sexual, prostitución de menores, maltrato psíquico, intentos de suicidio.
- Niñas, niños y adolescentes abandonados por sus padres, rechazo o marginación relacionados con el ámbito familiar o institucional. Chicos en situación de calle o con lazos familiares endebles.
- Situaciones de descuido extremo que habían producido un grave deterioro en sus potencialidades, con suma frecuencia en consonancia con casos de indocumentación, desnutrición, accidentes reiterados y falta de escolarización.

---

3 Paralelamente se creó el *Paramí* de la Ciudad de Santa Fe. Este dispositivo, también destinado a niñas, niños y adolescentes, fue tomando características distintas al ubicado en la ciudad de Rosario. Erigido en el predio que alguna vez perteneció al Hospital Psiquiátrico Mira y López, su devenir tuvo características disímiles a éste, y requiere un análisis particular y diferenciado del que desarrollamos en este artículo.

- Problemáticas asociadas al consumo problemático de sustancias, particularmente inhalación de pegamento y pasta base.

Las intervenciones

Como adelantamos, la construcción del dispositivo *Paramí* se planteó como el intento de instituir nuevas lógicas en las prácticas relacionadas a las problemáticas actuales de la infancia. Sin embargo, la creación y sostenimiento de un dispositivo alternativo traía consigo un sinnúmero de nuevas situaciones.

El punto de partida lo constituyó la conformación de un equipo interdisciplinario que incluía profesiones tradicionales, pero también provenientes de otras profesiones, un concepto innovador en relación al campo de abordaje. Así, el *Paramí* se consolidó con un equipo conformado por enfermeros, operadores comunitarios, psicólogos, médicos, trabajadores sociales, profesores de educación física, profesores de teatro y abogados, que se estableció como de referencia para cada situación particular.

El *Paramí* se instituyó como un ámbito dentro del circuito de redes de acción, donde se procuraba elaborar estrategias para la inclusión social, aunque ésta debía plantearse como gradual, especialmente en las situaciones en que no se contaba con la posibilidad de retornar a las niñas, los niños y adolescente a su familia o contar con una unidad de cuidados básicos.

La internación se incluía sólo como una instancia transitoria, que permitiera el abordaje de situaciones complejas; a partir de allí, se recurría a la creación y/o recreación de otras modalidades asistenciales y a la inclusión familiar y social. Ello se lograba a través de referentes comunitarios, con asistencia ambulatoria y/o mediante la derivación al sistema de atención primaria de la salud. El equipo del *Paramí* continuaba siendo un referente de consulta en todas las nuevas instancias.

El parador contaba con espacios indicados para desarrollar la vida cotidiana (cocina, dormitorios, comedor, baños, lavadero, etc.), un ámbito de trabajo (salón de reuniones-consultorio-taller) y un área de expansión al aire libre (patio). Incluía las modalidades asistenciales de internación, hospital de día (con posibilidad de media jornada o jornada completa) y hospital de noche.

El abordaje de situaciones complejas demandaba que se extremaran las precauciones para que de ningún modo la inclusión de niños y adolescentes en este dispositivo se concretara como medida de encierro o exclusión. Estas alternativas iban de la mano de la Ley Provincial de Salud Mental (n° 10.772, sancionada en 1991), que ya advertía sobre lo iatrogénico que resulta el aislamiento en las formas de internación prolongada, el alejamiento del núcleo familiar o social, y/o cualquier forma asistencial que restrinja coercitivamente la libertad[4].

Así planteado, el dispositivo era pensado como asistencial y preventivo a la vez, y su eficacia estaba directamente relacionada con la construcción de las estrategias de externación para cada niña, niño o adolescente.

La articulación intersectorial era pensada y asumida como columna vertebral del abordaje, y con principal énfasis en el trabajo conjunto con otras dependencias y direcciones. Es desde allí que se construyeron dispositivos comunitarios que otorgaban soporte a la estrategia que se conducía clínicamente.

Un aspecto central lo constituyó la organización de actividades por fuera del espacio de la casa, que incluían salidas, talleres, juegos y caminatas. La oferta de los talleres se presentaba variada y dinámica, y tenía en cuenta el momento que cada sujeto se encontraba transitando. A

---

4 También coincidían con la Ley Nacional 23.849, que en 1990 ratificó la adhesión argentina a la *Convención sobre los Derechos del Niño*, y con la Ley Nacional de Protección Integral de los Derechos de las Niñas, Niños y Adolescentes (n° 26.061).

modo de ejemplo, había actividades que ponían en juego el cuerpo (deporte, baile, expresión corporal y juegos), otras se centraban en el producto (cocina, artesanías, pintura, dibujo y escultura), otras en los sentidos (música), aprendizajes formales (lectoescritura), y algunas incluían la dimensión del tiempo para ver resultados (jardinería), etc.

De parador a terminal: la necesidad del desmontaje

A pesar de la derogación en 2005 de la Ley Nacional de Patronato de Menores (n° 10.903), los juzgados de menores continuaron interviniendo largo tiempo en la población infanto-juvenil bajo la lógica de la institucionalización como medida tutelar. Esto tuvo graves consecuencias, ya que el dispositivo que había sido creado como un parador para la Dirección de Salud Mental se fue transformando en una terminal para el Poder Judicial. Así, un importante número de ingresos de niñas, niños y adolescentes provenía de una orden judicial de internación, una medida restrictiva amparada en una visión tutelar.

> "Los casos que en general nos llegaban eran casos judicializados y en todos estaba de por medio una medida de excepción […] siempre había una intervención judicial de por medio. No eran todos chicos en situación de calle, algunos sí, pero otros venían de una seguidilla de institucionalizaciones donde entraba la exclusión como la medida de neto corte social" (trabajadora de Salud Mental-2).

Las niñas, niños y adolescentes que ingresaban al *Paramí* estaban signados por la presunción que asociaba enfermedad con peligrosidad. Sus responsables pronto comprendieron que era necesario revertir tal creencia, de lo contrario el dispositivo pensado como alternativo tendía a ser subsumido por una lógica hegemónica.

"No solamente estaban respondiendo con el cuerpo, sino que también se tenían que hacer cargo de ser culpabilizados por aquello de lo que fueron víctimas. Esta cosa de decir que en lugar de estar en peligro, son peligrosos. Sobre ese eje comenzaron los problemas ya que rápidamente el *Paramí* se transformó en un espacio de internación ordenada por la justicia" (trabajadora de Salud Mental-1).

El devenir del *Paramí* pone en cuestión lo que históricamente la psiquiatría legal clásica había instituido, es decir, la asociación del peligro a la comisión de actos imprevisibles y violentos. Así, la peligrosidad se constituía como una cualidad inmanente de estas niñas, niños y adolescentes, pero también como una probabilidad aleatoria, dado que la prueba del peligro solamente ocurre cuando el acto se realiza efectivamente. Esta ambigüedad conllevó a que, en la práctica, sólo se efectuaran imputaciones de peligrosidad, relacionando la probabilidad de asociación entre síntomas actuales y actos futuros (Castel, 1986).

En este contexto, la necesidad de desmontar el parador fue mencionada como un límite a ser superado en la experiencia de sustitución de las lógicas manicomiales, un giro en el proceso des/institucionalizador, no porque estuviera en el espíritu de la construcción de esa experiencia, sino porque la situación de sobrevulneración de estas niñas, niños y adolescentes hacía que el cumplimiento de medidas custodiales, en el marco de la justicia, modificaran radicalmente el sentido del dispositivo creado por la Dirección de Salud Mental.

La reflexión crítica permanente permitió al equipo de infancia problematizar el dispositivo creado, generar nuevas instancias que desafiaran los procesos de exclusión y someterse a la creación de nuevos e innovadores dispositivos, precisamente en el sentido de sustitución de toda lógica manicomial. En las entrevistas registramos que no fue un proceso sencillo, pero sí desafiante, creativo y en movimiento, a fin de garantizar el derecho a la asistencia sin encierro de las niñas, niños y adolescentes. Así lo expresaban dos profesionales:

"Lo importante del *Paramí* fue que, sin ser un espacio de cronificación, pero viendo que podía convertirse en eso por la falta de políticas sociales, principalmente respecto de estas situaciones, decidimos deconstruirlo y renovar la apuesta. No deja de ser maravilloso que no nos quedamos encerrados ni cronificados por algo que inventamos y construimos, que cuando vimos que no daba las respuestas necesarias a la población, resolvimos su deconstrucción y construcción de algo nuevo" (trabajadora de Salud Mental-3).

"El parador fue cerrado, y ahí es donde nosotros pasamos a tener una relación más estrecha con la APS. Formamos dispositivos que tenían, y tienen, la pretensión de poder sumarse a los espacios de APS para abordar cuestiones específicas relacionadas con la infancia y adolescencia. Originalmente, una tarea que abarca dos aspectos centrales: la atención directa en algunas situaciones con población infanto-juvenil y un trabajo más definido como matricial. Poder trabajar como soporte en los espacios de salud que existen, ya sean provinciales o municipales, es un proceso novedoso para nosotros" (trabajadora de Salud Mental-1).

A partir de esta experiencia, el equipo de Infancia se incorporó a los diferentes espacios de fortalecimiento en Salud Mental, en abordajes con niñas, niños y adolescentes, y desde el asesoramiento a los equipos y trabajadores de APS. Estos equipos funcionaron hasta 2011, momento en que cambió la conducción de la Dirección de Salud Mental y ésta tomó otros rumbos.

Reflexiones finales

El paso por la construcción y posterior deconstrucción del *Paramí* dejó huellas en los involucrados, mientras que la cimentación de dispositivos recapturados por la lógica del encierro reproblematizó los procesos des/institucionalizadores.

En el caso del *Paramí,* la situación de sobrevulnerabilidad se reproducía y se corría el riesgo de refundar nuevos procesos de cronificación para las niñas, niños y adolescentes, y también de que se convirtiera en una encerrona trágica (Ulloa, 1995) para los profesionales.

La reflexión en torno a la experiencia transitada en la creación, sostenimiento y cierre del *Paramí* constituye un referente para pensar los procesos de transformación de las instituciones de encierro en general y, en particular, de aquellas destinadas a niñas, niños y adolescentes, en la medida en que permitió la identificación de los mecanismos sutiles, silenciosos y enmascarados de producción y reproducción de lógicas manicomiales.

Por otro lado, la alerta sobre los riesgos de la continuidad y ampliación de dichas lógicas constituyó una de las claves formativas fundamentales que, junto con una concepción ético-política de los sujetos considerados en su singularidad, orientó el pensar y hacer de los equipos profesionales en términos de nuevos sujetos, prácticas y saberes en confrontación con las lógicas manicomiales.

Para finalizar queremos recuperar una reflexión de Gustavo Castaño (2009) en relación a este proceso: "Desde el silencio aturdidor (de lo real) hay quien critica, con su mera existencia, nuestro orden social, nuestra normalidad, nuestra vida social. Nuestras vidas. Y nuestro oficio se apuntala y crece a partir del escuchar".

Bibliografía

Ariès, P. (1987). *El niño y la vida familiar en el Antiguo Régimen*. Madrid: Taurus.

Barcala, A. (2011a). "El impacto de las políticas neoliberales en el ámbito de la salud mental", en L. Benasayag y G. Dueñas (comps.), *Invención de enfermedades. Traiciones a la salud y a la educación. La medicalización de la vida contemporánea*, pp. 219-232. Buenos Aires: Noveduc.

Barcala, A. (2011b). "Los dispositivos de atención en niños, niñas y adolescentes con padecimiento en su salud mental en la Ciudad Autónoma de Buenos Aires", en *Panoramas en salud mental*, pp. 141-169. Buenos Aires: Ministerio Público Tutelar-Eudeba.

Bianchi, E. (2015). "Infancia, normalización y salud mental. Figuras históricas y encadenamientos actuales en la formulación del ADHD (Trastorno por déficit de atención e hiperactividad)". *Historia, ciências, saúde – Manguinhos*. Rio de Janeiro: Casa de Oswaldo Fiocruz. En prensa.

Bourdieu, P. (1993). "Los ritos como actos de institución", en J. Pitt-Rivers y J. Piristiany (ed.), *Honor y gracia*, pp. 111-123. Madrid: Alianza.

Castaño, G. (2010). *Foro de Carta Abierta*, 23 de marzo.

Castaño, G. (2009). "Existencias críticas I". *Documento de la Dirección de Salud Mental*. Ministerio de Salud de la Provincia de Santa Fe.

Castel, R. (1986). "De la peligrosidad al riesgo", en *Materiales de Sociología Crítica*, pp. 219-243. Madrid: La Piqueta.

Donzelot, J. (1998). *La policía de las familias*. España: Pre-Textos.

Faraone S. y A. S. Valero (coords.) (2013). *Dilemas en salud mental. Sustitución de las lógicas manicomiales*. Buenos Aires: Madres de Plaza de Mayo.

Foucault, M. (2001). *Los anormales*. Argentina: Fondo de Cultura Económica.

Lewkowicz, I. (2004). *Pedagogía del aburrido: escuelas destituidas, familias perplejas*. Buenos Aires: Paidós.

Merhy, E. (2006). *Salud: cartografía del trabajo vivo*. Buenos Aires: Lugar.

Murillo, S. (2012). "La cultura del malestar o el gobierno a distancia de los sujetos". Presentación, XIV Congreso Argentino de Psicología, "Los malestares de la época", Salta, Argentina, 12 al 14 de abril.

Pinheiro, R. y R. Ceccim (2009). "Experimentación, formación, cuidado y conocimiento en el campo de la salud: articulando concepciones, percepciones y sensaciones para efectivizar la enseñanza de la integralidad", en R. Pinheiro (comp.) y otros, *Enseñar salud*. Buenos Aires: Teseo.

Rose, N. (1990). "Of madness itself: *Histoire de la folie* and the object of psychiatric history", en *History of the Human Sciences*, vol. 3, n° 3, pp. 373-380.

Rose, N. (1998). *Inventing our selves. Psychology, power and personhood*. Cambridge: Cambridge University.

Rotelli, F., O. De Leonardis y D. Mauri (1987). "Desinstitucionalización, otra vía. La reforma psiquiátrica italiana en el contexto de Europa Occidental y de los países avanzados", en *Revista de Asociación Española de Neuropsiquiatría*, vol. VII, n° 21, pp. 165-187.

Svampa, M. (2005). *La sociedad excluyente. La Argentina bajo el signo del neoliberalismo*. Buenos Aires: Taurus.

Ulloa, F. (1995). *Novela clínica psicoanalítica. Historia de una práctica*. Buenos Aires: Paidós.

Varela, J. y F. Álvarez-Uría (1991). *Arqueología de la escuela*. Madrid: La Piqueta.

Visacovsky, S. (2002). *El Lanús. Memoria y política en la construcción de una tradición psiquiátrica y psicoanalítica argentina*. Buenos Aires: Alianza.

Buenas prácticas en Salud Mental infantil: estudio de dispositivos de Salud Mental orientados a niñas y niños en los sistemas públicos de salud de Río Negro y Neuquén

Marcela Alejandra Parra, Lorena María Gallosi, Ximena Novellino, Claudia Baffo, María Gabriela De Gregorio, Mariana Paulín Devallis, María Teresa del Pilar Amiot Gaspio y Moira Ale

Introducción

Dentro de las políticas comunitarias de Salud Mental pueden pensarse, al menos, dos posibilidades no excluyentes de articulación entre la atención primaria de la salud (APS) y la Salud Mental: la incorporación de acciones de Salud Mental en las prácticas de APS y la aplicación de los principios de APS a los procesos de desinstitucionalización psiquiátrica. El primer modo ha constituido el eje de la política de Salud Mental de la provincia del Neuquén, mientras que en la provincia de Río Negro se ha seguido el segundo (Stolkiner y Solitario, 2007).

En esta realidad sanitaria, a través del proyecto de investigación "Dispositivos de atención en Salud Mental orientados a niñas y niños. Estudio descriptivo en los sistemas públicos de Salud de Río Negro y Neuquén, período 2014-2015 (FACE-UNCo)" nos proponemos caracterizar prácticas en Salud Mental orientadas a niñas y niños desarrolladas en los sistemas públicos de Salud de Río Negro y Neuquén en el período 2014-2015[1].

El marco teórico está conformado por dos grandes ejes: las conceptualizaciones acerca de la Salud Mental, la niñez y las prácticas en salud, por un lado, y el análisis de las articulaciones entre Salud Mental y APS, por el otro. Se trata de un estudio de tipo descriptivo transversal con un enfoque cualitativo que incluye datos de tipo cuantitativo. Los instrumentos de recolección de datos son: la revisión de la documentación sanitaria existente, la realización de encuestas y entrevistas, y la realización de observaciones con apoyatura de registro fotográfico y de videos. El análisis de datos se basa en el concepto de triangulación metodológica, y está inspirado en la teoría fundamentada y en el método de comparación constante.

Escenarios regionales

Durante el trabajo de recopilación de información para realizar el estado del arte del tema recopilamos un conjunto heterogéneo de antecedentes. En primer lugar, artículos referidos a investigaciones que se propusieron estudiar dispositivos clínicos de atención a niños desde una metodología cualitativa y/o cuantitativa[2]. En todos los casos se trataba de la observación de un único dispositivo y de espacios de atención vinculados al ámbito universitario,

---

1   Una versión previa de este texto se encuentra en proceso de evaluación para su publicación por la *Revista de la Facultad Nacional de Salud Pública*, de la Universidad de Antioquia, Medellín, Colombia.

2   Ellos son: V. Aguiriano y otros (2009), "Las prácticas clínicas y la investigación en un servicio de atención a niños y adultos responsables"; T. Carusi y S. Slapak (2009), "Investigación sobre las intervenciones del psicoterapeuta en un grupo psicoterapéutico psicoanalítico de niños entre 6 y 8 años y en su respectivo grupo de orientación a padres o adultos responsables"; A. Luzzi y otros (2009), "Estudio del juego de niños en el contexto de la psicoterapia psicoanalítico grupal"; A. Luzzi y otros (2009), "Estudio de la capacidad de contención emocional de padres o adultos responsables incluidos en grupos de orientación"; L. Ramos y otros (2009), "Psicoanálisis de niños: estu-

no de dependientes del régimen sanitario, donde la relación clínica-investigación podría ser diferente. En general,
se buscaba conocer los efectos de las intervenciones realizadas en el marco de dispositivos clínicos en los niños,
sus padres y/o adultos responsables. Observamos que la
información se había obtenido, en la mayoría de los casos,
del registro de una muestra de sesiones. Si bien los objetivos propuestos eran los mencionados, notamos que los
datos analizados y presentados como resultados tendían a
plantearse en términos de adecuación o no del manual de
códigos de intervenciones de investigaciones relacionadas
previamente. Algunos de los estudios relevados dan cuenta
de los efectos de la participación de los niños y adultos en
los dispositivos estudiados y hacen recomendaciones para
su mejora. Todos los estudios de este grupo consideran,
además, la necesidad permanente de reflexionar desde la
práctica clínica con auxilio de la investigación para evitar
los caminos únicos y poder revisar dispositivos y conceptos de la clínica. Finalmente, cabe mencionar que todas las
investigaciones agrupadas en este eje estudiaron espacios
de atención vinculados al ámbito universitario, sin involucrar dispositivos dependientes del ámbito sanitario, donde
la relación clínica-investigación podría ser diferente. Asimismo, que las investigaciones encontradas limitaban sus
resultados a la observación de un único dispositivo.

En un segundo eje reunimos seis investigaciones que
describen y analizan programas de Salud Mental para niñas,
niños y adolescentes y la actuación profesional de los
efectores a cargo. Algunas de las investigaciones busca-
ban conocer, además, si los programas estudiados cumplían
con los objetivos propuestos, con la finalidad de obtener
información que les permitiera formular recomendaciones
para redireccionarlos o mejorarlos. Observamos que, en el

_____

dio de procesos terapéuticos"; E. Leonardelli (2009), "Desarrollo de un
modelo para la observación sistemática de situaciones interactivas lúdicas
madre-niño".

marco teórico de estos estudios, se combinan aportes del psicoanálisis, del campo de la Salud Mental comunitaria, de las investigaciones en sistemas y servicios de salud, de las reformas en sistemas de atención en Salud Mental y conceptos del campo sociológico. Asimismo, se presentan desarrollados los conceptos de *salud mental* y de *buenas prácticas*, y la metodología utilizada es la de triangulación de información de datos obtenidos de fuentes secundarias y primarias, con predominio de un abordaje de tipo cualitativo. Notamos que estas investigaciones dan cuenta de la complejidad de los procesos y resultados de los programas de atención en Salud Mental y que dos de ellas cobraron especial importancia para nuestro análisis[3].

El estudio de Alicia Stolkiner y su equipo (2011) plantea la articulación entre la APS y la Salud Mental desde las dimensiones teórico contextual y de definición de políticas, y desde la dimensión subjetiva de las concepciones y prácticas de los actores. Con respecto al trabajo de Alejandra Barcala (2013), lo consideramos similar al de nuestra propuesta, aunque abarcan períodos temporales y espacios geográficos diferentes: investiga las políticas y prácticas de las instituciones sanitarias, y plantea la necesidad de revisar los discursos y concepciones de la niñez que subyacen a ellas, en tanto impactan de forma positiva o negativa en los procesos de constitución subjetiva de niñas, niños y adolescentes.

---

[3] Las no referenciadas son: F. Torricelli y otros (2012), "Investigación sobre un programa comunitario que brinda cuidados a niños, niñas y adolescentes con trastorno mental severo y vulnerabilidad psicosocial"; M. Sirianni (2011), "Descripción y análisis de un programa de integración sociolaboral para adolescentes de la Ciudad Autónoma de Buenos Aires, basado en la implementación del dispositivo de empresa social como estrategia de salud mental comunitaria. Estudio de caso"; A. Barcala y otros (2008), "Hubo un Programa de Atención Comunitaria"; A. Barcala y otros (2010), "Los procesos de atención en Salud Mental en la niñez desde la perspectiva de derechos: un estudio de las jurisdicciones Ciudad de Buenos Aires, provincia de Tierra del Fuego y provincia de Misiones".

En otro grupo de antecedentes reunimos dos investigaciones finalizadas (Parra, 2012 y 2013) y una en curso (Estévez y otros, 2011), que abordan el tema que nos interesa en la región a analizar. Las dos primeras investigaciones describen dispositivos de atención a niños y sus familias que se desarrollan en Zona Sanitaria Metropolitana de la provincia del Neuquén; se consideraron relevantes para el presente proyecto los aportes conceptuales del marco teórico, especialmente la definición de buenas prácticas y de dispositivos de Salud Mental. En ellas los dispositivos son definidos desde la perspectiva de una interfaz entre trabajo clínico y comunitario. Metodológicamente y en sus objetivos, son antecedentes directos de nuestro proyecto, aunque el área de estudio es más restringida. La investigación en curso, dirigida por Estévez, se plantea como objetivo estudiar las problemáticas de Salud Mental en la infancia y los niveles de vulnerabilidad psicosocial, en niñas y niños escolarizados de la ciudad de Cipolletti: el interés para nuestra investigación radicó en que aborda la temática de Salud Mental e infancia en el ámbito regional y realiza aportes conceptuales en el marco teórico. Sin embargo, no se refiere a dispositivos clínicos de abordaje, lo cual consideramos una diferencia significativa respecto de la propuesta del presente proyecto.

Infancia y buenas prácticas en Salud Mental

Tanto la vida prenatal como la primera infancia son momentos fundamentales en la vida de los seres humanos, tiempos fundacionales en la constitución subjetiva, la construcción de la intersubjetividad y el desarrollo de los primeros vínculos, por lo cual se tornan períodos prioritarios para pensar intervenciones preventivas desde el ámbito de la Salud Mental (Fushimi y Giani, 2009; Pedraza, Marcus y Sánchez, 2006). Así, adquieren relevancia, por su potencial preventivo y de promoción de la salud, las prácticas de trabajo con niños que abordan estas etapas vitales claves en la estructuración psíquica del ser humano.

Asimismo, adquieren sentido las buenas prácticas de Salud Mental en la atención de niñas y niños, ya que implican desafiar los actuales discursos hegemónicos que, según Barcala (2013), naturalizan la psicopatologización/medicalización/desatención de la niñez y cierran las posibilidades de llevar adelante acciones creativas y prácticas comunitarias que inviten a la inclusión y a la socialización, y que garanticen el derecho a la salud. Esta psicopatologización/medicalización/desatención de la niñez da cuenta de la falta de políticas públicas en el área de la Salud Mental infantil[4] y de la consecuente inmersión de la lógica del mercado en dicho campo.

Desde la perspectiva de la Salud Mental, se entiende que todo ser humano es, desde su concepción, un sujeto entramado en una red vincular y social compleja: sujeto *desde, entre, con* y *para otros*. Se trata de un sujeto entramado en una red intersubjetiva, en lazo social. Precisamente, en el niño la constitución de las redes representacionales se encuentra posibilitada por el sostén de un otro, que le puede construir y brindar un espacio psíquico. Para pensar al niño y a la psicopatología infantil es necesario ubicar el contexto en el que nos encontramos inmersos, del que formamos parte, y que en cierta medida nos determina. Es decir que aquello que se espera de los niños, lo que sería sano o patológico, será diferente en las distintas épocas y los distintos grupos sociales. Es por ello que cada época, cada grupo social, tiene su propia representación de lo que debe ser un niño y cuáles son los modelos de maternidad y paternidad (Janin, 2013).

---

4 Según Gerlero y otros (2010): "Particular atención merece el insuficiente desarrollo de dispositivos dedicados al cuidado de la salud mental infantil. Conforme con otros estudios, los resultados revelan la deficitaria planificación de acciones que privilegien a esos grupos etarios, como así también la ausencia de información sobre sus problemas prevalentes".

Según Burijovich (2011), la expresión "buenas prácticas" destaca aquellas acciones cuyos resultados han sido positivos y que, por este motivo, pueden ser consideradas como modelos, guías e inspiración para futuras actuaciones. En este marco, podemos pensar cuáles son los desafíos en la creación de buenas prácticas de Salud Mental en la atención de niñas y niños, teniendo en cuenta que tanto las intervenciones sobre ellos como su permanencia están determinadas por una voluntad de poder sobre los sujetos infantiles, que engendra el cuadro actual de saberes sobre el niño (Foucault, 1991). En ese sentido, deberíamos poder situar a un niño en las mejores condiciones de subjetivación posibles, sin reducirlo a objeto de un saber de la medicina y la psicología (Janin, 2013).

De este modo, para garantizar el derecho a la Salud Mental y evitar prácticas desubjetivantes y desestructurantes, toda política de Salud Mental en la niñez debería impulsar procesos de desinstitucionalización/desmedicalización/despatologización, a la vez que debería incluir prácticas comunitarias subjetivantes y estructurantes dentro del proceso de atención a la salud-enfermedad.

Desde la presente investigación nos proponemos favorecer el análisis de prácticas que posibiliten la construcción colectiva y la multiplicación de dispositivos comunitarios y subjetivantes desde un modelo de Salud Mental comunitaria y desde el entendimiento de que la investigación debe estar ligada a ideas de compromiso, participación y transformación social.

Sistemas de Salud Mental-psicosocial en las provincias de Río Negro y Neuquén

Los sectores de Salud de las provincias de Río Negro y Neuquén tienen la misma característica de fragmentación que en el resto del país: están conformados por los subsectores público, privado y de las obras sociales, cada uno con lógicas y prácticas diferentes.

En ambas provincias el subsector público alcanza a la totalidad de las localidades a través de hospitales y centros de salud, así como a las comunidades rurales por medio de puestos sanitarios y/o visitas periódicas desde el hospital de referencia. En la mayoría de las localidades del interior de las provincias, el sistema público es el único prestador de salud, ya que los subsectores privado y de obras sociales han localizado sus efectores en las ciudades de mayor concentración poblacional y sólo cuentan con centros médicos ambulatorios y consultorios particulares en algunas localidades del interior provincial.

Asimismo, en ambas provincias el subsector público comprende diversos niveles: uno central normativo y de conducción general (Ministerio de Salud), y una red integrada por los establecimientos prestadores de servicios. Cada provincia tiene definidas regiones o zonas sanitarias, integradas a través de una red de establecimientos escalonados en niveles de complejidad creciente (complejidad de I al VI, según clasificación de OMS en base a las prestaciones que el establecimiento puede brindar).

Cada zona sanitaria se subdivide en áreas programáticas locales, que implican una responsabilidad sobre la población comprendida en ese territorio. En cada región o zona sanitaria hay un hospital cabecera zonal de mediana o alta complejidad, con el cual se vinculan a través de interconsultas y derivaciones otros hospitales de mediana o baja complejidad ubicados en localidades vecinas.

En el caso del Neuquén, el establecimiento de máxima complejidad del sistema es el Hospital Provincial Dr. Castro Rendón, ubicado en la Ciudad de Neuquén, que centraliza gran parte de la atención sanitaria, a tal punto que tiene el rango de una zona sanitaria más. La provincia también cuenta con un hospital de referencia interzonal, en la ciudad de Zapala.

El sistema de Río Negro se encuentra dividido en seis zonas sanitarias, que corresponden a los departamentos geográficos de la provincia[5]e incluye 35 hospitales generales Área Programa y 161 centros de salud.

Salud Mental comunitaria y salud psicosocial

Los programas de Salud Mental del subsector público de Río Negro y del Neuquén tienen características muy distintas en cuanto a su integración organizativa, disponibilidad y estructura de servicios, y trabajadores del área. Entendemos que estas diferencias se corresponden con diversos modos de incluir la atención en Salud Mental dentro del sistema de cada una y con las concepciones, prioridades y políticas subyacentes en cada programa provincial. En este sentido, consideramos que el Programa de Salud Mental Comunitario rionegrino está organizado en función de la tarea de desmanicomialización[6], definida como objetivo prioritario de su política. Por otro lado, la provincia del Neuquén se organiza en relación al modelo de APS, a partir de la promulgación de la Ley Nacional de Salud Mental (nº 26.657).

Integración organizativa

El Ministerio de Salud del gobierno del Neuquén cuenta con el Departamento de Salud Mental, en donde se incluye el Programa de Adicciones. Asimismo, en 2010 se creó el Consejo Provincial de Atención Integral de Salud Mental y Adicciones (COPAI) con el fin de planificar, diseñar y coordinar las políticas públicas de prevención, asistencia, trata-

---

5   A saber: Primera Zona Oeste (Alto Valle Oeste), Primera Zona Este (Alto Valle Este), Segunda Zona (Valle Medio), Tercera Zona (Región Atlántica), Cuarta Zona (Región Andina), Quinta Zona (Línea Sur).
6   El término "desmanicomialización" se refiere al proceso provincial de desinstitucionalización, y a los fines de este trabajo ambos vocablos pueden considerarse sinónimos.

miento, rehabilitación y reinserción en el campo de Salud Mental y Adicciones, en relación a las personas con padecimiento mental y adicciones. Tiene carácter interministerial, ya que está compuesto por representantes de los ministerios de Salud, Educación, Seguridad y Trabajo, entre otros. Su propuesta se sustenta en un abordaje interdisciplinario e intersectorial, basado en los principios de APS y de atención en Salud Mental, y entre sus funciones se destacan la de desarrollar estrategias preventivas tendientes a disminuir la exposición a situaciones que promuevan conductas de riesgo y la de disminuir la vulnerabilidad frente a situaciones relacionadas con el consumo de sustancias psicoactivas y de otras prácticas de riesgo, destinadas a la población general y en especial a niños, adolescentes y jóvenes.

En Río Negro, la conducción ministerial del programa está a cargo de tres organismos: la Dirección Provincial de Salud Mental Comunitaria, que cumple funciones políticas, técnicas y de organización operativa desde ese ámbito hacia las zonas sanitarias; el Departamento de Salud Mental, un órgano asesor de la Dirección de Salud Mental que desarrolla funciones técnicas y organizacionales; y el colegiado de coordinación provincial de Salud Mental, que funciona desde 2008, conformado por los coordinadores zonales de Salud Mental como representantes de un conjunto de equipos locales.

Estructura de los servicios

En Neuquén la atención de la Salud Mental se incluye, básicamente, en la red existente de APS, que se incorpora dentro de sus prestaciones en los centros de salud. En casi todos ellos hay equipos de Salud Mental, y en los hospitales de menor complejidad y en algunos centros de salud y hospitales generales del interior de la provincia, duplas de Salud Mental-salud psicosocial, compuesta por psicólogos y trabajadores sociales. En la zona sanitaria metropolitana –que abarca fundamentalmente Ciudad de Neuquén–, los hospitales cuentan con equipos de psicólogos y psiquiatras, y casi todos los centros de salud, con psicólogos –en tanto recurso especializado en Salud Mental– y trabajadores sociales.

Existen seis servicios de Salud Psicosocial en hospitales generales. Asimismo, en la Ciùdad de Neuquén hay un Centro de Desintoxicación de Agudos y un Centro de Día de Adolescentes, en la localidad de Arroyito funciona desde hace más de diez años una comunidad terapéutica en el Instituto de Rehabilitación, y en distintas localidades de la provincia existen grupos de trabajo sobre alcoholismo, violencia familiar, trastornos de ansiedad, cesación del hábito tabáquico, adolescencia, cuidados paliativos y apoyo a la crianza, entre otros.

En Río Negro, el Programa de Salud Mental Comunitaria cuenta con servicios locales en 29 de sus 35 hospitales generales, aspecto que resulta relevante en términos de accesibilidad a la atención. Estos servicios son heterogéneos: algunos son unipersonales y otros cuentan con equipos interdisciplinarios muy numerosos. En general, ello se relaciona a la cantidad de población a cargo, aunque no existen normativas preestablecidas. Cada uno de ellos tiene a su cargo, además, la atención en los Centros de Atención Primaria de la Salud, que dependen de su área programática (un total de 116 en la provincia).

Además, el subsector público posee siete dispositivos denominados "estructuras intermedias": cinco son centros comunitarios y los restantes, una casa de alojamiento, y una casa para el trabajo de atención y resocialización con personas bajo jurisdicción judicial (Casa Art. 12, Ley 2440). Por último, cuenta con ocho empresas sociales, que dependen de diversos servicios de Salud Mental locales, y con tres asociaciones de usuarios y familiares.

De los trabajadores

En el Neuquén, según datos del Departamento de Salud Mental y el área de Adicciones, el recurso humano calificado en el área de Salud Psicosocial del sistema público provincial era, en 2012, de 172 profesionales: 79 psicólogos, 74 asistentes sociales y 19 psiquiatras[7].

En Río Negro, según datos del Programa Provincial de Salud Mental Comunitaria, en 2007 se contaba con 175 trabajadores: 69 psicólogos, 10 enfermeros, tres administrativos, 6 trabajadores sociales, 21 psiquiatras o médicos especialistas en Salud Mental, dos psicopedagogas, una socióloga y 63 operadores de Salud Mental. En este Programa resulta fundamental la incorporación del recurso no convencional del operador de Salud Mental para la realización de los objetivos de promoción sanitaria y social de las personas que padecen sufrimiento mental, dado que profundiza un abordaje alternativo a la respuesta tradicional a la crisis mental e incorpora conocimientos comunitarios. Estos operadores participan en todas las instancias de trabajo, diseño, ejecución y evaluación de las estrategias terapéuticas[8].

---

[7] La residencia en Psiquiatría del Hospital Castro Rendón, del Neuquén, inició recientemente un nuevo ciclo, con tres profesionales médicos en formación.

[8] Río Negro cuenta desde 1994 con la Residencia Interdisciplinaria de Salud Mental Comunitaria, dirigida a la formación de médicos, psicólogos, trabajadores sociales, enfermeros, terapistas ocupacionales y psicopedagogos. Su duración es de tres años y tiene sedes en 8 de los 29 servicios del Programa.

El cuidado de la Salud Mental infantil

La situación en las provincias de Río Negro y Neuquén respecto al cuidado de Salud Mental infantil no escapa a las problemáticas de escaso desarrollo y deficitaria planificación que han sido señaladas como características de la situación nacional en la misma área.

En un estudio reciente sobre estrategias de intervención en Salud Mental en la Argentina, encabezado por Sandra Gerlero, se sostiene que "Particular atención merece el insuficiente desarrollo de dispositivos dedicados al cuidado de la Salud Mental infantil. Conforme con otros estudios, los resultados revelan la deficitaria planificación de acciones que privilegien a esos grupos etarios, como así también la ausencia de información sobre sus problemas prevalentes" (Gerlero y otros, 2010: 28).

En relación a la organización de la atención de la Salud Mental infantil, nos interesa marcar las diferencias existentes entre ambas provincias, ya que deberán ser tenidas en cuenta para el estudio de los dispositivos que nos proponemos realizar.

En Río Negro no existen áreas diferenciadas de atención de Salud Mental dentro de los servicios locales ni el área de atención infanto-juvenil[9]. En ese sentido, desde el Programa de Salud Mental rionegrino, y con una intención clara y bien definida, se ha promovido como lineamiento la no conformación de áreas diferenciadas de atención por grupo etario. El tipo de abordaje promovido es el familiar y comunitario, y ello implica no considerar a las personas según una única variable (ya sea edad, sexo o nivel educativo), sino pensar el abordaje de la persona en su integridad y complejidad, teniendo en cuenta las particularidades y

---

[9] En Río Negro funcionan los Espacios Comunitarios de Organización Social (conocidos como "ECOS"), que son instituciones públicas orientadas específicamente a trabajar con niños, adolescentes y sus familias, con dependencia interministerial (Salud, Promoción y Acción Social municipal).

especificidades. Los equipos interdisciplinarios asumen una responsabilidad compartida en la atención al conjunto de la demanda. Sin embargo, en algunos servicios de gran envergadura, y en función de una organización interna del equipo, algunos profesionales con especialidad en niños dedican la mayor parte de su carga horaria a la atención de este grupo etario. Por otro lado, casi todos los servicios de Salud Mental cuentan con algún referente de la red intersectorial-interinstitucional orientada específicamente al trabajo con niños (como por ejemplo el Consejo Provincial de Niños y Adolescentes, que recientemente surgió como estrategia interministerial para el abordaje de este grupo etario). Para la atención en Salud Mental infantil, la gran mayoría de los servicios locales rionegrinos cuentan con dispositivos de atención en crisis (mediante sistema de guardias pasivas o activas), internación en el hospital general, admisiones y consultorios externos (para atención individual de niños y/o del grupo familiar); sólo algunos servicios cuentan además con dispositivos específicos de atención en Salud Mental para niños, como grupos o talleres. La internación de un niño por un problema de Salud Mental está regulada por la Ley Provincial del Gobierno de Río Negro de Promoción Sanitaria y Social de las Personas que Padecen Sufrimiento Mental (n° 2440, sancionada en 1991 y reglamentada en 1992) y se cumple con los mismos lineamientos que promueven la no segregación de las personas adultas con padecimiento mental; es decir, que la internación se realiza en el hospital general más cercano a su domicilio, y sólo en tanto dispositivo temporal y transitorio, implementado en última instancia, luego de haber intentado otros dispositivos terapéuticos ambulatorios. Los hospitales Área Programa no cuentan con espacios de aislamiento para personas en crisis de salud mental, sino que esas personas son internadas en clínica médica o pediatría, según corresponda.

En Neuquén está más establecida la división organización/especialización de la atención de los profesionales por grupos etarios. El Hospital Castro Rendón, el de mayor

complejidad, cuenta con un equipo de psicólogos y psiquiatras para la atención de niños, otro para adolescentes-
jóvenes y otro para adultos. En los otros hospitales de la
Zona Sanitaria Metropolitana –Bouquet Roldán y Horacio
Heller–, aunque los cargos no lo diferencian formalmente,
en la práctica los profesionales del servicio se organizan
para atender algunos a los adultos y otros a los niños y
adolescentes. Esta división dentro de los equipos de Salud
Mental es una de las principales diferencias que, según
podemos ver, existen entre las dos provincias.

A modo de conclusión: sobre políticas de Salud Pública

Las políticas comunitarias en Salud Mental son el resultado
de la confluencia de dos corrientes de investigación y prácticas en Salud Pública, independientes entre sí, pertenecientes a ámbitos del saber distintos y cuyos trabajos se realizan
en contextos socioculturales diferenciados: por una parte,
las corrientes de las llamadas "psiquiatrías comunitarias"
desarrolladas en el marco de las políticas de desinstitucionalización y, por otra, la corriente de APS.

Tomando en cuenta esto, y continuando lo enunciado
al comienzo del texto, pueden pensarse al menos dos posibilidades no excluyentes respecto a los modos en que pueden relacionarse la APS y la Salud Mental: la incorporación
de acciones de Salud Mental en las prácticas de APS y la
aplicación de los principios de APS a los procesos de desinstitucionalización psiquiátrica (Armesto, 1996).

En ese marco, podríamos decir que el primer modo ha
constituido la característica principal de la política de salud
de la provincia del Neuquén, que se ha orientado hacia la
incorporación de prácticas de Salud Mental en los procesos
de atención de niñas y niños pequeños a través de lo que
se ha denominado "herramientas subjetivas que protegen":

identidad, intimidad, intermediación por la palabra-humanización, límites y la socialización; mientras que el segundo
modo ha constituido el eje central de la política de Salud
Mental de la provincia de Río Negro, donde se ha enfati-
zado en los procesos de desinstitucionalización psiquiátrica
y donde, desde los postulados de la Salud Mental comunitaria, si bien se ha planteado la no creación de subespecia-
lidades en los equipos de Salud Mental, las problemáticas
relacionadas con niñas y niños son respondidas desde un
modelo centrado en la perspectiva de derechos.

Bibliografía

Armesto, M. A. (1996). "Una evaluación del Programa Área
de Atención Comunitaria de la Dirección de Prestaciones Integrales en Salud Mental". Informe 1° de abril de
1994–31 de marzo de 1996. Dirección General de Salud
Mental. Conicet Córdoba.

Barcala, A. (2013). "Sufrimiento psicosocial en la niñez: el
desafío de las políticas en Salud Mental", en revista *Actualidad Psicológica*, marzo.

Burijovich, J. (2011). "El concepto de buenas prácticas en
salud: desde un enfoque prescriptivo a uno comprensivo", en M. Rodigou Nocetti y H. Paulín, *Coloquios de
Investigación Cualitativa*. Córdoba: Universidad Nacional
de Córdoba.

Estévez, A. y otros (2011). "Salud mental infantil y vulnerabilidad psicosocial. Estudio epidemiológico en niños
escolarizados de la ciudad de Cipolletti". Proyecto de
Investigación FACE-Universidad Nacional de Córdoba.

Foucault, M. (1991). *Saber y verdad*. Madrid: La Piqueta.

Fushimi, C. F. y M. Giani, (2009). *Herramientas subjetivas
que protegen... Una propuesta de incorporación de prácticas
de salud mental en los procesos de atención de niños y niñas
pequeños. Guía para la atención y el cuidado de la salud de
los niños y niñas de 0 a 6 año*s. Gobierno de la Provincia del Neuquén.

Gerlero, S., A. C. Augsburger, M. P. Duarte, M. A. Escalante, M. V. Ianowski, E. C. Mutazzi y D. I. Yanco (2010). "Diagnóstico evaluativo para el fortalecimiento de estrategias de intervención en salud mental en Argentina", en *Revista Argentina de Salud Pública*, vol. 1, n° 2, marzo.

Janin, B. (2013). "Intervenciones subjetivantes", en revista *Novedades Educativas*, n° 268, abril, pp. 13-16.

Parra, M. A. (2012). "Características, alcances y límites del dispositivo *Casa Arco Iris*: programa de Salud Mental Comunitaria para niños/as de 0 a 6 años y sus familias en el primer nivel de atención". Inédito.

Parra, M. A. (2013). "Dispositivos de Salud Mental para la atención de niños pequeños y sus familias: interfaces entre el trabajo clínico y la perspectiva comunitaria. Una evaluación de la experiencia *Espacio Arco Iris* del Centro de Atención Primaria de la Salud Almafuerte de la Ciudad de Neuquén. Período 2011-2012". Inédito.

Pedraza, M., A. Marcus y M. Sánchez (2006). "Viaje a la vida. Una propuesta de humanización temprana al niño y/o niña en gestación y su familia". Centro de Salud B° 582 viviendas. Zapala, Neuquén. Inédito.

Stolkiner, A. y otros (2011). "Articulaciones entre salud mental y atención primaria de la salud desde una perspectiva de derechos – Argentina – 2004 y 2014". Proyecto UBACyT, Programación Científica.

Stolkiner, A. y R. Solitario (2007). "Atención Primaria de la Salud y salud mental: la articulación entre dos utopías", en D. Maceira, *Atención primaria en Salud. Enfoques interdisciplinarios*. Buenos Aires: Paidós.

Dispositivos de Salud Mental para la atención de niños pequeños y sus familias en la Ciudad de Neuquén

Interfaces entre el trabajo clínico y la perspectiva comunitaria

Marcela Alejandra Parra

Introducción

La investigación que aquí se presenta analiza el dispositivo *Espacio Arco Iris* de atención en Salud Mental a niños pequeños y sus familias, que se desarrolla en el Centro de Atención Primaria de la Salud (CAPS) Almafuerte, de la Ciudad de Neuquén, en el período 2011-2012, a la vez que evalúa sus alcances y límites.

La perspectiva teórica está conformada por los aportes de la Evaluación de Programas en Salud Mental Comunitaria, la Psicología Comunitaria en América Latina y la Perspectiva Sistémica del niño y la familia, y la Perspectiva Psicoanalítica de Françoise Dolto y la experiencia de *Casa Verde*. Los instrumentos de recolección de datos fueron fundamentalmente la revisión de registros sanitarios existentes y la realización de entrevistas y observaciones. El análisis de los datos se basó en el concepto de triangulación metodológica.

El *Espacio Arco Iris* es un dispositivo preventivo-asistencial en Salud Mental destinado a niñas y niños de 0 a 6 años y a sus familias, que se implementó en 2004 en la Zona Sanitaria Metropolitana de Neuquén en los CAPS Confluencia,

Sapere, El Progreso, Valentina Sur y San Lorenzo Norte. En el último tiempo, también se ha venido desarrollando en el CAPS Almafuerte y en el Hospital de Plottier (perteneciente a la Zona Sanitaria I), se ha reiniciado en el CAPS de El Progreso y se está comenzando a implementar en el CAPS de Parque Industrial. Tiene como propósito "humanizar al niño y la niña en las diferencias, descubriendo su potencial creativo y reconocerlo/a como sujeto desde que nace" y está orientado a abordar los problemas de la temprana edad a partir del respeto del niño como sujeto. Se basa en los ejes teóricos desarrollados por la pediatra y psicoanalista francesa Françoise Dolto (1984 y 1985) y en la experiencia *Casa Verde* que ella implementó, así como en el trabajo realizado por la Lic. Aída Chantal de Saks, junto a otros profesionales en la *Casa Verde* de Buenos Aires.

Se trata de un espacio donde acuden de manera conjunta niños y padres u otros referentes adultos, y donde el equipo profesional actúa sobre el *aquí y ahora* de las interacciones que se dan entre estos sujetos, que forman parte de la experiencia. De esta manera, se constituye como un ámbito para pensar y recrear vínculos saludables en la crianza, asumiendo como tarea principal la construcción de herramientas subjetivas protectoras (identidad, intimidad, humanización, límites y socialización) en el marco de la atención primaria de la salud (APS).

En esta investigación, realizada en el marco de una Beca Ramón Carrillo-Arturo Oñativia año 2012 del Programa Nacional Salud Investiga, nos preguntamos: en el período 2011-2012, ¿cuáles son las características del dispositivo de atención en Salud Mental a niños pequeños y sus familias del *Espacio Arco Iris*, que se desarrolla en el Centro de Salud Almafuerte? y ¿cuáles son los alcances y los límites de dicho dispositivo?

La evaluación del *Espacio Arco Iris* propuesta cobra relevancia bajo el concepto de *buenas prácticas* en salud (Burijovich, 2011), desde el cual se buscan sistematizar experiencias exitosas que puedan ser aplicables y transferibles a otras realidades. Al mismo tiempo, dicha evaluación puede considerarse un aporte al estudio de dispositivos locales que articula el trabajo clínico con la perspectiva comunitaria.

Antecedentes de la investigación

En la revisión previa realizada se consideró el trabajo *Evaluación del sistema público de salud de la Provincia de Neuquén* (Nirenberg, Perrone y Moreno, 2009), realizado por médicos del Centro de Apoyo al Desarrollo Local, aunque no está enfocado al área de Salud Mental. Dentro de este campo específico se han localizado muy pocas investigaciones en torno a la valoración de programas (Ardila y Stolkiner, 2009) y la mayoría de los trabajos hallados hacen referencia a prácticas psicoterapéuticas –no a su evaluación– destinados tanto a grupos de niños como a grupos de padres/ adultos responsables de esos niños (Aguiriano y otros, 2009; Carusi y Slapak, 2009). Asimismo, el desarrollo de evaluaciones de Salud Mental que incluyeran a los usuarios también ha tendido a ser escaso (Ardila Gómez, 2012).

En dicha revisión no se han encontrado investigaciones que den cuenta de dispositivos que trabajen de manera conjunta con niñas y niños y sus familias, a excepción de la realizada por la autora del presente artículo en el ámbito local (Parra, 2011), en torno a la experiencia del CAPS San Lorenzo Norte. Tampoco se han encontrado trabajos de investigación sobre el dispositivo que nos proponemos estudiar.

Marco teórico

La *teoría general* (Sautu, 2003) de esta investigación está conformada por los aportes realizados en torno a la Evaluación de Programas en Salud y, específicamente, a la Evaluación de Programas en Salud Mental Comunitaria, los aportes de la Psicología Comunitaria en América Latina y la Perspectiva Sistémica del niño, la niña y la familia, la Perspectiva

Psicoanalítica de Françoise Dolto y los desarrollos de su discípula, la Lic. Aída Chantal de Saks, especialmente en lo atinente a la experiencia de *Casa Verde*. La *teoría sustantiva* (Sautu, 2003), a modo de "marco sensibilizador", está conformada por los "conceptos orientadores" de dispositivo, familia y herramientas subjetivas protectoras. Los mismos son definidos del siguiente modo:

- Dispositivo: noción instrumental, palabra "hueca", cuya operación metafórica permite imaginar formas de intervención en el campo social. Se diferencia de los instrumentos metodológicos tradicionales justamente en su indefinición, en su apertura permanente, en la imposibilidad que afirma de construir un manual que conduzca, paso a paso, por el cumplimiento de los requisitos para la correcta acción metodológica necesaria para intervenir; en su vacío, esta noción es apertura en tanto da lugar a la incertidumbre y se niega a prever. Esta prescripción paradójica de no prescribir es precisamente la utilidad de semejante noción (Salazar Villava, 2003).
- Familia: un conjunto de personas en interacción, en un sistema organizado de manera estable y con una estrecha relación en función de necesidades básicas, con una historia y un código propio que la hacen singular. Este conjunto se transforma evolutiva y temporalmente, generalmente mantiene continuidad y posibilita la reestructuración, posee una estructura, se la ve en acción, se moviliza en acuerdo, establece formas de comunicación, límites y fronteras entre sus integrantes y el conjunto social; se caracteriza por tener vínculos ligados a una comunicación con marcado grado de intimidad, la presencia de objetivos comunes, grados de pertenencia, responsabilidad, roles y funciones específicas de cada uno de los integrantes.
- Herramientas subjetivas que protegen (Fushimi y Giani, 2009):

- Identidad: cada niño que llega al mundo tiene una identidad que le es propia. Ocupa un lugar en la trama social y familiar que lo precede. El apropiarse de su vida y de su identidad le permitirá abrirse camino, elegir con libertad e incluso sobrevivir a circunstancias adversas (muerte de sus progenitores, abandono temprano, entre otros).
- Intimidad: por más que los niños necesitan ser atendidos corporalmente desde su nacimiento hasta que adquieren la autonomía para hacerlo solos, este estado de necesidad no debiera representar una oportunidad para recibir un trato irrespetuoso; es la ternura en las relaciones cuerpo a cuerpo la actitud que ayuda a la construcción de la propia estima y el respeto por sí y por los otros; en términos subjetivos, este eje es la principal "vacuna" que protege contra el abuso sexual infantil y el maltrato.
- Intermediación por la palabra-humanización: en la actualidad queda poco tiempo para escuchar a los chicos, la intermediación por la palabra los defiende de la sobredosis deshumanizante de la sociedad. En las niñas y los niños tanto el funcionamiento del cuerpo como las conductas son manifestaciones comunicacionales ante las cuales se debe estar atento, los niños hablan aun cuando no abran la boca, expresan su sufrimiento a través de trastornos funcionales, de salud u otros síntomas; la intervención "humanizante" consiste en ayudar a poner en palabras lo que sucede, ya que la palabra libera al ser humano si logra expresar su sufrimiento a quien lo escucha con atención y sin juzgar; en esto consiste la tarea: recrear un espacio de intersubjetividad (niño-padres-adultos responsables-otros),

en el que la palabra alivie, proteja, cuide, prevenga y repare; como dice Saks (1997): "los niños y los padres vienen, plantean preguntas, se trata de responder y decodificar el mensaje. Muchas veces el niño necesita de un tercero para hacerse entender. Para nosotros es la intermediación de la palabra"; y no cualquier palabra sino la que habla con la verdad, así se aprende a develar los secretos que no ayudan a crecer.

○ Límites: a lo largo del proceso del desarrollo se van produciendo cortes necesarios para abrir posibilidades de relación con los otros y con el mundo; dejar atrás etapas para dar cabida a lo nuevo implica renuncias. Se entiende a los límites en términos de prohibiciones que, al frustrar la realización de determinados impulsos, habilitan progresivamente la socialización. Los límites cobran diferentes formas, según las etapas vitales, posibilitan la diferenciación entre yo-no yo, permitido-prohibido, realidad-fantasía, entre otros; estas prohibiciones permiten el acceso al universo de lo simbólico (juego, palabra, arte, pensamiento). El límite nos permite detenernos y pensar, parar y hacer parar al otro. En este sentido, "poner límites" implica brindar cuidado a quien lo necesita, ayuda a economizar la energía de la vida para que no se "gaste" toda en un breve instante.

○ Socialización: como sujeto social, el ser humano tiene derecho a pertenecer y estar vinculado, todos somos necesarios y formamos parte. Si bien cada uno de nosotros nace en una familia, la construcción de lo social en el niño es un proceso progresivo en el tiempo que se despliega conjuntamente al desarrollo;

este eje está íntimamente ligado a la incorporación de reglas sociales, los límites necesarios para vivir en sociedad. Reglas sociales que, incluso, se transforman en leyes, como lo es la Ley n° 2302 de Protección Integral de Niñez y Adolescencia, vigente en la provincia del Neuquén desde 1999.

Estrategia metodológica

Se trató de un análisis evaluativo de corte comprensivo con un diseño emergente que contempló aspectos descriptivos e interpretativos. La estrategia metodológica seleccionada combinó el uso de técnicas cuantitativas y cualitativas en la recolección y el análisis de la información.

La investigación evaluativa contribuye a la solución de problemas prácticos, conduce a decisiones y analiza la utilidad social y el valor de una propuesta. En este caso se partió de lo que efectivamente se estaba realizando para, desde allí, hacer primero una caracterización y luego una evaluación del dispositivo que incluyera la perspectiva del equipo de trabajo responsable, de las familias, las niñas y los niños que participaban en ese período, y de los profesionales e instituciones derivadoras y/o a las que asisten regularmente los niños. De este modo se realizó una evaluación de un dispositivo de intervención que incluyó las características generales de la investigación cualitativa y que abarcó el período 2011-2102.

Población y muestra

Se trabajó sobre el total de la población que constituía el dispositivo *Espacio Arco Iris*. Las unidades de análisis consideradas fueron el dispositivo, y las familias, las niñas y niños que participaban allí. Para el dispositivo en cuestión, por tratarse de un estudio de caso, no se consideró pertinente establecer criterios de inclusión y exclusión. Para las familias y las niñas y niños se tomó como criterio de inclusión las familias que hubieran participado al menos en tres encuentros semanales y se excluyó a las que habían participado ocasionalmente, una o dos veces, y las que no dieron su consentimiento informado. Las unidades de información fueron los miembros del equipo, los pasantes y las familias.

Instrumentos de recolección de datos

Las fuentes primarias fueron la observación participante del dispositivo con apoyatura de registros fotográficos y filmaciones; entrevistas semiestructuradas a miembros del equipo, pasantes y familias; collages y dibujos hechos por las familias y grabaciones de las reuniones de equipo. Las secundarias incluyeron entrevistas semiestructuradas realizadas previamente al inicio de la investigación a profesionales que participaron de *Casa Verde Buenos Aires* y a los que estuvieron en los inicios de la experiencia *Arco Iris* en Neuquén; registros escritos, realizados por el equipo de trabajo al finalizar cada encuentro; historias clínicas de las niñas y niños; fotografías del dispositivo y documentación producida en torno del dispositivo.

Plan de análisis de los resultados

Por tratarse de una investigación fundamentalmente cualitativa, la fase de análisis se fue haciendo de manera conjunta con la de recolección de datos. Los datos cualitativos se cargaron y procesaron a través del programa *Atlas.ti*. El análisis estuvo orientado por la Teoría Fundamentada y el Método de Comparación Constante (Kornblit, 2004).

La información de tipo cuantitativo (número de familias y personas que asistían a cada encuentro, participación de cada niño y niña y su familia a través del tiempo, etc.) y parte del material cualitativo de cada familia (motivo de consulta, observaciones más relevantes, intervenciones, organización familiar, etc.) se sistematizó a través de una base de datos en *Excel*.

Análisis preliminar de las respuestas

Los testimonios recogidos permitieron establecer algunas observaciones. Los motivos de consulta y/o situaciones en relación a las cuales se interviene han sido, durante los dos años evaluados, los siguientes: trastornos de la conducta, situaciones de violencia familiar (física y psíquica), dificultades en la puesta de límites, retraso madurativo, dificultades en el lenguaje, enuresis secundaria, dificultades en la ingestión de alimentos, trastornos del desarrollo, regresiones ante el nacimiento de hermanitos, signos de falta de estructuración subjetiva, duelos por la muerte de algún familiar cercano, dificultades en la realización de tareas escolares (falta de concentración, dificultades para iniciar y terminar una tarea, etc.), sobreprotección, miedos, fobias, dificultades de los niños para separarse de los papás, celos y rivalidades entre hermanos, situaciones de migración familiar, agresividad, hiperactividad y situaciones abuso sexual.

Según manifestaron los entrevistados, la mayoría de los cambios que se fueron dando a partir del trabajo en el dispositivos en las familias tuvieron que ver sobre todo con: mayor firmeza a la vez que flexibilidad en la puesta de límites, menor violencia y mayor capacidad de intermediación de la palabra, una mayor posibilidad de escucha hacia los niños y atención a sus necesidades, una mejor definición de roles correspondientes a adultos y niños, menores niveles de exigencia hacia los más pequeños, menos relaciones simbióticas y mayor discriminación/diferenciación niño-adulto, etc.

En relación a los niños, dichos cambios tuvieron que ver con: mejor desarrollo del lenguaje, disminución o desaparición de la enuresis, disminución o desaparición de los miedos, menor cantidad de conductas agresivas y mayor intermediación de la palabra, mayor organización y estructuración psíquica, ampliación y enriquecimiento de las posibilidades de juego, mayor capacidad de concentración, menor inquietud, mejor internalización de límites, mayor autonomía, mayor capacidad de espera, mejores posibilidades de compartir, elaboración de situaciones traumáticas, etc.

No obstante todos los cambios positivos observados, en algunos casos, también aparecieron signos de estancamiento en la situación problemática y/o retroceso en la situación del niño y/o su familia.

Al consultar a los entrevistados en qué había contribuido a generar bienestar la participación en *Arco Iris*, éstos mencionaron que se vieron ayudados a: abordar las múltiples problemáticas que van emergiendo, a mejorar el trato dentro de la misma familia y, especialmente, con los niños, a hablar más, a gritar menos y a no pegar, a organizarse mejor y aprender a esperar, a mejorar la comunicación entre los adultos y los niños, a conocer más a los niños y a jugar más con los propios hijos, a que el chico se exprese en lo que le está pasando, escucharlos y estar más atentos a sus necesidades, a criar mejor a los hijos y a ponerles límites, y a separarse un poco cuando las relaciones son muy simbióticas, etc. Asimismo, dijeron que participar de *Arco Iris* los había ayudado a cuidar los propios espacios y defenderlos sin agresividad, a aprender sobre sus responsabilidades y a cuidar el propio cuerpo, a valorarse más a ellos mismos y a fortalecerse, a generar y crear en conjunto herramientas subjetivas que protegen a los más pequeños.

Entre los límites y desafíos del dispositivo se mencionaron la cantidad de familias que pueden ser invitadas a los encuentros, los aspectos de la familia y del niño que no cambian respecto al motivo de consulta o situación inicial, el no poder trabajar algunos temas más íntimos o profundos, el poco seguimiento que en general se puede realizar a las familias fuera del espacio de encuentro semanal, la distancia geográfica y la falta de tiempo para participar.

Otros límites que se señalaron fueron: el carácter asistencial de las políticas públicas y una lógica institucional que, más allá del discurso a favor de la prevención y la promoción de la salud, prioriza lo asistencial, la falta de mayor conocimiento y compromiso desde las autoridades, algunas relaciones de poder y competencia dentro del equipo de salud, la participación intermitente de algunos miembros del equipo y el tener que suspender a veces la actividad según las ausencias, el poco cuidado, desde el propio equipo, del tiempo y el espacio asignado a la tarea.

Conclusiones

Para finalizar, podemos decir que la experiencia de *Casa Arco Iris* de Neuquén tiene matices específicos relacionados con la realidad local y, sobre todo, con su inserción en el sistema de salud público de la provincia. Asimismo, que constituye en una *buena práctica* de asistencia y prevención en Salud Mental por las siguientes razones:

- Por su relevancia comunitaria. Se trata de un dispositivo que es conceptualizado como una nueva estrategia de prevención de la violencia, que brinda asistencia y realiza acciones de prevención en situaciones de violencia familiar dentro de un contexto comunitario donde este fenómeno es una problemática prevalente. Es un espacio accesible a las familias por la proximidad geográfica del centro de salud y por la posibilidad que tienen los grupos familiares de concurrir con todos sus hijos.

- Por su relevancia sanitaria. El dispositivo permite vehiculizar la elevada demanda de consulta psicológica relacionada a niñas y niños en una comunidad donde una gran mayoría son de corta edad. Asimismo, posibilita chequear la urgencia en algunas intervenciones, acción imposible cuando la demanda no satisfecha es incorporada a una lista de espera.
- Por lo inédito del dispositivo. Si bien Dolto inició la experiencia de Casa Verde en Francia en 1979, es decir, hace ya varios años, y la experiencia de Casa Arco Iris en Neuquén ya tiene un recorrido importante, en nuestro contexto el dispositivo continúa siendo una práctica novedosa que tiene matices específicos relacionados con la realidad local y, sobre todo, con su inserción en el sistema de salud público de la provincia.
- Porque ha resultado viable a través de su inserción en el sistema sanitario público. Consideramos que esto ha sido posible porque en este dispositivo confluyen lo asistencial –dimensión que el sistema de salud prioriza en sus prácticas– con lo preventivo –dimensión que el sistema de salud prioriza desde lo discursivo–, por lo que pudo pensarse como estrategia dentro del sistema sanitario que asume la APS como política pública de Salud.
- Porque se orienta no sólo a la asistencia, sino, fundamentalmente, a la prevención. Esto, porque se trabaja durante etapas primordiales en la estructuración psíquica de las personas.
- Porque permite articular el trabajo clínico con la perspectiva comunitaria. En un espacio que es social-comunitario se brinda una asistencia psicoterapéutica que permite abordar situaciones familiares con problemáticas prevalentes en la comunidad desde una perspectiva vincular que, sin dejar de ser comunitaria, incluye el trabajo desde lo clínico y en función de la prevención de trastornos en Salud Mental.

- Porque es un espacio generador de salud. Esto surge de la valoración realizada por el equipo, los pasantes y las familias, como un espacio en el que se sienten bien, cómodos, contenidos, etc.
- Porque implica un trabajo interdisciplinario y en equipo. El equipo de salud comprende psicólogos, enfermeros y agentes sanitarios, lo que encarna una de las premisas fundamentales del trabajo en APS.
- Por las redes sociales generadas y la inserción comunitaria lograda. Se han logrado establecer relaciones personales y de articulación con distintas instituciones e instancias de organización de la comunidad.
- Por su sostenimiento en el tiempo. Desde que se inició, en enero de 2011, más allá de algunas interrupciones puntuales, ha mantenido su continuidad.
- Por su relevancia en la política pública provincial. En el Espacio confluyen los postulados del Plan Provincial de Salud Mental, el cual asume la APS como eje prioritario y así promueve su articulación con Salud Mental con el propósito de brindar respuestas humanizadas e integrales a la nueva realidad sanitaria de la provincia.
- Por su relevancia en la política pública nacional. El dispositivo se encuentra en sintonía con la prioridad dada al trabajo con la primera infancia, los principios de la Ley Nacional de Salud Mental (n° 26.657), y el perfil comunitario y el énfasis en la APS que la Dirección Nacional de Salud Mental está promoviendo. En relación a esto último, entendemos que el dispositivo Espacio Arco Iris constituye una interfaz entre el trabajo clínico y la perspectiva comunitaria dentro del contexto de la APS.

Bibliografía

Aguiriano, V., V. Canale, N. Cervone, F. Groisman y E. Paturlanne, E. (2009). "Las prácticas clínicas y la investigación en un servicio de atención a niños y adultos responsables". Presentación, Congreso Internacional de Investigación en Psicología, Universidad de Buenos Aires.

Ardila, S. y A. Stolkiner (2009). "Estrategias de evaluación de programas y servicios de atención comunitaria en salud mental: consideraciones metodológicas". Presentación, Congreso Internacional de Investigación en Psicología, Universidad de Buenos Aires.

Ardila Gómez, S. (2012). "La perspectiva de los usuarios en la evaluación de servicios de salud mental. Estudio de caso de un programa de externación de mujeres en la provincia de Buenos Aires". Tesis doctoral en Salud Mental Comunitaria, Universidad Nacional de Lanús.

Burijovich, J. (2011). "El concepto de buenas prácticas en salud: desde un enfoque prescriptivo a uno comprensivo", en M. Rodigou Nocetti y H. Paulín, *Coloquios de Investigación Cualitativa*. Córdoba: Universidad Nacional de Córdoba..

Carusi, T. y S. Slapak (2009). "Investigación sobre las intervenciones del psicoterapeuta en un grupo psicoterapéutico psicoanalítico de niños entre 6 y 8 años y en su respectivo grupo de orientación a padres o adultos responsables". Congreso Internacional de Investigación en Psicología, Universidad de Buenos Aires.

Dolto, F. (1984). *La imagen inconsciente del cuerpo*. Buenos Aires: Paidós.

Dolto, F. (1985). *La causa de los niños*. Buenos Aires: Paidós.

Fushimi, C. F. y M. Giani (2009). *Herramientas subjetivas que protegen... Una propuesta de incorporación de prácticas de salud mental en los procesos de atención de niños y niñas pequeños. Guía para la atención y el cuidado de la salud de los niños y niñas de 0 a 6 años*. Gobierno de la Provincia del Neuquén.

Kornblit, A. (2004). *Metodologías cualitativas en ciencias sociales*. Buenos Aires: Biblos.

Nirenberg, O., N. Perrone y E. Moreno (2009). *Evaluación del sistema público de salud de la Provincia de Neuquén*. Neuquén: Centro de Apoyo al Desarrollo Local.

Parra, M. A. (2011). "Evaluación del programa de salud mental comunitaria casa *Arco Iris*. Dispositivo de abordaje preventivo-asistencial en salud psicosocial para niños/as de 0 a 6 años y sus familias en el primer nivel de atención. Informe Final, inédito, Universidad de Flores, sede Comahue.

Saks, A. (1997). "Nueva estrategia en la prevención de la violencia. Casa Verde de los niños", en *Cuestiones de infancia*, 2, 69-77.

Salazar Villava, C. (2003). *Dispositivos: máquinas de visibilidad. Anuario de investigación 2003*. México: UAM-X, CSH.

Sautu, R. (2003). *Todo es teoría*. Buenos Aires: Lumiere.

Sluzki, C. (1996). *La red social: la frontera de la práctica sistémica*. Barcelona: Gedisa; 1996.

Yannick, F. (1990). *Françoise Dolto: de la ética a la práctica del psicoanálisis en niños*. Buenos Aires: Nueva Visión.

Políticas y prácticas de los servicios públicos de Salud Mental de la Ciudad de Córdoba

Adecuación a las necesidades de niñas, niños y familias

ANA LAURA FLORES

Introducción

El estudio se propone describir y analizar la situación de los servicios de Salud Mental infantil, pertenecientes al segundo y tercer nivel de atención del subsector público de salud de la Ciudad de Córdoba, desde el enfoque de derechos y la perspectiva de los usuarios en el período 2013-2014[1].

Según datos globales de la Organización Panamericana de la Salud (OPS), los trastornos mentales y del comportamiento afectan a entre el 10% y el 15% de las niñas, niños y adolescentes. Particularmente en América latina y el Caribe, la prevalencia de este tipo de trastornos varía entre el 12,7% y el 15% (OPS, 2009), resultados similares a los que presentan distintas investigaciones realizadas en ámbitos

---

[1] La investigación "Salud mental infantil: caracterización y análisis de los servicios públicos de salud de la Ciudad de Córdoba desde el enfoque de derechos y la perspectiva de los usuarios. 2013-2014" se realizó en el programa de becas "Ramón Carrillo-Arturo Oñativia", otorgadas por el Ministerio de Salud de la Nación, a través de la Comisión Nacional Salud Investiga. Se enmarca en el Proyecto UBACyT 2011-2014: "Procesos de atención en Salud Mental en la niñez desde la perspectiva de derechos: estudio de las jurisdicciones Ciudad de Buenos Aires, provincia de Tierra del Fuego y provincia de Jujuy.

locales. En Argentina, un estudio de 2007 sobre prevalencia de problemáticas de Salud Mental de niñas y niños pertenecientes a ocho centros urbanos del país, refirió que el 15% de ellos padece de algún trastorno mental y que la sintomatología infantil se encuentra asociada a determinantes sociales (Ministerio de Salud de la Nación, 2010).

Los estudios coinciden en que se debe intervenir de manera temprana y eficaz ante la aparición de las primeras manifestaciones de los trastornos. Por otro lado, se ha demostrado que la *brecha de tratamiento* en la niñez y la adolescencia es aún mayor que en los adultos. Esta situación se relacionaría con la falta de servicios de Salud Mental apropiados para este grupo etario y los escasos programas de promoción y prevención en el campo de la Salud Mental. Respecto al primer punto, la OPS recomienda revisar la organización de esos servicios para facilitar la definición de prioridades y planificar las intervenciones adecuadas; y sobre el segundo, insta a impulsar iniciativas intersectoriales para la promoción de la Salud Mental y la prevención de los trastornos psíquicos atendiendo al desarrollo psicosocial de la niñez.

En 2011, la Dirección Nacional de Salud Mental y Adicciones publicó un boletín en el que presentó la situación epidemiológica de la Salud Mental infantil en Argentina y América Latina de los últimos treinta años. A partir del relevamiento de investigaciones llevadas a cabo en este campo, se pudo determinar que los servicios dedicados a trabajar con la problemática de Salud Mental infanto-juvenil suelen tener bajas coberturas y presentar barreras físicas, temporales y psicosocioculturales que impiden a la población acceder a la atención. Se advierte sobre la necesidad de fortalecer e incorporar recursos humanos a los servicios y coordinar acciones de promoción y prevención con otros sectores (Ministerio de Salud de la Nación, 2011).

Puntualmente, una investigación llevada a cabo en la Ciudad de Buenos Aires acerca de la capacidad de respuesta de los servicios de Salud Mental, arrojó resultados semejantes: se evidenció en la mayoría de estos servicios una ausencia de registros sistemáticos de prestaciones según el diagnóstico o los motivos de consulta, lo que marca una importante dificultad para arribar a datos precisos sobre la prevalencia de los trastornos mentales. Entre sus conclusiones, los investigadores sostienen que las prácticas deseables deberían favorecer la accesibilidad, evitar la expulsión de las niñas y niños del sistema, y contribuir a mejorar la calidad de la atención a través de la optimización de los recursos existentes, la detección temprana y el tratamiento oportuno de estos trastornos (Barcala y otros, 2007).

Respecto de la Ciudad de Córdoba, un informe sobre servicios de Salud Mental de hospitales generales indica que en los servicios que trabajan con niños se observó una falta de políticas de Salud Mental orientadas a niños y adolescentes, recursos humanos insuficientes en relación a la demanda, inadecuación de los recursos edilicios, problemas de articulación entre los efectores de salud y con otros sectores (Educación, Justicia), insuficientes espacios de capacitación, indefinición de áreas programáticas y perfiles institucionales (Burijovich, Carbonio y Regis, 2010).

Por otra parte, hay que considerar que, en general, la perspectiva de los usuarios de los servicios ha sido poco considerada en la planificación, monitoreo y evaluación de los mismos, por parte de las autoridades sanitarias. Y particularmente en lo que se refiere a niñas y niños, son escasas las investigaciones encontradas donde se les pregunte a los usuarios sobre sus experiencias en el pasaje por instituciones y servicios de salud (Rivera Díaz y Rivera Díaz, 2011). En este sentido, hay que recordar que en nuestro país tanto la Ley Nacional de Protección Integral de Niñas, Niños y Adolescentes (n° 26.061) como la Ley Nacional de Salud Mental (n° 26.657), ambas basadas en los derechos humanos, subrayan el hecho de otorgar voz a los niños y a los usuarios de los servicios de salud.

Sobre la investigación

En la investigación del estudio que aquí se presenta se trabajó con un abordaje cualitativo de tipo descriptivo y de diseño emergente. Para ello, se realizaron entrevistas a los diferentes actores del sistema público de salud que trabajaba en servicios de Salud Mental de niños o en funciones de coordinación de los mismos, y también a niñas, niños y familiares. Se utilizaron además otras técnicas de recolección de datos, como observación participante, grupo focal con niñas y niños y revisión de fuentes documentales. Los datos fueron analizados teniendo en cuenta los distintos niveles de complejidad en que se ubicaban los actores que interactuaban en el circuito "demanda de atención-recepción y respuesta por parte de los servicios". Como es sabido, este recorrido no es lineal ni satisfactorio en todos los casos, por ello se decidió conocer qué acciones y bajo qué criterios respondían los servicios, y cómo era esto percibido por quienes solicitaban la atención en instituciones públicas de salud en la Ciudad de Córdoba.

El estudio se llevó a cabo a través de un diseño exploratorio descriptivo interpretativo, enmarcado en un abordaje de tipo cualitativo (De Sousa Minayo, 1997; Vasilachis de Gialdino, 2007) y de acuerdo a las pautas del UBACyT referido. El mismo se inscribe en el enfoque de Investigación en Sistemas y Servicios de Salud (Paim, 2000), ya que es una de las dimensiones centrales de este modelo el análisis de las respuestas institucionales, desigualdades y barreras en el acceso a la utilización de esos servicios. Se incluyeron como estrategias de integración metodológica procedimientos de combinación y triangulación de herramientas de recolección de datos. Para analizar los servicios se utilizó el sistema de indicadores para los derechos de la infancia (Laje, Pumo y Cristini, s./f.) en lo referente al derecho a la salud.

Se consideraron para el estudio autoridades de la Dirección de Salud Mental; referentes de distintos servicios –Hospital Neonatal, el Hospital Pediátrico, el Hospital de

Niños (Servicio de Salud Mental y Sala de Psiquiatría), el Hospital Misericordia y el Centro Integral Infanto-Juvenil–; niñas y niños usuarios de los servicio, de entre cinco y trece años, que hubieran concurrido a ellos de manera continua y sistemática durante el semestre abarcado en la investigación; familias y/o adultos significativos de las niñas y niños. Se utilizó un muestreo no probabilístico intencional y la cantidad de sujetos entrevistados se decidió por saturación.

Para el análisis de los datos se trabajó con categorías establecidas en función de los ejes propuestos de acuerdo a los objetivos de investigación. Se realizó un análisis de contenido cualitativo a partir de la construcción de una matriz y un esquema de codificación. Las categorías se definieron a partir de las opciones teóricas y siguiendo un recorrido emergente (Marradi y otros, 2006). Para el análisis de las prácticas desde la perspectiva de derechos se incorporó la perspectiva desarrollada por Alejandra Barcala, que adecuó los criterios de selección de buenas prácticas de Unicef, basados en la *Convención Internacional sobre los Derechos del Niño*, y los criterios de buenas prácticas de la Red de Intercambio de Buenas Prácticas en el campo de los Servicios Sociales, de Salud de Base y Salud Mental al análisis de los servicios de Salud Mental en la infancia y adolescencia (Barcala, 2001).

Asimismo, se incorporó la perspectiva metodológica de *investigación en sistemas complejos* (García, 1986), que permitió conceptualizar las relaciones en tres niveles y confeccionar una matriz de datos para analizar las relaciones relevantes entre las dimensiones estudiadas. De esta forma, se pudieron articular las prácticas en Salud Mental con el escenario macrocontextual en el que se producen (Stolkiner, 2008; Barcala, 2012) (Cuadro 1).

Cuadro 1. Dimensiones y Niveles de Análisis.

Dimensión	Nivel de análisis	Variables
Nivel macrocontextual Políticas públicas y legislaciones	–Ley Nacional de Salud Mental (n° 26.657). –Ley Provincial de Salud Mental (n° 9.848) –Ley Nacional de Protección Integral de Niñas, Niños y Adolescentes (n° 26.061) –Ley Provincial de Promoción y Protección de los Derechos de Niños/as y Adolescentes (n° 9944).	–Derecho a la salud (concepciones y valoraciones). –Promoción de la Salud Mental (concepciones y valoraciones de las leyes). –Atención y cuidados de la Salud Mental infantil (concepciones y valoraciones). –Lineamientos, articulaciones, tensiones, similitudes y diferencias entre las legislaciones nacionales y provinciales.
	–Políticas de salud existentes en materia de niñez y Salud Mental en la Ciudad de Córdoba.	–Plan de Salud Mental. –Programas de Salud Mental infantil. –Modalidades de intervención desde protocolos preestablecidos. –Financiamiento.

Nivel de metaprocesos Servicios públicos de Salud Mental infantil del segundo y tercer nivel de atención de la Ciudad de Córdoba	–Prácticas Institucionales de los servicios públicos de Salud Mental infantil de la Ciudad de Córdoba.	–Ubicación en la estructura del sistema. –Infraestructura. –Horarios de atención. –Conformación de los equipos: disciplinas representadas y cantidad de profesionales. –Dispositivos, programas, protocolos. –Categorías diagnósticas utilizadas. –Circuitos de derivación. –Articulación interinstitucional e intersectorial –Capacitación, investigación, supervisión. –Prácticas de promoción de la Salud Mental.
Nivel de procesos básicos Percepciones y prácticas de los actores sociales institucionales y de las familias usuarias	Acerca del perfil de la demanda.	Estimaciones de los profesionales sobre: –Magnitud de las consultas de niñas y niños en los seis meses considerados en la investigación. –Perfil de los usuarios. –Características de la demanda, motivos de consulta. –Origen de las derivaciones hacia los servicios.

	Acerca las características de los equipos y su modalidad de atención.	–Marcos teóricos adoptados. –Dispositivos en los que participan y modalidad de los mismos. –Terapéuticas utilizadas. –Interdisciplina. –Intersectorialidad. –Incorporación de medicación en niños.
	Usuarios de los servicios de Salud Mental destinados a niñas y niños.	–Motivo de la consulta. –Zona de residencia. –Accesibilidad a los servicios de salud. –Grado de satisfacción en relación a la respuesta recibida por parte de los servicios.

Legislación vigente

Los resultados arrojados indican que la legislación vigente en materia de Salud Mental, tanto en Argentina como en la provincia de Córdoba, se enmarca en el enfoque de derechos humanos siguiendo lineamientos y recomendaciones de organismos internacionales que establecen estándares para garantizar el cumplimiento efectivo de estos derechos. En lo referente a Salud Mental tanto la Ley Nacional 26.657 como la provincial 9.848 se remiten a la *Convención Internacional sobre los Derechos del Niño*, incorporada a la Constitución Nacional y a la Ley Nacional 26.061, cuyo correlato en Córdoba es la Ley 9.944. Estas leyes conllevan un cambio paradigmático en la concepción de la niñez y una transformación de las políticas públicas. En el sistema de salud se percibe, desde la Dirección de Salud Mental, una apertura al trabajo con los servicios, que participan a través de representantes de una "red infanto-juvenil". El objetivo de la misma es "contribuir a la conformación del subsistema de Salud Mental Infanto-Juvenil en el marco de la Ley de Salud Mental de la provincia de Córdoba". Otros dos puntos a destacar son: la puesta en marcha de una Residencia de Salud Mental Infanto-Juvenil de la provincia, conformada de manera interdisciplinaria, cuyos residentes se encuentran desde 2013 transitando su formación por tres de los servicios incluidos en este estudio; y una comisión de investigación que trabaja en la confección de instrumentos de registro común para todos los servicios de Salud Mental de la provincia de Córdoba, lo que a futuro permitirá obtener datos plausibles de comparar entre los distintos efectores, poblaciones y regiones.

Resultados de la investigación

En el análisis de las políticas y prácticas de Salud Mental infantil, este estudio reveló que existía en los servicios y quienes los coordinaban un discurso coherente respecto de las leyes, pero al mismo tiempo se observaron dificultades en la implementación de acciones transformadoras de un sistema que convive aún con prácticas del paradigma tutelar, lo que lleva a que muchas veces se incurra en la vulneración de derechos de los usuarios de los servicios.

Las dificultades observadas, en general, se relacionan con una inadecuación de los servicios respecto de las necesidades de la población infantil que demanda atención psicosocial. Los equipos de salud están integrados por profesionales capacitados, que trabajan interdisciplinariamente y con una modalidad correspondiente al enfoque de derechos, pero que encuentran obstáculos en la articulación de acciones con otros sectores (Educación y Justicia, entre otros) para el abordaje de las problemáticas. No sucede lo mismo con la articulación entre equipos del sector Salud.

En general, los servicios cuentan con una guía de recursos donde figuran todos los efectores e instituciones del Sistema de Salud Mental, con direcciones, teléfonos y referentes. En este sentido, se observó una fragmentación del sistema sanitario, lo que se traduce tanto en una superposición de acciones como en barreras de accesibilidad para algunas familias. Además, en varios casos la conformación de los equipos era deficiente (en cantidad del recurso humano y disciplinas) respecto a la proporción de consultas en Salud Mental infantil y su grado de complejidad, aunque adecuaban sus prácticas para responder a los requerimientos eficientemente.

La atención es mayormente de tipo asistencial y, en algunos servicios, con desarrollo de acciones de promoción de la salud. Los abordajes son en su mayoría individuales y con inclusión de las familias. En uno de los servicios estudiados, los abordajes grupales y espacios de promoción de la salud son una práctica corriente y, en otro, las acciones de prevención en comunidad se sostienen a pesar de no contar con los recursos materiales para llevarlas adelante. En otro servicio hospitalario, las prácticas se desarrollan en relación a *patologías graves*, plausibles de internación según la valoración del equipo interviniente. Esta Sala Psiquiátrica se encuentra en un espacio distinto al Servicio de Salud Mental y cuenta con un equipo conformado por psiquiatras infanto-juveniles, enfermeros y una trabajadora social.

Respecto a la medicación de los niños, los entrevistados manifestaron no contar siempre con la necesaria para cada situación, y que basaban sus prácticas en las leyes de Salud Mental, es decir medicando e internando a los niños y las niñas sólo en casos excepcionales y luego de una valoración interdisciplinaria que fundamentara esa práctica. En los servicios de tipo ambulatorio, la medicación se practica excepcionalmente (no cuentan con psicofármacos, pero en caso de ser necesario realizan gestiones para que las familias los obtengan), ya que en ellos se priorizan prácticas y dispositivos más ligados a trabajos psicoterapéuticos y espacios de promoción de la salud.

Por otro lado, se observó que dos de los servicios cuentan con psicomotricistas, dado el tipo de dispositivos que brindan, que en todos los servicios se realizan actividades de capacitación y en tres de ellos se forman estudiantes de pre y posgrado y residentes de Salud Mental infanto-juvenil (de dependencia provincial). Algo a destacar es la prevalencia en los discursos de los profesionales de más antigüedad en los servicios, que apelan a su historia y trayectoria y a las transformaciones de los mismos vinculadas a eventos de tipo social, histórico y político, a cambios de jefatura, de autoridades en la dirección de los servicios y de gestiones de gobiernos. Todo ello para determinar las prácticas seguidas en cada época de la trayectoria de trabajo.

La infraestructura y ubicación de los servicios dentro de los hospitales mostró un "achicamiento" de los servicios y una disminución del personal en los cinco años anteriores al trabajo de campo (a veces por traslados de agentes, otras veces por jubilación del personal más antiguo).

Se observó que uno de los servicios, perteneciente a un hospital general, había dejado atender población infantil por decisión de sus autoridades y del equipo de salud, que aducían una falta de formación respecto al trabajo con niños y un aumento importante en la demanda de población adulta. También se hizo notar que otro servicio, ubicado en un hospital de perfil neonatológico-obstétrico, trabajaba específicamente en el vínculo temprano madre-bebé, el seguimiento de niños que tuvieron problemas al nacer y la valoración del desarrollo de niños pequeños. Este servicio trabaja de acuerdo a programas preestablecidos y conjuntamente con otros servicios y especialidades del hospital.

En cuanto a la atención ambulatoria, al momento de la investigación había sólo dos servicios en la Ciudad de Córdoba donde se realizaba esta práctica y lo hacían por zona programática (zona norte y zona sur de la ciudad).

Esto parece influir en la dimensión de las demandas a los servicios, que ven dificultadas muchas veces las respuestas inmediatas a las familias. A pesar de ello, su percepción sobre la atención recibida y la accesibilidad a los servicios era mayormente satisfactoria y los usuarios destacaron el compromiso de los equipos y la calidad profesional (algo que también manifestaron en su discurso las autoridades de Salud Mental de la provincia). Según se pudo observar, el tiempo transcurrido entre la percepción de los problemas y la concurrencia a los servicios se encuentra fuertemente condicionado a las redes informales, y al capital social y simbólico de las familias: la mayoría de las veces, según sus dichos, estas familias no cuentan con información clara y suficiente sobre dónde acudir por asistencia. Por su parte, las niñas y niños relacionan su inclusión en los servicios con espacios donde son ayudados en sus dificultades, pueden hablar de lo que les pasa, jugar y aprender. Se constataron diferencias de opinión entre quienes concurrían a servicios de instituciones hospitalarias y los que asistían a servicios de atención ambulatoria.

Conclusiones

A partir de la descripción de los servicios de Salud Mental que conforman el estudio y la percepción de quienes los integran, es posible pensar que se brindan a la población infantil respuestas adecuadas y en concordancia con las denominadas "buenas prácticas en salud". Pero que en lo referente a los aspectos organizativos, de recursos humanos y materiales, articulación intersectorial, presupuesto e infraestructura, muchas veces el área de Salud Mental infantil (dentro de lo que los gobiernos consideran "Salud") es ignorada, subestimada y poco escuchada. Las redes de profesionales que intentan visibilizar estas cuestiones muchas veces se expresan y organizan por fuera del sistema formal.

Se percibe necesario un incremento del recurso humano y un mayor presupuesto para el desarrollo de las prácticas que llevan adelante los servicios, que se evidencian deficitarios en función de la realidad actual de las consultas. No obstante, estas prácticas están cada vez más ligadas a un enfoque de derecho y a los lineamientos de las leyes de Salud Mental y niñez. Esto se relaciona con el compromiso de los equipos de salud que, aunque se vean disminuidos en su conformación, recrean estas prácticas permanentemente e incorporan cada vez más dispositivos de promoción y prevención. Sin embargo, este accionar a veces se ve limitado por ciertas lógicas institucionales que continúan mirando las problemáticas de manera hegemónica, patologizante y que vulneran los derechos de las personas.

Las barreras de accesibilidad que deben afrontar las familias para su atención en Salud Mental están fuertemente relacionadas a aspectos económicos y de índole social; esto hace que los equipos deban revisar sus prácticas permanentemente e incorporar acciones en la búsqueda de soluciones para el sostenimiento de los tratamientos y el mejoramiento de la salud de niñas, niños y familias. Respecto al aumento de la demanda de atención, los servicios implementan respuestas, que desde las nuevas leyes podrían posicionarse como "dispositivos alternativos", pero que se podrían pensar como prácticas de promoción de la salud de las familias y espacios que promueven los lazos entre ellas.

En cuanto al ejercicio de sus derechos, las familias tienen poca información acerca de las leyes vigentes en materia de Salud Mental y niñez, y sobre sus derechos como usuarios de los servicios; todavía sostienen prácticas que se han naturalizado en las instituciones hospitalarias y que los posiciona de manera pasiva ante las deficiencias del sistema de salud: siguen yendo a sacar turnos en horas de la madrugada, siguen "deambulando" de un hospital a otro, de un servicio a otro, sin saber muchas veces a dónde concurrir o por qué son "mandados" por la escuela del niño o niña, o por qué alguien les sugirió cierto diagnóstico. Muchas veces acuden a los servicios para solicitar un turno con un profesional de determinada disciplina o para solicitar una "evaluación" que determine si su hijo o hija es discapacitado; este diagnóstico significaría la extensión de un certificado que le permite obtener el "beneficio" del transporte, el acceso a una maestra integradora y la adjudicación de un subsidio que significa un aporte a la economía familiar. Estas situaciones son cada vez más comunes en los servicios, según lo refieren los entrevistados, y nos llevan a pensar que las problemáticas no son sólo de Salud Mental, sino de índole social, complejas, que nos remiten a una sistemática vulneración de derechos de niñas y niños en situación de calle y de familias pobres, desafiliadas socialmente, de padres desocupados.

Se ha intentado con esta investigación profundizar en el conocimiento de las respuestas que brinda el Estado provincial, en un sector del territorio, a la población infantil y sus familias. Al echar luz sobre la realidad de los servicios de Salud Mental infantil y sus usuarios, sería posible identificar intervenciones y dispositivos de salud acordes con la protección de los derechos de niñas y niños y sus familias para ser revisados y replicados; y para destinar financiamiento a prácticas que han demostrado mejorar las situaciones de padecimiento mental de los sujetos. La información obtenida podría ser socializada entre los servicios, lo cual podría optimizar la articulación entre ellos para pensar conjuntamente soluciones y propuestas a las autoridades de gobierno. También se podría confeccionar una cartilla con datos esenciales para las familias que permitieran mejorar la llegada a los servicios con mayor información y pertinencia.

La propuesta es, además, invitar a los distintos actores a repensar algunas cuestiones, tales como el descentramiento del hospital hacia el territorio de las familias, lo cual favorecería situaciones que hoy implican barreras de accesibilidad, y para lo cual sería necesario el fortalecimiento de las equipos de salud comunitarios; una descentralización de las respuestas que no siempre deben ser de "tratamiento terapéutico"; una apuesta al trabajo interdisciplinario e intersectorial permanente y el sostenimiento de dispositivos de promoción de la salud y difusión de las leyes basadas en el enfoque de derechos.

Bibliografía

Barcala, A. (2001). "Dispositivos e intervenciones en Salud Mental infantil en la Ciudad de Buenos Aires". Premio Facultad de Psicología, Universidad de Buenos Aires.

Barcala, A. (2012). "Estado, infancia y Salud Mental: impacto de las legislaciones en las políticas y en las prácticas de los actores sociales estatales en la década del 90". Tesis de doctorado, Facultad de Psicología, Universidad de Buenos Aires.

Barcala, A., F. Torricelli, M. C. Brio, N. Vila y J. Marotta (2007). "Salud mental infantil: un análisis de la capacidad de respuesta de los servicios de salud en la Ciudad de Buenos Aires", en M. C. Brio, *Psicofarmacología y neurociencia en pediatría*, pp. 167-174. Buenos Aires: Sciens.

Burijovich, J., R. Carbonio y E. Regis (2010). "Informe sobre Servicios de Salud Mental de Hospitales Generales. 2009-2010". Área de investigación del Hospital Neuropsiquiátrico, Dirección de Jurisdicción de Salud Mental de la Provincia de Córdoba.

De Sousa Minayo, M. C. (1997). *El desafío del conocimiento. Investigación cualitativa en salud*. Buenos Aires: Lugar.

García, R. (1986). "Conceptos básicos para el estudio de los sistemas complejos", en E. Leff (comp.), *Los problemas del crecimiento y la perspectiva ambiental del desarrollo*. Buenos Aires: Siglo XXI.

Laje, M. I., A. Pumo y M. R. Cristini (s./f.). "Indicadores e Impacto social según el enfoque de derechos", en *Derechos de la Niñez e Inversión Social*. Unicef- Fundación Arcor-Secretaría de Extensión Universitaria, Universidad Nacional de Córdoba.

Ministerio de Salud de la Nación (2010). "Estudios e investigaciones en salud mental y adicciones N°1: Problemáticas de Salud Mental en la Infancia". Proyecto de Investigación AUAPSI-MSAL. Informe final. Dirección Nacional de Salud Mental y Adicciones.

Ministerio de Salud de la Nación (2011). "Situación Epidemiológica de la Salud Mental Infanto-Juvenil en Argentina y América Latina durante el período 1980-2010". Dirección Nacional de Salud Mental y Adicciones.

OPS (2009). "Estrategia y plan de acción sobre salud mental". 49° Consejo Directivo, 61ª Sesión del Comité Regional, Washington.

Paim, J. S. (2000). "Redefiniciones posibles en la investigación en sistemas y servicios de salud", en C. Almeida (ed.), *Investigación en sistemas y servicios de Salud. Cuadernos para discusión N° 1*. Río de Janeiro: CIID FIOCRUZ.

Rivera Díaz, M. e Y. Rivera Díaz (2011). "De los problemas del Interior y otros relatos: Construcciones infanto-juveniles sobre la salud mental", en *Salud & Sociedad*, vol. 2, n° 3, septiembre-diciembre, pp. 322-333.

Stolkiner, A. (2008). *Las dimensiones políticas de la investigación psicológica*. Buenos Aires: JVE.

Vasilachis de Gialdino, I. (dir.) (2007). *Estrategias de investigación cualitativa*. Buenos Aires: Gedisa.

La Ley Nacional de Salud Mental y la creación de la "Unidad de Letrados de Personas Menores de Edad art. 22 Ley 26.657" de la Ciudad Autónoma de Buenos Aires

MARÍA PAULA MENOSSI Y JUAN PABLO OLMO

Introducción

Murray Edelman (1988) señala que muchas veces las políticas creadas desde el Estado para paliar los problemas ayudan a perpetuar e intensificar las condiciones definidas como el problema. Ello no es más que un desenlace que, típicamente, proviene de esfuerzos tendientes a superar una condición cambiando la conciencia o la conducta de los individuos, mientras se preservan las instituciones que las generan.

Esto sucede claramente con los señalados como "enfermos mentales": son internados para "resguardarlos del peligro que pueden ocasionar para sí o para terceros", sin tener en cuenta las condiciones en las que se lleva a cabo la internación y las consecuencias que acarrea. "Muchas veces se los trata como si fueran sujetos sancionables, con una internación similar a la de los delincuentes que cumplen una condena, lo que es extremadamente grave por sus efectos degradantes de la personalidad" (Gil Domínguez, Famá y Herrera, 2006: 961).

En iguales términos, Santos Cifuentes agrega que: "El aislamiento y separación del hospitalizado, al prolongarse, debilita los vínculos existentes (sociales, de trabajo, familiares), a veces hasta extinguirlos. Entonces, la situación se vuelve irreversible, produciéndose un efecto iatrogénico que no tiene destino" (Cifuentes, 2005: 1051).

En razón de ello, la internación debe ser solamente admisible cuando sea el único medio que efectivamente conduce al fin perseguido y que, asimismo, tienda a su externación. "El tratamiento ambulatorio, la psicoterapia, la terapia ocupacional, los hospitales de día y de noche, las casas de medio camino, la internación domiciliaria y la atención a domicilio, han transformado la internación clásica en el último recurso cuando los otros funcionen eficazmente" (Gil Domínguez, Famá y Herrera, 2006: 963).

Es por ello que la Ley Nacional de Salud Mental (n° 26.657)[1] constituyó un gran avance para el derecho de la Salud Mental, que implica –de forma directa o indirecta– un cambio en el rol que ejercen las instituciones. Dicha regulación tiene como objeto "[...] Asegurar el derecho a la protección de la salud mental de todas las personas, y el pleno goce de los derechos humanos de aquellas con padecimiento mental que se encuentran en el territorio nacional, reconocidos en los instrumentos internacionales de derechos humanos, con jerarquía constitucional [...]" (art. 1). Es decir, se trata de una ley de derechos humanos, que específicamente legisla sobre la protección de la Salud Mental.

En su art. 7 enuncia los derechos que se les reconocen a las personas con padecimiento mental y pretende garantizarles el tratamiento personalizado para su recuperación y preservación de la salud que menos restrinja su libertad, mediante el acompañamiento y participación de sus referentes afectivos, y siempre sobre la base del consentimiento informado.

---

[1] Sancionada el 25 de noviembre de 2010, promulgada mediante Decreto n° 1855 del 2 de diciembre del mismo año y publicada en el *Boletín Oficial* al día siguiente.

Una doble situación de vulnerabilidad: infancia y Salud Mental

La *Convención sobre los Derechos del Niño* (CDN) implicó un hito trascendental en materia de infancia: su valor fundamental radica en que inaugura una nueva relación entre niñez, Estado, derecho y familia. A esta interacción se la conoce como modelo de la "protección integral de derechos". La idea de los niños como *sujetos de derecho* y no meros *objetos de protección* implica reconocerles la titularidad de los mismos derechos fundamentales de los que resultan titulares los adultos, más un *plus* de derechos específicos justificados por su condición de personas en desarrollo (Gil Domínguez, Famá y Herrera, 2007).

Por un lado, el art. 12 de la CDN garantiza el derecho a ser oído a todo "niño que esté en condiciones de formarse un juicio propio". Evidentemente, la norma recepta el principio de desarrollo progresivo del niño de modo de considerar necesaria su opinión cuando alcance una edad y madurez determinada. En la medida de lo posible y en función de su capacidad de comprensión, se informará al niño acerca de las causas que han motivado su participación en los procesos que los involucran, utilizando siempre un lenguaje accesible.

Por otro lado, el derecho a la salud es un derecho social básico que titularizan todas las personas e integra el concepto de políticas públicas universales. A su vez, involucra el *"sustractum* indispensable para el ejercicio de otros derechos y resulta una precondición para la realización de valores en la vida y en el proyecto personal de todo ser humano" (Gil Domínguez, Famá y Herrera, 2006: 943).

En el campo de los derechos del niño, el derecho a la salud adquiere ciertas particularidades propias de su condición. Tal es así que, en materia de Salud Mental, específicamente, el art. 26 de la Ley 26.657 establece que serán reputadas como "involuntarias" las internaciones que involucren a niñas, niños y adolescentes. Este aspecto tiene particular importancia, ya que la Ley de Salud Mental recepta dos tipos de internaciones: voluntarias[2] e involuntarias[3]. La diferencia radica en que las internaciones voluntarias, en principio, no son controladas judicialmente, a diferencia de las involuntarias, que sí lo son. Por lo tanto, esto no implica que a las niñas, niños y adolescentes no se les permita consentir sus propias internaciones, sólo que, a pesar de ello, igualmente son consideradas involuntarias a los fines de ser rodeadas de todos los controles y garantías del caso.

Uno de los principales desafíos de la CDN –que también se refleja en la Ley de Salud Mental– ha sido la necesidad de equilibrar el derecho del niño a recibir protección adecuada y apropiada, por una parte, y, por la otra, su derecho a participar y asumir las responsabilidades que derivan de las decisiones y acciones que ya tienen la competencia[4] de afrontar por sí mismos. Es decir, cabe hacer una distinción entre los derechos participativos o emancipadores, que se van transfiriendo al niño gradualmente, y los derechos protectores de la infancia de carácter universal, que se aplican independientemente de las facultades individuales

---

2 Cuando el consentimiento libre e informado es expresado por escrito en forma positiva por el propio paciente con capacidad jurídica a tal fin, debiendo mantenerse durante todo el tiempo que dure la internación.

3 En caso de que la persona se oponga a la internación, de no prestar el consentimiento por no poder hacerlo, o bien, de que sea otorgado por una persona de menos de 18 años de edad o que se le haya restringido su capacidad jurídica a tal fin, o por su representante legal.

4 El término "competencia" proviene del campo de la bioética y, sobre todo, está relacionado con las decisiones adoptadas en materia de salud en las relaciones médico-paciente. En la definición brindada por Kemelmajer de Carlucci, "capacidad" es una noción usada principalmente en el ámbito de los contratos; por eso, y por razones de seguridad jurídica, generalmente las leyes establecen una edad determinada a partir de la cual se alcanza la mayoría de edad. En cambio, "competencia" es un concepto perteneciente al área del ejercicio de los derechos personalísimos; no se alcanza en un momento preciso, sino que se va formando, requiere una evolución. Bajo esta denominación se analiza si el sujeto puede o no entender acabadamente aquello que se le dice, cuáles son los alcances de la comprensión, si puede comunicarse, si puede razonar sobre las alternativas y si tiene valores para poder juzgar (Kemelmajer de Carlucci, 2003).

del niño. En efecto, existen situaciones, en las cuales tiene vigencia el derecho absoluto a la protección y al respeto de la integridad física –que la CDN exige independientemente de la edad del niño– y en las que la competencia del niño no incide de ninguna manera. En estos casos los niños, por competentes que sean, no pueden elegir renunciar a sus propios derechos, puesto que éstos son –o deberían ser– protecciones universales que cubren a todos los niños. De este modo, en algunos ámbitos, se establece una edad mínima no sólo en base a suposiciones acerca de la relativa inmadurez del niño, sino también para evitar que los adultos que se encuentran en una posición de autoridad respecto al niño nieguen, violen o exploten sus derechos (Lansdown, 2005).

Así las cosas, reconocido el delicado límite entre el derecho del niño a otorgar el consentimiento informado en lo referido al cuidado de su salud mental y el deber de protección impuesto al Estado a fin de evitar abusos bajo el régimen de internación, la Ley de Salud Mental se ha inclinado –con un criterio que compartimos– por propiciar esta última solución a los fines del control de la internación, atribuyéndole entonces el carácter de involuntaria (Olmo, 2014b).

Procedencia de la internación en niñas, niños y adolescentes

La Ley de Salud Mental concibe la internación como un recurso terapéutico excepcional que sólo podrá realizarse contra la voluntad de la persona cuando, a criterio del equipo de salud interdisciplinario, mediare situación de riesgo cierto e inminente para sí o para terceros (art. 20). A los fines del control de la legalidad de la medida, la misma deberá ser comunicada en un plazo de 10 horas al juez, quien podrá autorizarla, o denegarla y asegurar la externación de forma inmediata (art. 21). En el caso de que el interesado no elija abogado en forma particular, el Estado le proporcionará uno que ejerza su defensa desde el momento de la internación (art. 22). Una vez convalidada ésta, se realizarán controles periódicos por parte del juez interviniente (art. 24). Dicha internación deberá ser lo más breve posible, en función de criterios terapéuticos interdisciplinarios. En virtud de ello, en ningún caso se podrá indicar o prolongar para resolver problemáticas sociales o de vivienda, para lo cual el Estado debe proveer los recursos adecuados a través de los organismos públicos competentes (art. 15).

El rol del abogado defensor

El reconocimiento de los derechos del niño resulta inescindible de la necesidad de poner a su disposición los medios legales necesarios para acceder a la justicia de manera efectiva, acordándole legitimación activa para accionar en los asuntos que afecten a la niñez. En relación a las internaciones de personas menores de edad, esto se traduce en la defensa técnica que, en el marco de un proceso judicial, se refleja en la asistencia propia de un abogado del niño, "[…] a quien se le asigna la defensa de los intereses particulares en un conflicto concreto y presta su conocimiento técnico para que se dicte una decisión jurisdiccional favorable a la voluntad del niño" (Medina y Moreno, 2004: 3).

Asimismo, el reconocimiento del niño como sujeto de derechos significa necesariamente otorgarle la debida participación, integrándolo en los procesos que conciernen a su vida y su persona. La consagración de este derecho tiene como contrapartida el deber inexcusable de escucharlo en todo proceso que afecte a su persona y sus derechos. Este deber se puede satisfacer, ya sea mediante la escucha directa y personal, o a través de la escucha indirecta e impersonal por medio de un representante, pero el principio es la obligatoriedad.

Ahora bien, el art. 22 de la Ley 26.657 establece que la persona internada involuntariamente –o su representante legal– tiene derecho a designar un abogado. Si no lo hiciera, el Estado debe proporcionarle uno desde el momento de la internación. Por lo tanto, teniendo en cuenta que las internaciones de personas menores de edad son consideradas siempre como "involuntarias", de ello se deriva que en toda internación que involucre a niñas, niños y adolescentes el Estado deberá asegurarle el acceso a un abogado defensor público, gratuito y doblemente especializado –en razón de la materia (Salud Mental y Adicciones) y en razón del sujeto (niñas, niños y adolescentes)–, siempre y cuando no se haya optado por designar uno en forma particular.

Asimismo, el defensor deberá actuar de acuerdo a la voluntad, deseos y preferencias de la persona defendida, máxime si se tiene en cuenta que el defensor proporcionado por el Estado, por lo general, es la única instancia a través de la cual la persona internada puede acercar su voluntad al expediente judicial donde se controla su internación.

Sin desconocer que la norma se refiere a la persona internada involuntariamente "o" su representante legal, una interpretación adecuada nos lleva a sostener que esta última opción prevalece con carácter excluyente cuando la persona de menos de 18 años está imposibilitada de designar un abogado, o bien no hace uso de tal derecho, mas no así cuando opta por formular una designación, debiendo prevalecer ésta. Asimismo, para el caso en que el abogado sea designado por el representante legal, dicha opción podrá ser desechada luego por el juez interviniente, si advierte que de su accionar surgen intereses contrapuestos con la persona internada, para darle intervención al defensor que deberá proporcionar el Estado para el supuesto de que no se designe otro en forma particular (la actuación del defensor oficial es subsidiaria). Respecto de sus funciones, a fin de determinar los alcances de la intervención del defensor previsto en la nueva normativa, debemos recurrir a los *Principios para la*

Protección de los Enfermos Mentales y para el Mejoramiento de la Atención de la Salud Mental, de la Organización de las Naciones Unidas[5], parte integrante de la Ley 26.657 (art. 2)[6].

Impacto de la Ley de Salud Mental en la Ciudad Autónoma de Buenos Aires: la creación de la "Unidad de Letrados de Personas Menores de Edad art. 22 Ley 26.657"

A partir de la sanción de la Ley 26.657, y a fin de dar una respuesta concreta a esta problemática en el ámbito de la Ciudad de Buenos Aires, la Defensoría General de la Nación (Ministerio Público de la Defensa) ha creado –mediante Res. DGN n° 1451/11 (14 de noviembre de 2011)– la "Unidad de Letrados de Personas Menores de Edad art. 22 Ley 26.657". Tras llevar a cabo una tarea inicial de relevamiento

---

5 Adoptados por la Asamblea General en su Resolución 46/119 del 17 de diciembre de 1991.

6 Allí se establece que el paciente tendrá derecho a designar a un defensor "para que lo represente en su calidad de paciente", incluso para que lo represente en todo procedimiento de queja o apelación (ppio. 18.1). Entendemos que es de este precepto, de donde surge la pauta de actuación de la nueva figura de defensor prevista en el art. 22. A mayor abundamiento, allí también se establece que el paciente y su defensor podrán solicitar y presentar en cualquier audiencia un dictamen independiente sobre su salud mental, y cualesquiera otros informes y pruebas orales, escritas y de otra índole que sean pertinentes y admisibles (ppio. 18.3). Se les proporcionarán al paciente y a su defensor copias del expediente del paciente y de todo informe o documento que deba presentarse, salvo en casos especiales en que se considere que la revelación de determinadas informaciones perjudicaría gravemente la salud del paciente o pondría en peligro la seguridad de terceros. En ese caso, deberá proporcionarse al representante personal y al defensor del paciente, siempre que pueda hacerse con carácter confidencial. Cuando no se comunique al paciente cualquier parte de un documento, se informará de ello al paciente o a su defensor, así como de las razones de esa decisión, que estará sujeta a revisión judicial (ppio. 18.4). El paciente y su representante personal y defensor tendrán derecho a asistir personalmente a la audiencia, y a participar y ser oídos en ella (ppio. 18.5). Se admitirá la presencia de una determinada persona en la audiencia, a instancia de la solicitud formulada por el paciente o su representante personal o defensor (ppio. 18.6).

de la situación de internaciones en la Ciudad de Buenos Aires, la Unidad de Letrados fue puesta en funciones para el ejercicio de la defensa, mediante la Res. DGN n° 516/12 (21 de mayo de 2012). Su misión es brindar defensa pública, gratuita y especializada a niñas, niños y adolescentes (personas de menos de 18 años de edad), que se encuentren internados por salud mental o adicciones dentro del área de la Ciudad de Buenos Aires.

Específicamente, la Resolución DGN n° 1451/11 reza que: "[...] dicho universo de casos exige una asistencia especializada (reglas 5 y 30 de las "Reglas de Brasilia sobre Acceso a la Justicia de las Personas en Condición de Vulnerabilidad"), que permita maximizar el ejercicio de los derechos fundamentales, en el marco de protección integral reconocido, ente otra normativa de aplicación, por la ley 26.061 y la *Convención sobre los Derechos del Niño*".

Por su parte, la Res. DGN n° 516/12, establece que la Ley 26.657 "[...] ha establecido una regulación especial para las internaciones de niñas, niños y adolescentes, al considerar que en todos los casos deben ser tratadas como involuntarias (cf. art. 26). Es decir que, en dichos supuestos, si la persona no designa un abogado particular corresponde a este Ministerio Público proveerle de un letrado que ejerza la correspondiente defensa desde el momento de la internación [...]". Asimismo, "dadas las particulares características que denota el ejercicio de la defensa pública a favor de este grupo en especial situación de vulnerabilidad, corresponde fijar estándares mínimos de intervención y actuación, sin perjuicio de los que se puedan establecer desde la Coordinación de la Unidad de Letrados. En efecto, una vez recibida la comunicación de la internación por parte del establecimiento donde se lleva a cabo o habiendo tomado conocimiento por otro medio, la Unidad de Letrados deberá tomar contacto con la situación y asumir la defensa cuando en ese momento no surja de modo fehaciente, según la información suministrada, que la persona menor de edad o su representante legal hayan designado un abogado en forma particular […]". Además, los letrados designados a tal efecto "estarán habilitados para llevar a cabo las tareas propias del ejercicio de la función, como ser la de realizar visitas a los lugares de internación; entrevistar a las personas defendidas, labrar actas dejando constancia de su voluntad y preferencias, como así también de otras personas intervinientes en el caso; tomar conocimiento de las historias clínicas de los asistidos; realizar a su sola firma presentaciones judiciales, administrativas y de otra índole; entre otras".

En resumen, la tarea de los abogados defensores que integran la Unidad de Letrados se encuadra en el art. 22 de la Ley 26.657, en los *Principios de Salud Mental*, de la Organización de las Naciones Unidas, y en las *Reglas de Brasilia sobre Acceso a la Justicia de las Personas en Condición de Vulnerabilidad*. El objetivo de esta dependencia consiste en evitar la vulneración de los derechos de las personas internadas y contribuir a su externación e inclusión comunitaria, y para ello brinda un abogado defensor gratuito para dar cumplimiento a lo establecido en la Ley de Salud Mental.

De esta forma, se garantiza el derecho de las niñas, niños y adolescentes a ser escuchados. El abogado defensor –siguiendo la voluntad de la persona asistida– puede oponerse a la internación, solicitar la externación o la abreviatura del plazo de la internación. En otras palabras, la Unidad no sólo colabora en la concreción del derecho a la salud, sino que busca garantizar el derecho de las personas a ser consideradas sujetos de derecho con capacidad de ser oídas, de defenderse legalmente accediendo a la justicia ante posibles situaciones de vulneración de derechos: funciona como nexo para materializar las demandas de niñas, niños y adolescentes internados que de otro modo no podrían ser canalizadas eficazmente.

A modo de adelanto, podemos decir que la Unidad de Letrados interviene para controlar que la internación forzosa realmente se justifique, para que sea lo más breve posible, para que se respeten todos sus derechos y no se cometan abusos. Asimismo, se exige lo necesario para que las condiciones de la internación sean las adecuadas, así como también las condiciones *del afuera*, una vez que la persona defendida sea externada.

Es necesario destacar que muchas de las gestiones y peticiones se resuelven de forma extrajudicial; es decir, se genera un contacto directo entre la Unidad de Letrados y los equipos tratantes y demás efectores sociales para lograr resolver el problema sin la necesidad de recurrir a una orden judicial.

Asimismo, la Unidad de Letrados (tanto por su contacto directo e inmediato con la situación de internación como por la labor del equipo interdisciplinario que la integra) incide en la adopción de mejoras en las instituciones y en los tratamientos; así, se logran evaluaciones terapéuticas realizadas con mayor celeridad y seguimiento, mayor trabajo del área social de las instituciones, restricción en la aplicación de contenciones físicas y cese de las medidas, cambio y suspensión de medicación excesiva, cese de las restricciones de visitas y llamadas telefónicas, internaciones de menor plazo de duración, aumento de información brindada al paciente y mayor atención a las demandas de quien se encuentra internado.

Abogados defensores

Como señalamos, en los casos de internaciones de personas menores de edad se exige por parte de los letrados intervinientes una doble especialidad: en razón de la materia (Salud Mental) y en razón del sujeto (persona de menos de 18 años de edad). A continuación se enumerarán algunas de las particularidades propias del ejercicio de la función.

- Contacto directo e inmediato: el hecho de estar frente a niñas, niños y adolescentes requiere un primer abordaje inmediato sobre el caso, esto es, dentro de las primeras 24 horas de recibida la comunicación. Una mayor demora en la presencia institucional sobre el caso redundará en un mayor riesgo de que sus derechos fundamentales sean vulnerados. Por ejemplo, puede ocurrir que los representantes legales o familiares de la persona internada, los equipos de salud, o ambos de común acuerdo, le prohíban recibir visitas o mantener comunicaciones telefónicas o de otra índole, realizar salidas del establecimiento o participar en actividades. Asimismo, es posible que se utilicen medios mecánicos de contención y salas de aislamiento como medidas necesarias para aplicar en forma forzosa un determinado tratamiento que el paciente se niega a admitir, o como medio imprescindible para controlar su autoagresividad o heteroagresividad y proporcionarle el tratamiento sedativo correspondiente (Aznar López, 2000). En efecto, dichas prohibiciones y demás medidas suponen restricciones de derechos fundamentales de la persona internada que agravan la situación de privación de libertad, que de por sí implica la medida de internación involuntaria (Sánchez y Calero Arribas, 2005).

- Escucha activa: el derecho del niño a ser oído juega un rol fundamental en el ejercicio de la función. La escucha de las niñas, niños y adolescentes resulta un proceso de mayor complejidad que en el caso de los adultos y hace a la mejor función del abogado, toda vez que lo lleva a ejercer una verdadera defensa técnica que respete la voluntad del interesado.
- Gestiones extrajudiciales: son llevadas a cabo por la Unidad de Letrados y muchas veces no se perciben a partir de la lectura del expediente judicial. Entre otras cosas, se busca mejorar y flexibilizar las condiciones de internación, evitar la prolongación de la internación y el consecuente monitoreo del proceso de externación, garantizar eventualmente la continuidad de tratamiento bajo la modalidad ambulatoria o acelerar su inicio, concretar un deseo determinado del asistido, beneficiar el tratamiento y la recuperación (a través del contacto

con la familia, la asignación de acompañamiento terapéutico, entre otros), brindar información a la persona
defendida y su grupo familiar (ya sea para evitar nuevas
internaciones fuera de su ámbito de residencia o para
responder a necesidades particulares del grupo familiar, tales como el acceso a subsidios, la tramitación
de documentación, la obtención de pensión, proponer
organismos y recursos para recurrir en caso de sufrir
situaciones de violencia intrafamiliar, entre otros).

• Contacto con el equipo tratante del lugar de internación: se trabaja en permanente contacto con los equipos de salud intervinientes, y respetando su actuación
y las incumbencias profesionales. En este marco se ges-
tiona información indispensable para la tramitación de
recursos a los obligados (Estado, obras sociales, etc.), a
la vez que permite visibilizar y proponer otras alternativas de tratamiento menos restrictivas.

• Otras gestiones: hay casos de niñas, niños y adolescentes que no cuentan con referentes afectivos que se
encarguen de su cuidado al momento del alta de internación, razón por la cual se procede a contactar a los
organismos de promoción y protección de derechos
(Consejo de Derechos de Niños, Niñas y Adolescentes
del Gobierno de la Ciudad de Buenos Aires o Servicios
Zonales de Promoción y Protección de Derechos del
Niño de la Provincia de Buenos Aires, entre otros), y
a solicitar a los organismos obligados el otorgamiento
–previendo su necesidad al momento del egreso– de
los recursos que cada situación requiera.

Equipo técnico interdisciplinario

El ejercicio de la defensa pública de niñas, niños y adolescentes internados por Salud Mental o adicciones requiere
contar con el apoyo técnico de un equipo interdisciplinario.
Es decir, muchas veces los abogados defensores para fundar

sus peticiones en los casos que así lo requieran, lo harán en base a los aportes que haga dicho equipo. A continuación se mencionan los ejes centrales de su actuación:

- Función de seguimiento: constatar que exista una estrategia de abordaje y plan de tratamiento durante el curso de la internación; eventualmente, controlar su cumplimiento; participar en los procesos de externación cuando éstos no se puedan concretar debido a problemáticas sociales ajenas al plan terapéutico.
- Función pericial: consiste en la realización de informes técnicos interdisciplinarios en los cuales el equipo se expide concretamente sobre la existencia o no de "riesgo cierto e inminente para sí o para terceros" y la "ausencia de otra alternativa eficaz para su tratamiento" que menos restrinja sus derechos y libertades (art. 20 de la Ley 26.657).
- El equipo técnico interdisciplinario también ayuda en la estrategia defensista propuesta por los letrados en pos de respetar la voluntad y preferencia del niño, niña o adolescente que se encuentra internado. En orden a ello, en ocasiones hace las veces de facilitador para el diálogo con el equipo de salud tratante y con los familiares o referentes afectivos.

Metodología de trabajo

Una vez recibida la comunicación de internación, el caso es asignado a un letrado para que asuma la defensa técnica en los términos del art. 22 de la Ley 26.657. Observando los elevados estándares de inmediatez requeridos, éste realiza la primera visita al lugar de internación, para mantener un primer contacto con la persona defendida, en el mismo día de la asignación o bien al día siguiente.

En esa ocasión, el letrado mantiene, aunque sea mínimamente, contacto visual con el defendido y, según lo permitan las circunstancias de cada caso, en ese acto o en forma sucesiva tiene una entrevista para recabar su voluntad y, finalmente, labrar un acta dejando constancia de ella. Ello, en el entendimiento de no generar un mayor daño a la persona internada, la cual puede verse afectada en su intimidad.

En todos los casos, previo al contacto personal con el defendido, el letrado mantiene una reunión con el equipo tratante y compulsa la historia clínica para contar con la mayor cantidad de información posible, puesto que ello hace a la escucha de la persona internada. También entrevista a sus familiares, de encontrarse presentes. Sin perjuicio del estándar de intervención para una primera visita inmediata, durante todo el proceso de internación los letrados ejercen la defensa en un sentido integral, con la asistencia del equipo técnico interdisciplinario. Mantienen un contacto fluido con su defendido, los familiares y referentes afectivos, el equipo tratante y demás organismos intervinientes en el caso concreto, muchos de los cuales intervendrán tras haber sido instados por el letrado. Todo ello hasta que se concreta la externación de la persona.

Es importante que las personas defendidas puedan comprender acabadamente que tienen derecho a mantener contacto directo, privado y confidencial con su abogado defensor, derecho que como tal puede derivar en que no deseen mantener una entrevista en ese momento, la interrumpan o bien prefieran estar acompañados. Según el caso, se los consulta sobre cuestiones referidas a su alojamiento y tratamiento recibido.

Dimensión de la situación: algunos datos estadísticos

Durante los dos primeros años de ejercicio de la función, desde que se creó la Unidad de letrados (junio de 2012 a junio de 2014), se ejerció la defensa de 1.718 niñas, niños y adolescentes, aunque durante el segundo año el número fue sensiblemente superior al del primero. Los defendidos tenían entre 5 y 17 años, pero la gran mayoría eran adolescentes de entre 13 y 17 años. Asimismo, la mayoría eran varones. Las internaciones se distribuyeron de la siguiente manera: el 60% se llevaron a cabo en 15 establecimientos del sector público y el 40% restante en 22 establecimientos del sector privado. Ello denota una importante concentración de internaciones en pocos establecimientos públicos –con marcada presencia del hospital monovalente– y mayor distribución entre los privados. Con relación a su centro de vida, casi el 60% de las personas internadas en la Ciudad de Buenos Aires tenían su domicilio o centro de vida fuera de ella (principalmente en la provincia de Buenos Aires).

Al analizar el tiempo transcurrido entre la toma de conocimiento de la internación de un niño, niña o adolescente y la primera visita de la Unidad de Letrados al lugar donde se llevaba a cabo, se concluye que ésta se realiza dentro de las 24 horas. Las demoras que se pueden producir se deben a que las autoridades de los establecimientos de internación incumplen con los términos legales de comunicar a la Defensa Pública las internaciones dentro de las 10 horas de producidas. Siempre que se comunique el hecho, la Unidad de Letrados garantiza presencia institucional con la actuación de un defensor público gratuito, con presencia efectiva en el lugar y contacto directo con la situación.

A modo de cierre: de *Los salvadores del niño* y otros *slogans*

La creación de la "Unidad de Letrados de Personas Menores de Edad art. 22 Ley 26.657" para asegurar la defensa de niñas, niños y adolescentes que atraviesan internaciones por Salud Mental y adicciones en el ámbito de la Ciudad de Buenos Aires, ha generado una fuerte presencia institucional en los lugares de internación, lo que implica necesariamente un mayor control respecto de las condiciones de alojamiento, tipo de tratamiento, adecuación del plan farmacológico, actualización de las historias clínicas, entre otros logros.

Ciertamente, si se hace un análisis desde la óptica de los casos individuales, a partir de la puesta en funcionamiento de la Unidad de Letrados se ha generado un gran avance en términos de implementación concreta de la Ley de Salud Mental, aunque todavía hay mucho por hacer y por mejorar –incluso las propias prácticas–, ya que las dificultades siguen existiendo y la matriz sociosanitaria sigue reproduciendo el problema de la existencia de internaciones evitables, a las que se llega en virtud de la falta de dispositivos intermedios con base en la comunidad; esta situación suele generar cierta frustración en los distintos profesionales abocados a estos temas, independientemente de la estructura institucional a la cual pertenezcan.

Actualmente, las niñas, niños y adolescentes cuentan con un abogado defensor especializado que los visita desde el inicio de su internación y los asiste durante todo su transcurso. De este modo, el defensor se erige como una figura a través de la cual pueden expresar su voluntad e interrogantes, y asimismo se previene la vulneración de sus derechos o, de haberse producido, se procura su restitución. Al mismo tiempo, se facilitan los procesos de externación y se insta a la actuación de los organismos obligados, públicos y privados, con el fin de lograr una respuesta integral para cada caso.

Así las cosas, cabe destacar que la problemática de las internaciones por Salud Mental y adicciones de niñas, niños y adolescentes tiene una particularidad en el ámbito de la jurisdicción de la Ciudad de Buenos Aires: proliferan los organismos y demás actores que se presentan como defensores de los derechos de los niños, aunque ello no necesariamente viene de la mano de acciones y respuestas concretas ante un escenario complejo, que genera una sistemática vulneración de derechos. Tampoco hay suficientes recursos adecuados, con base en la comunidad, para dar solución a las reales necesidades de tratamiento y abordaje integral de las problemáticas sociales que atraviesa esta población.

En el ejercicio de la función de defensa que lleva a cabo a diario la Unidad de Letrados se advierten estas dificultades. Es por ello que el principal logro obtenido desde su puesta en funcionamiento ha sido posicionarse como una instancia a través de la cual se exige la actuación de los diversos organismos –que ya de por sí, generalmente, actúan en forma desarticulada– y las personas obligadas respecto de niñas, niños y adolescentes –representantes legales y demás referentes familiares, obras sociales y prepagas, organismos de promoción y protección de derechos, servicios de salud, instituciones educativas, etc.–, en procura del armado de una red de contención que le permita a la persona no tener que retornar a un escenario social similar al que oportunamente fue testigo de una internación, que en muchos casos podía haberse evitado. Es decir, no parece haber una verdadera *protección integral*, al menos en términos de política pública. Por el contrario, para que en lo cotidiano la protección sea *integral*, no alcanza con declamarla, sino que debe construirse en cada caso, ya que en este contexto deficitario las respuestas que de por sí suele dar el sistema al problema que él mismo ha creado o con el cual se identifica, siguen siendo parciales y, por ende, lo perpetúan (Olmo, 2014a). Lo demás es puro *slogan* y lo dejamos para *Los salvadores de los niños*[7].

Bibliografía

Aznar López, M. (2000). *Internamientos civiles y derechos fundamentales de los usuarios de centros sanitarios, sociales y sociosanitarios*. Granada: Comares.

Cifuentes, S., (2005). Tutela de los enfermos mentales. *Revista Jurídica La Ley* (2005-A), pp. 1051.

---

7   En alusión al libro homónimo de Anthony M. Platt.

Edelman, M. (1988). *La construcción del espectáculo político*. Buenos Aires: Manantial.

Gil Domínguez, A., M. V. Famá y M. Herrera (2006). *Derecho Constitucional de Familia*, t. II. Buenos Aires: Ediar.

Gil Domínguez, A., M. V. Famá y M. Herrera (2007). *Ley de Protección Integral de niñas, niños y adolescentes. Derecho Constitucional de Familia*. Buenos Aires: Ediar.

Kemelmajer de Carlucci, A. (2003). "El derecho del niño a su propio cuerpo", en S. D. Bergel y N. Minyersky (coords.), *Bioética y derecho*, p. 114. Santa Fe: Rubinzal-Culzoni.

Lansdown, G. (2005). *La evolución de las facultades del niño*. Florencia: Save the Children-Unicef.

Medina, G. y G. Moreno (2004). "Sobre la defensa técnica de las personas menores de edad y la cuestionable sanción a un abogado que permitió a un mayor de catorce años hacerse oír por sí en los tribunales", *Revista Jurisprudencia Argentina* (2004-II), pp. 3.

Olmo, J. P. (2014a). "La situación de los niños, niñas y adolescentes con discapacidad en el marco de salud mental", en *Discapacidad, Justicia y Estado*, 4, pp. 75.

Olmo, J. P. (2014b). *Salud mental y discapacidad*. Buenos Aires: Dunken.

Sánchez-Calero Arribas, B. (2005). *La actuación de los representantes legales en la esfera personal de menores e incapacitados*. Valencia: Tirant Lo Blanch.

Este libro se terminó de imprimir en agosto de 2015 en Imprenta Dorrego (Dorrego 1102, CABA).

www.ingramcontent.com/pod-product-compliance
Lightning Source LLC
Chambersburg PA
CBHW020338270326
41926CB00007B/228